예술가 이야기

박윤규

1963년 경남 산청에서 태어나 중앙대학교에서 문예창작을 공부했다. '오월문학상'에 소설이, '세계일보 신춘문예'에 시가 각각 당선되어 문단에 나온 뒤, '계간 아침햇살'에 동화를 발표하면서 동화작가로 본격적인 활동을 시작했다. 우리 역사에 깊은 애정을 가지고 잘못 알려졌거나 숨겨진 우리 역사를 바른 시각에서 바라볼 수 있도록 쉽고 재미있게 풀어 쓰는 일에 주력하고 있다. 『첫 임금 이야기』, 『명재상 이야기』, 『전쟁영웅 이야기』, 『선비학자 이야기』, 『예술가 이야기』 등 총 다섯 권으로 이루어진 〈인물로 보는 우리 역사〉 시리즈를 비롯해 역사서 『재상』, 고전 『운영전』, 『우리 조상들은 어떻게 사랑을 했을까?』, 동화 『산왕 부루』, 『버들붕어 하킴』, 청소년소설 『내 이름엔 별이 있다』, 『황금나무』, 『천년별곡』, 동화창작이론서 『태초에 동화가 있었다』 등 다양한 장르의 책을 펴냈다.

인물로 보는 우리 역사❺

예술가 이야기

펴낸날 초판 1쇄 2010년 4월 30일
지은이 박윤규 | **펴낸이** 신형건 | **펴낸곳** (주)푸른책들 | **등록** 제321-2008-00155호
주소 서울 서초구 양재동 115-6 푸르니 빌딩 (우)137-891 | **전화** 02-581-0334~5
팩스 02-582-0648 | **이메일** prooni@prooni.com | **홈페이지** www.prooni.com
ISBN 978-89-6170-110-5 44910
ISBN 978-89-6170-020-7 44910 (전5권 세트)

이 도서의 국립중앙도서관 출판시도서목록(CIP)은 e-CIP 홈페이지(http://www.nl.go.kr/cip.php)에서 이용하실 수 있습니다. (CIP제어번호: CIP2010000948)

보물창고는 (주)푸른책들의 유아, 어린이, 청소년 도서 전문 임프린트입니다.

예술가 이야기

박윤규 지음

고대의 예술가들 / 월명사 / 김대성 / 균여 / 정지상 / 이규보 / 김시습
황진이 / 신인선 / 한호 / 허균 / 김홍도 / 김병연 / 신재효

보물창고

땅에서 꿈꾸는 신선의 나라

　안녕, 이제 〈인물로 보는 우리 역사〉 마지막 이야기에 다다랐구나. 첫 번째 책인 『첫 임금 이야기』의 머리말에서 강조한 거 기억하니? '역사는 사람이다.'라는 말.

　그런데 그 사람은 가고 없어. 왕과 재상과 장수와 훌륭한 선비, 그 숱한 영웅들은 지금 만나 볼 수가 없잖아. 역사도 책으로 존재할 뿐 만져 볼 수는 없어.

　그런데 예술은 달라. 우리가 지금도 만나고 보고 느낄 수 있거든. 예술은 그 시대의 문화가 종합된 단면도라고 할 수 있어. 예술가들이 온몸과 정신을 태워 남긴 보석이지. 그 결과물인 작품이 역사의 증언과 증거가 되고, 오늘날 문화재가 된 거야. 그 작품을 통해 우리는 그들이 가려고 했던, 혹은 만들려고 했던 세계를 상상해 볼 수 있지.

　우리 예술가들이 이루려고 했던 세계는 어떤 것이었을까?

　이 책의 주인공들에게서도 한 가지 공통점이 발견되지. 우륵이나 백결, 솔거, 김생 같은 고대 예술가들의 작품과 삶을 잘 살펴봐. 그들의 생활도 거의 신선과 같았고, 그들의 예술 역시 이 땅의 것과는 차원이 달랐어.

　월명사와 균여가 가고자 했던 깨달음의 세계 역시 신선의 나라와 같고, 이규보와 허균 같은 작가도 신선의 나라를 꿈꾸었어. 또 김시습의 시와 소설에도 그러한 사상으로 가득하고, 김홍도도 신선을 가장 즐겨 그렸으며, 음악 역시 신선들의 풍류에서 시작되었어. 학자인 최치원, 서경덕, 이이가 추구했던 세계 역시 신선의 나라였으니, 학문과 예술의 고향도 한곳이라 볼 수 있지.

그것은 바로 우리 겨레 고유의 가르침인 현묘지도와 깊은 관련이 있어. 단군, 해모수, 주몽 모두 신선이 되었거나 하늘로 돌아갔다고 해. 고구려의 조의 선인, 신라의 화랑들이 탐구했던 현묘지도는 신선을 이루려는 노력이었어. 여기서 신선은 인간으로서 다다를 수 있는 최고봉을 뜻해. 중국에서는 군자 혹은 성인이라 하고, 불교에서는 부처라고 하는 사람이야.

이로 보건대, 우리 역사에서 신선은 매우 중요한 열쇠야. 이상 세계의 문을 여는 열쇠 말이야. 또 그것은 허망한 전설의 나라, 구름 위에 있는 그런 나라가 아니야. 단군 조선처럼 오랜 옛날 우리에게 실제로 있었어. 다만 사람들이 신선의 나라를 꿈의 나라처럼 허망하게 잘못 알고 있었을 뿐이지.

우리 겨레의 학문을 집대성한 정약용이 말했지. 단군 조선을 '고풍스럽고 질박한 나라'라고. 중국이 자랑하는 요순시대보다 좋은 나라라고. 차별이 없고 싸움이 없는 그런 나라가 바로 우리 조상들이 꿈꾸던 나라야. 사랑과 평화만이 가득한 나라지. 그걸 알았기에 우리 조상들은 그토록 애써 그런 나라를 꿈꾸었던 거야.

예술가란 결코 꿈을 포기하지 않는 사람들이야. 아무리 척박한 땅의 현실에서도 하늘을 꿈꾸어야 한다는 걸 우리의 예술가들은 삶과 작품으로 보여 주었어. 이 땅의 사람들과 함께 어우러져 바로 이 땅에서 그런 나라를 이루려고 했던 거지. 허균이 홍길동을 통해 율도국을 이룩한 것처럼 말이야. 그리고 이 땅에서 함께 누리며 즐기는 것이 그 시대의 예술이라고 말하고 있어.

그런 예술이야말로 우리의 삶을 한층 높은 차원으로 끌어올린다는 걸, 이 책을 통해 깨닫기를 바란다. 그리고 그들이 남긴 작품보다 그들의 삶에 관심을 가져 주기를 바라. 그리하여 그들처럼 결코 꿈을 포기하지 않는, 기어이 이루려고 도전하는, 꿈꾸는 사람이 되어 주기를 기도하고 바란다.

신시개천 5906(서기 2010)년
봄을 맞은 월악산 관영재에서 **아빠가**

차 례

제❶장 신선과 같은 **고대의 예술가들** ...11

제❷장 해와 달을 움직인 시인 **월명사** ...37

제❸장 불국사와 석굴암을 지은 **김대성** ...51

제❹장 노래하는 생불 **균여** ...69

제❺장 천 년 절창의 시인 **정지상** ...87

제❻장 암흑시대의 대문호 **이규보** ...105

제❼장 소설 문학의 북두성 **김시습** ...127

제❽장 지지 않는 선계의 꽃 **황진이** ...147

제❾장 전인적 화가 사임당 **신인선** ...165

제❿장 천하제일 명필 석봉 **한호** ...191

제⓫장 승천을 꿈꾼 이무기 **허균** ...211

제⓬장 조선을 그린 신선의 붓 **김홍도** ...245

제⓭장 삿갓 쓴 방랑시인 **김병연** ...269

제⓮장 판소리의 아버지 **신재효** ...291

시작하는 글 ...5
찾아보기 ...315

제1장
신선과 같은 고대의 예술가들

그들은 예술로 완전한 삶을 이루고자 노력하였고, 기어이 그것을 이룬
성인이었는지도 모른단다. 이 세상에 완전한 것은 없다고 했어.
하지만 완전하려고 노력하는 것이 곧 사람의
마땅한 자세라는 걸 온몸으로 가르쳐 준 분들이지.

─본문 중에서

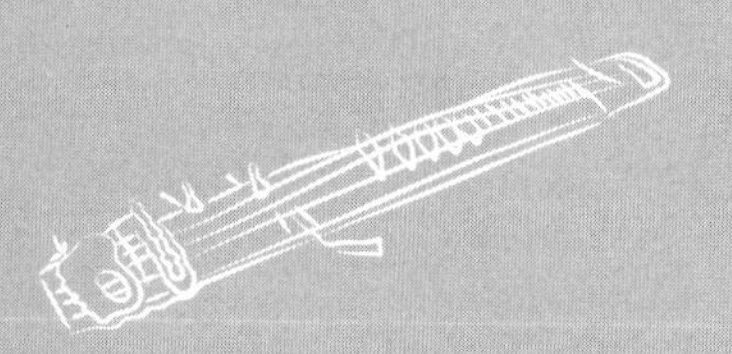

거문고로 방아 찧은 백결 선생

때는 5세기 중엽, 까치설날을 맞은 신라의 서울 서라벌은 몹시 붐볐어.

서라벌 변두리 낭산 아래 작은 동네에도 설날 분위기는 무르익었어. 미리부터 설빔을 꺼내 입은 아이들, 고기를 굽는 냄새, 떡방아 찧는 소리가 노랫소리와 더불어 흥겨움을 자아냈지.

그 동네 끝 산비탈에 오도카니 자리 잡은 허름한 집이 바로 백결 선생의 집이었어. 세 칸 남짓한 초가는 삼 년째 이엉을 올리지 못해 잿빛으로 바랬고, 내일이 설인데도 부침개나 고기 한 점 부치는 기미가 보이지 않았지.

백결 선생이 집 안에 들어서서 기침을 해도 내다보는 이가 없었어.

"어디로들 갔나?"

백결 선생이 평상에 거문고를 내려놓고 앉자 곧 발소리가 들려왔어. 돌아보니 그의 부인이 힘없이 문 안으로 들어서고 있었어.

"어딜 다녀오시오?"

백결 선생의 물음에 부인은 토라진 표정으로 말했어.

"돌이네에서 조를 찧어 떡을 친다기에 가서 도와주고 한 점 얻어먹고 오는 길이라오. 내일이 설날인데 떡을 치기는커녕 집에 쌀이 떨어진 줄도 모르는 당신은 대체 뭐 하는 사람이오!"

"저런……. 미안하게 됐소, 부인. 그래 떡은 맛있던가요?"

"남의 집 떡이 맛있으면 얼마나 맛있겠소. 내 평생 소원이 뭔 줄이나 아세요?"

아내의 야당스런 물음에 백결 선생은 뚱한 눈으로 물었어.

"그 소원이 뭐요?"

"우리 집에서 떡방아 찧는 소리 한번 울려 보는 게 내 소원인데, 평생 틀린 것 같구려."

백결 선생은 웃음을 터뜨린 다음 거문고를 싼 보자기를 풀었어.

"그 소원이라면 당장 들어줄 수도 있지요."

"흥, 애물단지 같은 그 거문고가 무슨 떡방아라도 된답니까?"

샐쭉한 부인의 비아냥거림에도 개의치 않고 백결 선생은 거문고를 타기 시작했어.

"둥기둥 뚱땅 덩기덩 덩덩!"

거문고 소리가 삼베를 펼친 듯 엷은 구름이 깔린 섣달 그믐날의 하늘에 울려 퍼졌어. 가만히 듣고 있으니 그 소리는 점차 떡방아를 찧는 듯한 소리로 바뀌어 가지 뭐야. 소리가 흥이 오르자 백결 선생은 노래까지 지어 불렀어.

동쪽 이웃엔 방아 소리

서쪽 이웃엔 다듬이 소리

동서 이웃 쿵덕쿵 소리

설 쇨 채비도 푸지겠다만

우리 집엔 쌀독이 비었네

우리 옷 궤짝에는 옷도 없네

누더기 옷에 나물국으로도

영계기*는 따뜻하고 배불렀네

아내여 가난한 아내여 괜한 걱정을 마오

부귀는 하늘에 매였으니 바라기 어려우나

팔베개로 잠을 자도 사는 맛 지극했던

양홍과 맹광*은 좋은 짝이 아니었던가

평상이 놓인 좁은 마당은 금세 흥겨움으로 가득찼어. 화가 나 있던
부인의 얼굴도 햇살을 받은 듯 밝게 펴졌어. 그러더니 언제인지도 모
르게 덩실덩실 춤까지 추지 뭐야. 그 소리에 동네 사람들이 하나 둘 모
여들기 시작했어.

"여기 뭔 일 있소? 떡방아 찧는 소리가 다 나게."

"하루 한 때 끼니도 어려운 집에서 웬 잔치 소리요?"

고개를 갸웃거리며 모여든 사람들은 내남없이 어우러져 춤을 추기
시작했어. 떡방아를 찧는 듯한 거문고 소리가 너무나 흥겨워 도무지

---

*영계기(榮啓期)_ 중국 춘추시대 사람으로, 부
귀영화에 얽매이지 않고 유유자적한 삶을 누렸
다고 한다.

*양홍과 맹광_ 『후한서』에 나오는 부부다. 후한
에 양홍이라는 가난한 선비가 맹광이라는 여인
을 아내로 맞게 되었다. 양홍은 결혼식 날 비단
옷을 입고 화장을 한 맹광에게 "내가 꿈꾸었던
여인은 누더기를 입어도 부끄러워하지 않고 산
속에 함께 은거하더라도 행복할 수 있는 여인
이다."라고 말했다. 맹광은 양홍의 깊은 뜻을
마음으로 받아들였고, 두 사람은 산속에서 농사
를 짓고 베를 짜며 한평생을 행복하게 살았다.

가만히 있을 수가 없었던 거야.

"에헤야 데헤야!"

동네 사람들 모두가 좁은 마당과 울타리 밖에까지 모여 춤사위를 펼쳤어. 어린아이, 어른 모두가 노래를 따라 부르며 춤을 추었어. 이렇게 해서 탄생한 노래가 바로 대악確樂 : 방아타령이란다.

이렇듯 백결 선생은 음악 하나로 언제나 풍족하였고, 주위 사람까지 감동시켰어. 그에게는 거문고 외에 다른 무엇도 필요하지 않았대. 근심이든 슬픔이든 거문고 가락으로 모두 풀어버렸으니까. 이런 백결 선생에 대해서 『삼국사기』「열전」은 다음과 같이 기록해 놓았어.

백결 선생은 어떤 사람인지 알 수 없다. 낭산 아래에 사는데 집이 몹시 가난하여 옷을 100군데나 꿰매 마치 메추라기를 달아 놓은 것 같았다. 때문에 동네 사람들이 그를 백결 선생이라 불렀다.

『삼국사기』는 백결 선생이 어떤 사람인지 잘 알 수가 없다고 했어. 한데 영해 박씨 족보에 백결 선생에 대해 자세하게 기록되어 있단다. 그에 따르면 백결 선생의 이름은 박문량朴文良이며 414년에 태어났다고 해. 백결 선생의 아버지는 『삼국사기』와 『삼국유사』에도 나오는 신라의 충신 박제상*으로 되어 있어.

박제상은 고구려와 일본에 볼모로 가 있던 신라의 두 왕자를 구출하고는 일본에서 죽임을 당했어. 애타게 그를 기다리던 아내가 망부석이 된 일화도 유명한 전설이지.

졸지에 고아가 된 박문량은 누나의 손에서 자랐대. 그 얼마 뒤 다행히 누나는 아버지가 일본에서 구해 낸 왕자와 결혼하여 어려움에서 벗어날 수 있었어. 그리고 문량도 각간 이수현의 딸과 결혼하여 높은 벼슬에도 올랐어.

박문량은 환갑이 지난 478년 어느 날 돌연히 고향으로 내려갔어. 나랏일이 뜻대로 되지 않자 여섯 장의 상소문을 올리고 벼슬을 떠난 거야. 「낙천악」이란 곡조를 지어 노래를 부르면서 말이야.

그 후 박문량은 오로지 거문고만을 벗삼아 살았대. 나라에서 벼슬을 줘도 마다하였고, 쌀과 비단과 물품을 대주는 것도 거절했지. 예술의 높은 경지에 들어선 그에게 세상의 부귀공명은 한갓 물거품에 지나지 않았던 거야. 거문고 외에 아무것도 필요하지 않으니 실상 그는 모든 부귀영화를 가진 거나 다름없었겠지. 그런 그를 두고 세상 사람들은 역시 백결 선생이라며 오래도록 존경했대.

살아 있는 그림을 그린 솔거

『삼국유사』에 다음과 같은 이야기가 있어.

553년, 진흥왕은 서라벌 남쪽에 궁성을 하나 더 지으라는 명을 내렸어. 이에 한 신하가 책임을 지고 터를 닦는데 별안간 땅이 흔들리며 구름이 몰려들지 뭐야. 그러더니 땅 속에서 황금빛 용이 몸을 뒤틀며 하늘로 솟구치는 거야.

이 소식을 들은 진흥왕은 궁성을 지으려던 계획을 취소했어.

"거기에 궁궐 대신 절을 짓고 황룡사라 하라."

신라는 법흥왕 때인 527년에 이차돈*이 순교한 다음부터 불교를 공인했어. 하지만 그리 성하지는 못했는데, 진흥왕이 불교에 관심이 많았어. 이때 거칠부가 고구려의 승려 혜량을 데리고 오니 불교가 더욱 성하게 되었지. 이런 차에 황룡사라는 큰 절을 짓기 시작하여 17년 만에 완공하였어.

황룡사는 신라의 정신적 토대나 다름없었어. 이 절에 신라의 보물이 가득했거든. 키가

*이차돈(506~527)_ 신라 법흥왕 때의 승려로, 우리나라 불교 사상 최초의 순교자이다. 신라 불교의 공인을 위해 순교를 자청하였는데, 그가 처형되자 피가 하얀 젖으로 변하는 기적을 보여 신라에 불교가 공인되었다고 한다.

무려 5미터에 이르는 장륙존상은 금과 황동과 철로 만든 세계 최대의 금속 불상이야. 여기에 쓰인 재료는 인도의 아소카 왕*이 보내 주었다는 전설이 있어. 이미 오래 전에 인도에서 장륙존상을 만들 금을 배에 실어 띄웠는데, 그게 신라로 들어왔다는 거야.

선덕여왕 때 완성된 9층 목탑은 세계에서 가장 높은 나무 탑이었어. 김춘추의 아버지 용춘이 신라의 삼국 통일을 기원하며 이 목탑을 지었대. 김춘추가 태종 무열왕이 되어 삼국 통일을 주도했으니 결국 그 소원은 이루어진 셈이지. 이 둘 모두 신라인의 기상과 예술 정신을 잘 표현한 세계적 걸작이었어.

황룡사는 동양 최대의 절이었어. 여기에는 장륙존상과 9층 목탑 이외에도 유명한 보물이 있었으니, 바로 금당 벽화인 〈노송도〉란다.

멋들어지게 구부러진 늙은 소나무가 그려진 이 벽화는 마치 살아 있는 나무 같았대. 그 때문에 사람보다 훨씬 눈이 밝은 새들도 깜박 속아 진짜 나무인 줄 알고 날아들다가 벽에 머리를 부딪쳐 죽는 일까지 있었대. 이 그림을 그린 사람이 바로 솔거라는 화가야.

솔거의 출생과 그 배경에 대해서는 전혀 알려진 게 없어. 아마 귀족 출신은 아니었던가 봐. 그런데도 『삼국사기』에 열전이 쓰여 있을 정도였으니 그림 실력이 대단했겠지. 『삼국사기』「열전」에 솔거와 〈노송도〉에 대하여 다음과 같이 쓰여 있어.

*아소카 왕_ 인도 마가다국 마우리아 왕조의 제3대 왕이다. 찬드라굽타의 손자로, 인도 최초의 통일 왕국을 세웠으며, 불교를 비롯한 갠지스 강 유역의 문화를 다른 지방에 퍼뜨려 문화의 발달을 촉진시켰다.

솔거는 신라 사람으로 가난하고 벼슬이 없는 집안에서 태어났다. 때문에 그 가족에 대한 기록은 없는데, 태어나면서부터 그림을 잘 그렸다고 한다. 그가 일찍이 황룡사 벽에 노송을 그렸는데, 줄기가 비늘처럼 주름지고 가지와 잎은 구불구불하여 까마귀, 솔개, 제비, 참새들이 종종 날아들어 어정거리다가 부딪쳐 떨어지곤 하였다.

〈노송도〉 주변에는 새똥과 새 깃털로 늘 지저분했어. 구경꾼의 발길도 끊이지 않았고, 그림이 혹 진짜 소나무가 아닌가 만져 보는 이도 많았어. 그런 탓에 오래지 않아 그림의 색깔이 흐려지고 말았지.

"스님, 그림이 희미해졌습니다. 새로 색깔을 입히는 게 어떨까요?"

어느 날 청소를 하던 상좌 중이 말했어.

"그렇구나. 내 유명한 화공을 알고 있으니 그를 불러 일을 시켜야겠다."

주지 스님은 곧 많은 돈을 들여 〈노송도〉에 새로 색을 입혔어. 그랬더니 웬걸, 매일 같이 날아들던 새들이 그만 발길을 뚝 끊고 말았어. 이에 주지가 한탄하며 후회했어.

"아, 솔거는 참으로 신필이라 할 것이다. 사람의 눈에는 새로 칠한 그림이 더 싱싱해 보이거늘 저 새들은 벌써 가짜임을 알아보고 다가오지 않는구나."

이처럼 솔거가 그린 그림에는 생명이 깃들어 있었다고 해. 새를 그리면 날아오를 것 같고, 부처를 그리면 그림에서 자애로움이 흘러넘쳤어. 그래서 그의 그림에는 혼령이 깃들어 있다며 감탄했지.

솔거는 황룡사 〈노송도〉 외에도 분황사의 관음보살상, 진주 단속사의 유마상 등을 그렸다고 해. 하지만 이 보물들은 하나도 전해지지 않아. 특히 1238년에 몽골군이 침입하여 황룡사를 깡그리 불태워 버려 장륙존상과 9층 목탑까지 사라지고 말았어. 물론 금당 벽화도 흔적마저 없어져 버렸지.

황룡사가 있던 터

아, 우리 겨레를 대표할 만한 유적이 사라진 아쉬움이여!

경주시 구황동에는 옛날 황룡사의 터만 남아 쓸쓸하게 옛일을 일러 주고 있단다.

영원한 가야인의 영혼 우륵

우리 겨레의 고대사는 대개 고구려, 백제, 신라가 대립한 삼국시대부터인 줄 알지. 이는 역사가 그때 시작되어서가 아니라 역사 자료가 그 시대의 것부터 남아 있기 때문이야.

물론 그 이전에도 우리 겨레의 나라는 엄연히 존재했어. 환웅천왕의 배달국한국을 단군의 조선이 이어받았고, 조선은 부여를 비롯한 여러 나라로 갈라졌지. 그 후 부여의 전통을 고구려가 이었는데, 비슷한 시기에 신라와 백제도 일어났어. 그리고 그 얼마 뒤 한반도 남쪽에서 일어난 나라가 있었으니 바로 가야 연맹이야.

가야는 오늘날의 경상도 지방에 두루 흩어져 세워졌던 도시 국가였어. 시조 김수로 왕으로부터 시작된 가야 연맹은 몇 나라인지 정확하게 알려지지 않았어. 그 역사가 500년이 넘는데도 불구하고 제대로 기록된 역사책 한 권이 없거든. 고려시대에 일연이 쓴 『삼국유사』 「가락국기」에 간단하게 적혀 있는 정도야.

하지만 이 책은 김해에 있던 금관가야만 다루고 있어서 나머지 가야 연맹국의 역사는 알 길이 없어. 다만 백제와 신라의 침략을 받아 시나브로 사라졌다는 것만 짐작할 뿐이지.

이렇게 가야는 우리 역사에 있는 듯 없는 듯 되었어. 하지만 오늘날 가야 지역의 고분에서 많은 유물이 나와 가야가 번성했음을 증명하고 있어. 그 가운데 무엇보다도 뚜렷하게 가야의 존재를 증명하는 유물이 바로 가야금이야. 『삼국사기』 「신라 본기」 진흥왕 편의 기록을 볼까.

가야국 가실왕이 12개월을 본떠 12줄 악기를 만들어서 이내 우륵에게 명하여 곡조를 짓게 하였다.

가야금을 만든 이는 가실왕이야. 그런데 이 가실왕이 가야 연맹 가운데 어느 가야의 왕인지 알 수가 없어. 다만 우륵이 성열현오늘날의 고령 사람이라 하였으므로, 대가야고령가야의 왕으로 추측하지.

명을 받은 우륵이 12곡을 만들었는데, 그 제목이 대부분 각 지방 이름으로 되어 있어. 이로 보아 대가야가 가야 연맹체의 우두머리가 아니었을까 짐작해. 우륵은 대가야의 궁중 악장 정도 되었을 거야. 가실왕이 가야금을 만들었다고 하였으나, 실은 가야금도 왕명을 받아 우륵이 만들었을 가능성이 크지.

가야 연맹체는 법흥왕 때인 5세기 말부터 하나하나 사라졌어. 신라와 백제에게 복속된 거지. 가야의 뿌리인 금관가야가 532년에 신라에 복속되었고, 그 후 대가야도 신라에 항복함으로써 가야라는 나라는 사라지고 말았지.

우륵당 앞에 있는 '우륵 동상'

가야를 완전히 정복한 사람은 신라의 진흥왕이었어. 그는 가야인들을 고향에 두지 않고 여기저기 옮겨 살게 했어. 그 가운데 대가야 사람들은 국원충주에서 살게 되었어. 고구려, 백제와 국경이 되는 그곳을 가야인을 앞세워 막고자 한 거였지.

서기 551년 어느 날, 진흥왕은 국경을 돌아보면서 국원에 들렀어.

"듣자 하니 가야인 가운데 음율에 뛰어난 사람이 있다던데 성주는 알고 있소?"

국원 성주가 엎드려 아뢰었어.

"예. 우륵이란 자가 있는데, 그가 가야금을 연주하면 학이 날아와 춤출 정도로 신선의 경지라고 들었습니다."

"들어 보고 싶구려."

진흥왕은 잔치를 베풀고 우륵을 초청하여 연주회를 열었어.

학처럼 훤칠한 풍채를 가진 우륵이 진흥왕을 뵈었어. 비록 백발이 다 되었지만 눈빛만큼은 별처럼 빛났지. 소박한 차림새와 의연한 움직임은 학처럼 고고했어.

우륵은 제자 이문과 더불어 가야금을 타기 시작했어. 심장을 흔드는 듯한 가야금 소리가 성 안 가득 울려 퍼졌어. 연주에 맞추어 이문은 춤을 추며 노래를 불렀어. 진흥왕을 비롯한 모든 사람들이 애잔한 슬픔이 깃든 음악에 흠뻑 빠져들었지.

"참으로 훌륭한 연주로다. 그런데 어찌하여 그대의 음악은 이토록 마음을 슬프게 하오?"

왕의 물음에 우륵이 숨김없이 대답했어.

"이미 무너진 나라의 신하이기에 곡조가 슬픈 것입니다. 음악은 깊은 성정에서 우러나는 것이라 속일 수가 없음을 용서하십시오."

이때 신하들이 우륵을 노려보며 말했어.

"망한 나라를 그리워하는 저런 음악은 없애야 합니다."

"우륵을 처벌하여 다시는 이런 음악이 나돌지 않게 하심이 마땅한 줄 아뢰오."

비록 19세의 청년이었지만 진흥왕은 포부가 남달랐어. 그는 오히려 우륵의 아픔을 이해하고 그를 신하로 삼으려 했어.

"나와 함께 서라벌로 가서 연주를 해 주지 않겠소?"

우륵은 거절했어.

"이미 가야국은 없어졌으나 그래도 저는 가야의 늙은이입니다. 지금 와서 서라벌로 간다 해도 진정으로 우러난 충성스런 음악을 연주할 수 없을 것입니다. 거듭 용서를 청하옵니다."

진흥왕은 아쉬움을 가득 안고 서라벌로 돌아갔어.

진흥왕은 우륵을 데려오지 못한 아쉬움이 꽤나 컸나 봐. 자나 깨나 우륵의 가야금 소리가 귀에 쟁쟁한 거야. 이에 진흥왕은 신하들에게 명을 내렸어.

"법흥 대왕께서 법을 두루 갖추어 다스림을 펼친 이래 우리나라는 이제 저 백제, 고구려와 겨룰 만하게 되었다. 장군 이사부가 가야와 우산국울릉도을 정벌하였고, 대아찬 거칠부는 『국사』를 엮어 나라의 기틀을 튼튼하게 닦았다. 하지만 아직 예악이 온전하지 못하니 몹시 아쉬운 점이다. 국원으로 젊은 악사들을 보내 우륵에게 높은 경지의 음악을 익혀 와서 예악을 세우게 하라."

명에 따라 계고, 법지, 만덕이 추천되었어. 그들은 곧 국원으로 달려가 우륵의 제자가 되었지. 가야금으로 망국의 슬픔을 달래던 우륵은 마침내 할 일을 찾은 듯 눈을 빛냈어.

"내 나라는 사라졌지만 이 가얏고가야금와 더불어 가야의 노래는 저 강물처럼 영원히 흘러가게 하리라."

우륵은 먼저 제자가 되기를 청한 세 사람의 재능을 파악했어. 그리하여 계고에게는 가야금을 가르치고, 법지에게는 노래를, 만덕에게는 춤을 가르쳤어. 우륵은 가야금 한 가지뿐만 아니라 노래와 무용을 비롯한 모든 예술에 능통한 성인이었어.

착실하게 수업을 받은 세 제자는 서라벌로 돌아가 진흥왕 앞에서 발표회를 열었어. 계고의 가야금 연주에 법지가 노래를 부르고 만덕이 춤을 추었지.

"훌륭하다, 참으로 훌륭하다. 지난번 국원에서 듣던 음률과 같도다.

과연 우륵은 음악에 관한 한 성인이로구나!"

진흥왕은 감탄을 금치 못하고는 세 악사에게 상을 내렸어. 물론 우륵에게도 큰 상을 베풀었을 것이나 그건 알려지지 않았지. 그 이듬해부터 국원은 가야의 왕족이 다스리게 하였

충청북도 충주시 호암동에 있는 '우륵당'

는데, 아마 우륵의 호의에 대한 감사의 표시였을 거야.

그 후 계고, 법지, 만덕 세 사람은 우륵의 음악을 길이 전하는 징검다리가 되었어. 우륵은 달천과 남한강이 만나는 탄금대에서 줄곧 가야금을 타며 지냈어. 그리고 제천의 의림지*도 우륵이 만들었다고 하는데, 제비바위라는 곳에서 역시 가야금을 즐겨 탔다고 해.

*의림지_ 충청북도 제천시에 있는 인공 저수지이다. 김제의 벽골제, 밀양의 수산제와 함께 역사가 오래된 우리나라의 3대 저수지이다.

탄금대엔 오늘도 남한강이 유유히 흐르고, 그를 기념하는 비석이 가야와 우륵을 증명하고 있어. 그리고 우륵의 소망처럼 오늘날 충주에는 우륵당이 지어졌고, 우륵국악단이 그의 음악과 정신을 잇고 있단다. 나라는 사라져도 가야금과 그 곡조는 천 년이 넘게 이어지니 예술은 산과 강처럼 영원하다고 할 수 있겠지.

왕희지를 넘어선 신필 김생

김생은 우리 역사상 가장 뛰어난 명필이야. 2천 년 역사에서 많은 명필이 탄생했는데, 그 가운데 가장 뛰어난 네 명을 신품사현*이라고 하거든. 그 가운데서도 김생을 제일로 꼽아. 그를 일컬어 해동제일이라고도 하는데, 서예에 관한 한 신의 경지에 올랐다는 평가를 받았지.

김생은 711년에 태어났는데, 고향이 어디인지는 분명하지 않아. 『삼국사기』에는 '김생은 부모가 가난하고 벼슬이 없어 그 집안을 잘 알 수 없다'고만 적었어.

하지만 여러 가지 책을 곰곰 살펴보면 그의 고향을 추측해 볼 수는 있어. 노수신*의 『예성야록』에 이런 기록이 있어.

김생은 5세 때부터 풍월風月 두 글자를 배우면서 굵직한 싸리나무로 모래밭 위에다 썼었고 6~7세적부터는 불경佛經 2권을 부지런히 쓰기 시작하여 20세에 서법書法을 대성大成하였다.

20세에 서법을 완성했다고 했는데, 그가 10년간 공부한 곳이 있거든. 바로 봉화군 청량산이야. 아직 세상에 나서기 전이니 아마도 청량산을 품고 있는 봉화가 고향이 아닐까 짐작할 수 있지.

청량산은 크지는 않지만 경치가 뛰어나고 산세도 매우 험해. 이미 열 살 이전에 불경을 쓰기 시작했다니 김생은 불심이 아주 깊었을 거야. 산으로 들어갔다는 건 절간으로 가서 공부했다는 말일 테지. 청량산 청량정사 뒤편에 김생굴과 김생폭포가 있는데, 아주 재미난 전설을 품고 있어.

서예에 평생을 바치기로 작정한 김생은 바위굴에 거처를 정하고 글씨 연습에 몰두했지.

'글씨로 세상의 으뜸이 되기 전에는 이 굴에서 나가지 않으리라.'

굳게 결심한 김생은 밤낮없이 붓을 놀렸어. 밝은 낮에는 작고 세밀한 글씨를 연습하고, 어두운 밤에는 달빛 별빛을 받으며 큰 글씨를 썼대. 비가 오는 날이면 굴 바로 위에서 폭포가 쏟아지는데, 그러면 동굴 속에 완전히 갇힌 꼴이 되었어. 그런 속에서도 김생은 오로지 글씨만 쓰고 또 썼어. 그렇게 한 해가 가고, 3년이 가고, 9년이 흘렀어. 소년 김생은 어엿한 장부가 되었고, 글씨에도 자신이 생겼어.

'이제 세상에 나가 솜씨를 뽐내보리라.'

청년 김생은 밝게 빛나는 별들을 바라보며 세상으로 나가 이름을 떨칠 생각에 가슴이 설레었어. 그때 발소리가 나더니 어둠 속에서 한 여인이 나타난 거야.

"댁은 뉘시오?"

"소녀는 베를 짜는 봉녀입니다. 그대가 오래도록 서도에 정진하여 일가를 이루었다고 하여 한번 솜씨를 겨루고자 찾아왔습니다."

느닷없이 나타난 여인의 도전이었어.

"아니, 서도와 베짜기를 어떻게 겨룬단 말이오?"

"지금은 별빛만 반짝이는 캄캄한 밤이니 겨룸을 하기에도 맞춤입니다. 어둠 속에서 서로 익힌 것을 시험해 보면 되지 않겠습니까."

이리하여 두 사람은 캄캄한 어둠 속에서 대결을 펼쳤어. 붓이 종이를 스치는 소리와 베틀에서 씨줄 날줄이 교차하는 소리만이 가득했지.

"이제 그만 확인해 볼까요?"

얼마간 시간이 지나고 김생은 부싯돌을 쳐서 불을 켰어. 불빛 아래 드러난 결과를 본 김생은 아뜩해졌어. 자신의 글씨는 거칠고 비뚤비뚤한 곳도 있고 크기도 일정하지 않았어. 하지만 봉녀가 짠 베는 반듯하게 가로 세로로 짜여 한 올도 어긋남이 없었거든.

"낭자, 소생이 졌소이다. 홀로 최고인 줄 자만하였는데 아직 우물 속 개구리나 다름없음을 알겠소."

김생은 비통한 심정으로 패배를 인정했어.

그러자 여인은 빙긋 웃으며 어둠 속으로 사라져 버렸어. 그제야 김생은 가슴을 치며 깨달았어.

"아, 아직 설익은 나의 솜씨를 신령님께서 시험해 보셨구나. 자만하지 말고 더 열심히 닦아야겠다."

김생은 마음을 다잡고 더욱 열심히 연습하여 마침내 10년을 채우고 세상으로 나왔단다.

그 후 김생은 명필로 크게 이름을 떨쳤는데, 그러고도 자만하지 않고 평생 닦고 또 닦으며 글씨를 썼어. 그리하여 김생은 명필을 넘어 신필이라는 칭송까지 들었어. 글씨로서 도를 통하여 그가 붓을 휘두르면 신이 어릴 정도라는 거야.

청룡사 현판을 써 주었더니, 그 절 주변에 늘 용이 머무는 듯 안개가 끼어 신령한 분위기를 자아냈대. 안양사라는 절이 남쪽으로 기울었는데, 김생이 북쪽 건물에 현판을 써 붙이니 기울어진 건물이 반듯하게 되었다는 설화도 있어. 물론 과장된 말이겠으나 그 정도로 김생의 글씨가 뛰어났다는 거지.

김생의 실력은 그가 죽은 뒤에 더욱 빛을 발했어. 『삼국사기』에는 김생의 열전을 적고 그가 죽은 뒤의 이야기를 전해 준단다.

고려 숙종 때니 12세기 초야. 고려의 학사 홍관이 사신단을 따라 송나라로 갔거든. 그때 송나라 한림학사 두 사람이 맞이했는데, 홍관이 김생의 작품집을 보여 주었단 말이야. 송나라 학사들이 무척 놀라며 감탄을 했어.

"와, 오늘 왕우군의 글씨를 보게 될 줄은 몰랐는데!"

왕우군은 중국 역사상 최고의 명필로 치는 왕희지를 말해. 김생의 글씨를 그처럼 높게 본 거지.

"아니오. 이것은 신라 사람 김생의 글씨요."

홍관이 애써 설명했지만 두 사람은 믿지 않았어.

"에이, 그럴 리가. 천하에 어찌 왕우군이 아닌 자가 이렇게 잘 쓸 수 있단 말이오. 거짓말하지 마시오."

홍관이 여러 번 설명해도 그들은 믿으려 하지 않았어. 하지만 그 후에는 중국 학자들이 고려에 오면 서로 김생의 글씨를 구하려 했대. 처음엔 자존심 때문에 믿지 않았지만 속으로는 탐을 내었던 거지. 실은 김생의 글씨가 왕희지의 글씨를 넘어섰거든.

그런데 좀 이상하지 않아? 신라 사람 김생의 글씨가 왕희지와 그토록 비슷하다니. 『예성야록』에는 그 비밀을 밝혀 줄 단초가 숨어 있어.

일본日本의 중 혜담惠曇도 글씨에 능하였는데, 신라에 와서 김생의 글씨를 보고 매우 기이하게 여기면서 왕우군이 강북江北에 건너가 있을 때 썼던 진적眞蹟을 주었다.

김생이 서예 신동으로 유명하니까 혜담이 기특해서 왕희지의 작품집을 주었나 봐. 그 후 김생은 왕희지의 글씨를 스승 삼아 맹연습을 해서 그를 능가할 정도까지 발전한 거지.

김생이 스님이나 다름없었기 때문에 그의 작품도 대부분 절간에 남아 있어. 절간의 탑이나 현판 액자 같은 데 남겼는데, 훗날 사람들이 그 글씨들을 탁본을 떠서 작품집을 만들었어. 『전유암산가서』가 바로 그것이지. 국립박물관에 있는 〈태자사 난공대사 백월서운탑비〉도 고

려시대에 김생의 글씨를 모아서 만든 대표작
이야.「여산폭포시」는 아주 힘찬 필치가 돋보
이는 작품이지.

　김생은 예서·행서·초서에 두루 능했는데,
글씨는 왕희지체를 기본으로 하여 변화를 일
으키며 개성을 추구했어. 훗날 조선 말기의
명필 김정희*가 추사체를 창안한 것도 김생
의 글씨를 바탕으로 삼았대. 이러한 김생의
글씨에 대해 고려의 대학자 이규보는 이렇게 평했단다.

　아침 이슬이 맺히고 저녁연기가 일어나며, 성낸 교룡이 뛰고 신령스런 봉
황이 난다. 김생과 왕희지는 몸은 비록 다르나 솜씨는 같았다. 마음과 손이
서로 응한 것은 천연의 신비가 붙은 것이다. 신기하고 기이하여 말로 전하
기 어렵도다.

　왕희지 다음으로 존경받는 중국의 서예가 조맹부*도 김생의 작품을
높이 평가했어.

　당나라 때 신라의 중 김생이 쓴 그 나라의 창림사비昌林寺碑는 자획字劃에
깊은 전형典型이 있어, 아무리 당나라 사람의 명각名刻이라 해도 그보다 더
나을 수 없다.

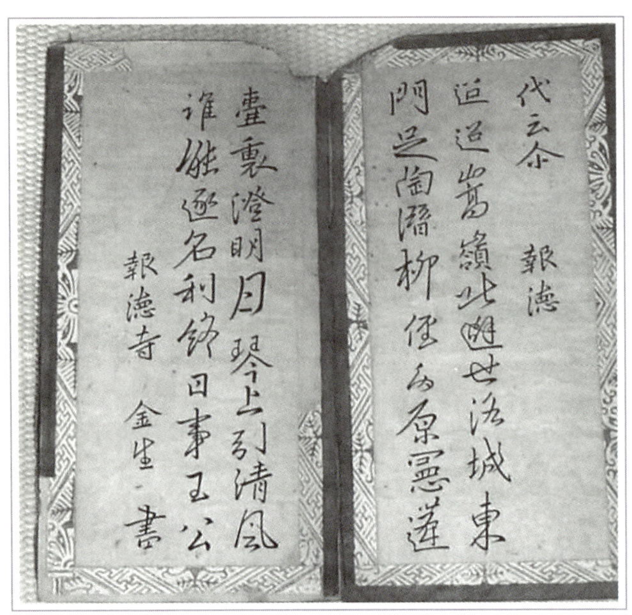

김생의 유일한 서첩인 『전유암산가서(田遊巖山家序)』

서라벌 인근에서 서도를 닦으며 지내던 그는 나중에는 부귀명예를 버리고 충주로 와서 살았어. 불교에 깊이 매혹되었던 그는 줄곧 불도를 닦으며 글씨를 썼어. 이미 그의 이름이 천하에 알려진 까닭에 그가 머물던 절조차 이름이 김생사충주시 금가면 유송리가 되었어. 이 절에서 97세까지 장수하며 글씨를 썼다니까 죽은 해는 807년이 되겠지.

지금 그곳에는 절터만 남아 있는데, 최근에 그의 글씨를 새긴 비석을 세워 놓았대. 그리고 고향인 봉화와 말년을 보낸 충주에서는 해마다 '김생 추모 전국 서예대전'을 펼치니, 사람은 천 년 전에 갔지만 그의 작품과 정신은 오늘날에도 살아 있는 셈이지.

거문고 명인 백결, 신의 붓 솔거, 악성 우륵, 신필 김생. 소개한 네 사람 말고도 우리 상고사에는 뛰어난 예술가들이 많았어.

고구려의 재상 왕산악은 중국의 칠현금을 고쳐서 거문고를 만들었는데, 그가 연주를 하면 검은 학이 날아와 춤을 출 정도였대. 지리산에서 50년을 머물며 거문고만을 연구하고 악곡을 지었던 옥보고도 거의 신선의 경지에 올랐다고 해. 또 일본이 자랑하던 국보 법륭사 금당 벽화를 그린 사람도 고구려의 화가 담징이었어.

이 세상에 완전한 것은 없다고 했어. 하지만 그들은 예술로 완전한 삶을 이루고자 노력하였고, 기어이 그것을 이룬 성인이었는지도 몰라. 완전하려고 노력하는 것이 사람의 마땅한 도리라는 걸 온몸으로 가르쳐 준 분들이지.

중국 역사책에서도 원래 우리 민족은 춤추고 노래하기를 좋아했다고 기록했어. 예술과 풍류가 삶과 늘 함께했던 거지. 그럼 우리 겨레의 가장 오래된 노래인 「공무도하가」* 이야기로 첫 장을 가름할까 해.

기원전 6세기 무렵이니 고조선시대야.

새벽 강가에서 뱃사공이 배를 젓고 있었거든. 그때 모래벌판 저 멀리서 허옇게 센 머리를 풀어헤친 사내가 마구 달려와. 그 뒤를 한 여인이 가지 말라고 소리치며 따라오고. 하지만 사내는 곧장 물로 뛰어들어 물살에 휩쓸려 죽고 말았어. 따라온 여자는 강가에서 하염없이 울면서 슬픈 노래를 부르다가 자신도 강에 몸을 던져 죽고 말았어.

이 광경을 모두 지켜본 뱃사공이 집에 가서 아내 여옥에게 자신이 본 것을 그대로 전했지. 여옥이 슬퍼하며 그 노래를 옮겨서 세상에 두루 퍼지게 되었어. 바로 이런 노래란다.

*「**공무도하가**」 고조선 때에 진졸(津卒) 곽리자고의 아내 여옥이 지었다고 전하는 노래이다. 진(晉)나라 최표가 지은 「고금주」에 전한다.

님이시여 강을 건너지 마오

님께서 기어이 강을 건너시네

건너다가 빠져 돌아가시니

님이여 나는 어쩌란 말이오

제2장
해와 달을 움직인 시인
월명사

"신은 다만 국선지도國仙之徒에 속하므로
향가를 지을 줄은 아나 범패는 모릅니다."
이에 왕이 대답했다.
"이미 인연이 있는 승려로 지목되었으니 향가를 써도 좋다."

— 「삼국유사」

피리 소리에 멈춘 달

신라 경덕왕 때였어.

보름달이 휘영청 솟은 서라벌의 봄밤은 평화롭기 그지없었어. 살구꽃, 앵두꽃이 흐드러지게 피어 달빛에 은화처럼 빛났지. 그런 밤거리에 한 무리의 젊은이들이 걸음을 옮기고 있었어. 아마도 밤늦게까지 시나 노래를 주고받으며 풍류를 즐기다가 돌아가는 길이었겠지.

그때 어디선가 애잔한 피리 소리가 흘러나왔어. 사람의 영혼을 빨아들이는 듯 신비한 소리였어. 무리 가운데 하나가 말했어.

"오! 영혼을 끄는 소리여, 발걸음을 옮길 수가 없구나."

아닌 게 아니라 달밤의 피리 소리는 듣는 이의 마음을 붙잡는 마력이 있었어. 모두가 걸음을 멈추고 가만히 피리 소리를 듣는 거야.

피리 소리는 커졌다 작아지며 끊어질 듯 이어지고, 간드러지게 구슬프다가 강물처럼 도도하게 흘렀어. 개도 밤새 짖지 않았어. 천지에 애오라지 달빛과 피리 소리만 가득한 밤이었어.

"아아, 이럴 수가!"

맨 처음 걸음을 멈추었던 젊은이가 손을 들어 하늘을 가리켰어.

"왜 그러는가?"

　친구들이 바짝 다가와 손가락이 가리키는 데를 쳐다보았어. 그러고는 이번엔 모두들 입을 벌린 채 말을 잇지 못했어. 검푸른 구름을 타고 두둥실 돛단배처럼 떠가던 보름달이 하늘에 못 박힌 듯 꼼짝하지 않지 뭐야. 달빛은 가던 길을 멈추고 성문 앞 큰길을 유난히 환하게 비추었어. 거기에 한 사내가 피리를 불며 달빛 깔린 길을 걸어오는 거야.

"달도 가던 길을 멈추고 피리 소리를 듣는구나!"

비로소 누군가 입을 열자 모두들 감탄하며 고개를 끄덕거렸어.

피리 부는 사내는 살구나무 꽃그늘을 지나 젊은이들이 우두커니 선 곳으로 다가왔어. 먹물들인 옷을 입고 바랑을 맨 승려였어. 하지만 머리를 깎지는 않은 걸로 보아 여느 불교도는 아닌 듯했어.

젊은이들은 승려와 달을 겨끔내기로 쳐다보며 연방 고개를 끄덕였어. 하늘의 달은 여전히 꼼짝 않고 서서 피리 소리를 감상하고 있었지.

"스님, 피리 소리가 신의 경지에 이르렀군요. 이름만이라도 가르쳐 주실 수 없는지요."

이윽고 피리 소리가 그치자 젊은이들이 예를 갖춘 다음 물었어.

"깨달음을 찾아 구름처럼 떠도는 몸이 무슨 이름이 있겠습니까. 그저 달빛에 이끌리어 조잡한 솜씨를 한번 발휘했을 뿐입니다."

승려는 대답 대신 가볍게 인사를 하고는 달빛을 받으며 멀어져 갔어.

"어, 저것 보게. 이제 달이 움직이네그려."

멈추어 있던 보름달도 그제야 승려를 따라가듯 서쪽으로 옮겨 가는

거야. 젊은이들이 마치 무언가
에 홀린 듯 한마디씩 던졌어.

"달빛이 이 거리에만 눈부
시게 쏟아졌으니 이곳을 월명
리라 함이 좋겠다."

"그렇다면 저 승려는 마땅
히 월명사라 불러야지."

이 소문이 서라벌 가득 퍼지
면서 그곳은 월명리月明理: 달 밝

사천왕사가 있던 터

은 동네가 되었고, 이름 모를 승려는 월명사로 굳어졌어.

피리 소리로 달도 멈추게 한 월명사, 그는 어떤 사람이었을까?

『삼국유사』에 다음과 같이 소개되어 있어.

월명사는 항상 사천왕사선덕여왕이 경주 남산 아래에 짓게 한 큰 절에 살았는데,
피리를 잘 불었다. 일찍이 달밤에 피리를 불며 문 앞의 큰길을 지나가자 달
이 그 운행을 멈추었다. 이로 인해 사람들이 그 길을 월명리라 하였고, 법사
또한 이로써 이름을 날리게 되었다. 법사는 능준대사의 문인門人: 제자이다.

여기서 한 가지 꼭 짚고 넘어가야 할 게 있어. 신라시대에 불교가 들
어와 많이 퍼지기는 했으나, 승려라고 해서 모두 머리를 깎고 부처님
만을 섬기는 사람은 아니었다는 거야. 그들 가운데는 우리 겨레의 정
통 수련법을 공부하던 이들도 많았어.

불교와 유교가 들어오기 전에 우리 겨레에게 독특한 가르침이 있었어. 최치원*은 그것을 삼교三敎:유교, 불교, 도교의 근원인 현묘지도라고 했단다. 그런데 불교가 들어오자 절간에서 현묘지도와 불교가 어우러져 있었던 거지. 당시엔 절간이 학교 역할을 많이 했거든. 그래서 불교와 현묘지도를 같이 익히기도 하고 따로 배우기도 했을 걸로 추측해. 하지만 세월이 흐르는 동안 불교가 강성해지니 현묘지도는 점차 불교 속에 녹아 사라지거나, 따로 깊은 산속에서 비밀리에 전해지게 된 거란다.

그들은 화랑도가 그랬듯이 산천을 떠돌며 도를 닦았어. 그런데 후세의 역사가들이 승僧 자만 붙으면 모두 불교도로 이해한 탓에 많은 오해가 생긴 거야. 월명사가 다음 이야기에서 그것을 증명하니까 잘 들어 보렴.

두 개의 **태양**

경덕왕 시절에는 유난히 천재지변이 많았어. 가뭄, 우박으로 인한 흉년이 잦았고, 괴질이 돌고, 혜성이 나타나는 등 아주 요란했어. 『삼국유사』에서는 아주 특이한 사건을 전해 주고 있어.

경덕왕 19년서기 760 4월 초하루, 하늘에 해가 두 개나 떠오른 거야.

"아아, 이게 어찌 된 변괴냐!"

경덕왕은 자신이 하늘에 큰 죄를 지은 양 몸을 떨었어.

신하들은 나름대로 해석해 보려 머리를 싸맸지.

"해는 곧 임금을 상징하는데 어디선가 무도한 자가 임금이라 칭하며 백성을 속이고 있는 게 아닐까요?"

"그럴 리가 없습니다. 나라가 태평하고 대왕의 다스림에 칭송이 자자한데 누가 역모를 꾸민단 말이오."

신하들은 왈가왈부 소리만 요란할 뿐 원인을 알아내지도 못하고 처방도 내리지 못했어.

별다른 이변은 없었지만 이런 날이 열흘이나 계속되니 점점 나라가 소란해졌어. 한여름인데 해가 두 개나 되니 더워서 견딜 수가 없었겠지. 강물이 마르고 논밭이 거북 등처럼 갈라졌어. 이런 날이 열흘만 더 이어진다면 사람들은 더위에 지쳐 죽거나 병들고, 농작물은 말라 대흉년이 될 판이야.

"벌써 열흘이 지났는데 대체 경들은 무얼 하고 있는가!"

경덕왕이 노하여 고함을 질렀어.

그때 해와 달과 별자리를 보고 점을 치는 일관이 간신히 입을 열었어.

"제가 기도하여 보니 인연이 있는 승려가 이를 해결할 것이라 합니다. 지금 하늘에 제사를 지낼 단을 마련하고 그 승려를 기다려 보소서."

경덕왕은 일관의 말대로 제단을 마련한 다음 높은 누각에 올라가 성 바깥을 살폈어.

"아, 저기 누군가 옵니다."

더워서 아무도 나다니지 않는데 한 승려가 밭두렁을 밟으며 지나가는 거야. 경덕왕은 즉시 그를 불러들였어.

"그대는 어디 사는 누구인가?"

왕의 물음에 승려가 대답했어.

"사천왕사 능준대사의 제자인데 사람들이 월명사라고 부릅니다."

왕의 얼굴에 기쁨이 감돌았어.

"오, 그대의 이름은 나도 들은 적이 있다. 속히 범패梵唄: 부처의 공덕을 찬양하는 불가의 기도문를 지어 하늘의 재앙을 물리치도록 하라."

이때 월명사가 한 대답은 대단히 중요하니까 『삼국유사』에서 직접 옮길게.

"신은 다만 국선지도國仙之徒: 국선의 가르침을 따르는 사람, 혹은 제자에 속하므로 향가를 지을 줄은 아나 범패는 모릅니다."

이에 왕이 대답했다.

"이미 인연이 있는 승려로 지목되었으니 향가를 써도 좋다."

바로 이 부분이야. 월명사는 자신을 부처의 제자라 하지 않고 다만 국선지도에 속한다고 했어. 국선이란 화랑의 다른 말이니 곧 현묘지도를 익히던 수도자란 말이야. 또 범패를 모른다고 하였으니 비록 사천왕사에 머물지만 부처의 가르침을 따르는 사람은 아님을 알 수 있잖아. 월명사는 그것을 뚜렷하게 밝혔고, 우리 겨레에게 고유한 가르침이 있음을 증언한 셈이지.

당시만 하더라도 월명사와 같은 수련자들이 많았을 걸로 짐작해. 그 이전의 인물로 물계자를 들 수 있고, 월명사의 스승 능준대사도 그런 사람이었겠지. 이들을 특별히 불교도와 구분하여 낭승郎僧: 화랑이며 승려인 사람, 즉 현묘지도와 불도를 함께 익히던 사람이라 했거든. 월명사 외에도 충담사, 융천사, 표훈대사 같은 고승들도 같은 부류로 봐.

낭승의 전통은 고려시대까지 이어져. 신라 말기의 도승인 도선이나 고려시대에 나타났던 서경파의 지도자 묘청, 몽골의 장수를 죽인 승장 김윤후, 조선을 세운 이성계의 왕사였던 무학대사도 그럴 가능성이 있어. 이들은 순수한 불교도가 아니라 불교와 현묘지도의 가르침을 같이 익혔을 가능성이 크다는 거지.

자, 이제 그 현묘지도를 익힌 국선의 능력을 볼까.

월명사는 준비된 제단으로 나가 향을 피우고 꽃을 뿌리며 기도하듯
향가를 읊었어.

오늘 일을 당하여

산화가를 불러 바치느니

뿌려진 꽃이여 너는

올곧은 마음의 명령을 따라서

미륵 부처님을 모시어라

향가 「도솔가」야. 도솔천은 미륵 부처님이 있다는 하늘인데, 미륵은
미래에 세상을 구한다는 미래 부처님이야. 그러니까 당시 주로 섬기던
석가모니 부처님이 아니고, 또 월명사가 그런 불제자가 아님이 여기서
도 밝혀지지. 월명사는 미륵의 힘을 빌려 하늘의 변괴를 물리치고자
한 거야.

결과는 그가 바라던 대로 되었어. 노래가 끝나자 쨍쨍 내리쬐던 두
개의 해 가운데 하나가 사라졌어. 단비가 온 듯 순식간에 세상이 시원
해졌지.

"와, 해 하나가 없어졌다!"

"오, 이제 살았군."

왕은 월명사의 공덕을 기려 좋은 차茶 한 봉지와 수정으로 된 염주알
108개를 상으로 내렸어.

그때 다시 이상한 일이 벌어졌어. 어디선가 매우 잘생긴 동자가 나타나서 월명사 대신 차와 수정 염주를 받아서는 재빨리 사라진 거야. 월명사는 동자가 왕의 시종인 줄 알았고, 왕은 월명사가 데리고 온 제자인가 싶어 어리둥절한 채 그대로 두었지. 동자가 궁궐 안쪽으로 사라진 다음에야 왕은 뭔가 잘못되었음을 알고 명을 내렸어.

"아니, 어째 이런 일이! 속히 따라가 보아라."

내관이 다급히 동자를 쫓아갔지만, 발자국조차 발견할 수가 없었어. 궁궐 뜰을 두리번거리던 내관은 탑 앞에서 햇살에 빛나는 것을 발견하고는 다가갔어. 차와 수정 염주가 거기 고스란히 놓여 있었거든.

"동자는 어디 숨었지?"

둘레둘레 탑 주변을 살피던 내관은 깜짝 놀랐어. 자세히 보니 높은 탑 몸에 미륵 부처님이 새겨져 있지 뭐야.

내관이 바삐 돌아와 이 사실을 아뢰자 모두들 입을 다물지 못했어.

"오, 미륵 부처님이 월명사의 기도에 직접 오셔서 응답하셨구나!"

"그래서 상은 자신이 받아 가신 게야."

경덕왕은 크게 기뻐하며 월명사에게 말했어.

"법사의 공력이 하늘에 닿아 미륵불께서 몸소 나타나서 변괴를 물리쳐 주시었소. 여봐라, 월명사에게 비단 백 필을 내리도록 하라!"

이 일이 있은 뒤 경덕왕은 월명사를 매우 존경하였고, 그의 이름이 온 나라에 퍼졌어. 하지만 이때도 그는 이름조차 밝히지 않았으니 진실로 부귀공명과는 거리가 먼 참 수행자라 할 만하지.

월명사는 『삼국유사』에 향가 2수를 남겼어. 향가는 우리 민족에게

만 있는 독특한 시로 오늘날 25수만 전해. 앞에서 읊은 「도솔가」는 주술적인 시이고, 「제망매가」는 아주 빼어난 시란다.

월명사에게 여동생이 있었는데, 아마 젊어서 먼저 죽었나 봐. 누이의 장례를 치르는 중에 월명사는 향가 한 수를 지어 바쳤어.

죽고 사는 갈림길이

여기 있으매 두려워

너는 간단 말도 못 이르고 갔느냐

어느 가을 이른 바람에

여기저기 떨어지는 나뭇잎처럼

한 가지에서 나고서도

가는 곳을 모르겠구나

아! 미타찰극락세계에서 만나기를 나는

도 닦으며 기다리련다

노래가 끝나자 한 차례 바람이 불어 제사상을 쓸고는 서쪽으로 갔어. 시를 적었던 종이와 지전紙錢: 돈 대신 올려놓은 종이, 흔히 저승에 가는 노잣돈이라고 함도 바람에 쓸려갔지. 사람들은 이를 보고 월명사의 시가 혼령을 불러내서 돈을 가져가게 했다며 놀라워했어.

가던 달을 멈추게 하고, 해를 사라지게 한 일은 과장되거나 숨겨진 속뜻이 있었을 거야. 월명사의 실력이 과장된 면도 있겠지. 하지만 분명한 건 진정한 수도자였던 월명사는 피리의 명인이면서 또한 뛰어난

시인이었다는 거야. 『삼국유사』를 엮은 일연은 이러한 월명사를 흠모
하여 다음과 같은 시로 찬양했어.

바람은 지전을 날려
누이의 저승길 밑천을 삼게 하였고
피리 소리는 밝은 달을 감동시켜
항아달나라 선녀를 머무르게 하였네
도솔천극락이 멀다고 하지 말게
만 가지 덕을 꽃피우는
노래 한 곡조로 맞이할 수 있다네

제3장
불국사와 석굴암을 지은
김대성

석굴암은 현대 과학보다도 우수하고, 현대 미술로도
흉내 내기 어려운 신라인의 예술과 과학과 정신이
고스란히 표현된 세계적 걸작이야. 그래서 1995년에
유엔 유네스코에서 세계문화유산으로 등록했단다.

－본문 중에서

두 번 태어난 아이

신라 서라벌 바깥 모량리_{지금의 월성군 서면 모량리}에 경조라는 여인이 있었어. 아들과 단둘이 사는 그 여인은 복안이라는 부잣집에서 품팔이로 살아갔어. 그를 가엾게 여겨 조그만 밭뙈기를 떼 주었지.

어느 날 경조가 복안의 집에서 일을 하고 있는데 대문간에서 목탁 소리가 나는 거야. 나가 보니 나이 지긋한 스님이 염불을 하며 시주를 부탁해.

"애, 대성아 네가 주인어른께 달려가 스님이 오셨다고 아뢰어라."

경조는 자신을 졸졸 따라다니는 어린 아들에게 말했어. 아들은 머리통이 유난히 크고 이마가 넓어 마치 성곽 같다 해서 대성_{大城}이었어. 명을 받은 대성이가 재빨리 안채로 가서 주인을 모시고 나왔지.

"소승은 흥륜사의 주지 점개라고 합니다. 많은 사람을 초청하여 크게 법회를 베풀려고 하는데, 시주하시면 크게 복을 받을 것입니다."

복안은 재물도 많았지만 마음도 넉넉했어. 그는 기꺼이 베 50필을 내놓았어. 점개는 그 집에 복을 빌어 주었지.

“감사합니다. 부처님께서 항상 이 집을 보호하실 겁니다. 또한 시주한 것의 만 배나 갚아 주시며, 안락함을 누리고 오래 살 것입니다.”

점개가 대문을 나서자 대성이 어머니 치맛자락을 붙잡고 말했어.

“어머니, 전 이제야 우리가 이처럼 가난한 이유를 깨달았어요.”

“그 이유가 뭔데?”

“아까 그 스님이 하나를 시주하면 만 배를 얻는다잖아요. 그러니 우리가 전생에 착한 일을 많이 하였다면 지금처럼 살 리가 없어요.”

처음엔 그저 아이의 실없는 소리로 듣던 경조가 움찔 놀랐어.

“딴은 그렇구나. 하지만 이미 전생의 일인 걸 지금 어떻게 하겠니?”

대성이 잠시 생각에 잠겼다가 말했어.

“우리 밭을 아까 그 스님네 절에 시주해요.”

경조는 절레절레 고개를 흔들었어.

“그 밭은 하나뿐인 우리 재산인데?”

대성은 어린아이답지 않게 침착한 표정으로 어머니를 설득했어.

“만일 지금 좋은 일을 하지 않는다면 우리는 훗날에도 여전히 가난하고 고달프게 살 거예요. 안 그래요?”

어머니를 올려다보는 아이의 눈이 새벽별처럼 초롱초롱해. 그 눈을 쳐다보는 경조의 눈빛에도 맑은 기운이 감돌았어.

“네 말이 옳다. 어차피 천한 신분으로 태어났으니 지금 세상에서는 희망이 없다. 그 밭을 바쳐 다음 세상에서라도 잘살아야지.”

결심을 굳힌 경조는 저만치 가던 스님에게 달려가 밭을 시주하겠다고 약속했어. 물론 그 약속은 지켜졌고, 경조 모자는 더욱 어려운 생활을 감당해야만 했지.

그러나 부처님의 축복은커녕 경조의 집안에 우환만 생겼어. 멀쩡하던 대성이가 시름시름 앓더니 얼마 못 가 죽고 말았지 뭐야.

"어머니, 꼭 다시 만나요. 다음에 만나면 우리도 잘살게 될 거예요. 제가 효도할⋯⋯."

늦은 밤, 대성이는 마지막 말을 채 맺지 못하고 눈을 감았어. 경조는 싸늘하게 식은 아들의 몸뚱이를 끌어안고 울고 또 울었지.

바로 그 시간, 서라벌에 사는 재상 김문량*의 집에 일대 소동이 일어났어. 하늘에서 천둥 같은 소리가 들려온 거야.

"모량리의 대성이란 아이를 너희 집에 맡기려 하노라!"

책을 읽고 있던 김문량이 버선발로 튀어나왔고, 잠을 자던 종들도 선바람으로 마당에 모였어.

"너희들도 들었느냐?"

김문량의 말에 종들이 '예' 하며 고개를 조아렸어. 아들이 없던 김문량은 양자를 들이라는 명으로 알아들었어.

"속히 모량리로 가서 대성이란 아이가 있는지 알아보고 데려오너라."

두 명의 종이 밤길을 도와 모량리를 다녀와서 아뢰었어.

"거기 대성이란 아이가 있긴 한데, 데려올 수는 없게 되었습니다. 그 아이는 바로 어제 죽었답니다."

김문량은 혀를 차며 안타까워하였어.

그런 얼마 뒤, 아이를 못 낳아 애를 태우던

*김문량_ 통일신라시대 신문왕 때의 재상으로, 경주 불국사를 축성한 김대성의 아버지이다. 706년 중시에 임명되었다.

김문량의 아내가 임신을 했어. 김문량은 대성의 일을 까맣게 잊고 기뻐했지.

이윽고 달이 차 김문량의 아내는 사내아이를 낳았어. 그런데 아이가 왼손을 꼭 거머쥔 채 펴지를 않지 뭐야. 부모가 애써 펴 보려 해도 어림없었어. 귀중한 보물이라고 움켜쥔 듯 꼼짝도 안 했지.

"우리 아이가 영영 손을 못 쓰게 되는 건 아닐까요?"

김문량의 아내는 걱정스런 표정을 지우지 못했어.

의문은 일주일 만에 풀렸어. 난 지 이레가 되자 아이가 스스로 손가락을 편 거야.

"오, 세상에 이럴 수가!"

부모는 놀라움을 감추지 못했어. 아이의 손에 금으로 된 조그만 명패가 쥐어져 있었거든. 거기엔 대성大城이란 이름이 또렷하게 새겨져 있었어. 김문량은 '아하!' 하며 무릎을 철썩 내리쳤어.

"모량리의 대성이를 하느님이 우리한테 보내 주셨구나!"

김문량은 모량리로 사람을 보내 경조를 데려와 사실대로 말했어. 경조도 그간의 사정을 낱낱이 털어놓았어. 김문량이 고개를 끄덕거리며 말했어.

"이 아이는 부처님께서 귀하게 쓰시려고 우리 집에 태어나게 한 듯싶소. 대성이는 우리 아이지만 작년까지만 해도 그대의 아들이었으니 어찌 모른 체할 수 있겠소. 부디 함께 살면서 아이를 잘 돌봐 주시오."

이렇게 하여 대성이는 전생의 어머니와 이생의 어머니를 함께 모시고 살게 되었대.

천지간에 귀하지 않은 생명은 없다

　김대성의 출생 이야기가 무척 신기하지. 이는 『삼국유사』에 전하는 내용인데, 『삼국사기』에는 그에 대한 열전도 없고 뚜렷한 행적도 없어. 다만 그는 이름이 대정이라고도 하며 재상급인 시중을 맡았다가 물러난 것으로 「신라 본기」에 적혀 있는 정도야. 아마도 이 이야기는 김대성의 업적을 높이느라 태몽이나 전설에 이야기를 덧붙인 게 아닌가 싶어. 하지만 『불국사 고금 역대기』에도 비슷한 설화가 있으니 아주 터무니없는 소리만은 아닐 거야.

　하여튼 찢어지게 가난했던 대성은 부처님에게 전 재산을 시주한 공덕으로 재상의 집에서 다시 태어났어. 그리고 이생의 부모와 전생의 어머니의 돌봄 아래 탈없이 자랐어. 그는 학식이 풍부하고 용맹도 남달라 일찌감치 출세의 길을 달렸어.

　그런 어느 날, 대성은 사냥을 하고자 친구와 부하들을 거느리고 토함산에 올라갔어.

　"크르릉!"

별안간 숲에서 집채만 한 곰이 나타났어. 곰이 어찌나 크고 사나운지 사람들은 오금이 저려 움직이지도 못할 정도였어.

"천지간에 사람이 가장 귀한 법인데 어찌 미물 주제에 사람을 겁준단 말인가."

대성은 즉시 화살을 날렸어. 화살은 곰의 가슴에 적중했으나 곰은 더욱 성이 나 피를 뿌리며 달려들었어. 대성은 다시 화살 한 발을 곰의 머리통에 꽂은 다음 칼을 휘둘렀어. 그러고 나서야 곰은 쓰러져 사지를 바르르 떨었어.

"어휴, 이렇게 크고 사나운 곰은 처음 보았네."

그제야 친구들은 안도의 한숨을 쉬고는 곰의 가죽을 벗기고 웅담을 꺼냈어.

사냥을 끝낸 대성 일행은 토함산 산골 마을에서 하루를 더 묵었어. 그날 밤, 대성은 무서운 꿈을 꾸었어. 산신령처럼 보이는 노인이 나타나 무섭게 꾸짖는 거야.

"네 이놈, 네가 감히 사람만이 가장 귀하다고 큰소리를 쳤느냐?"

대성은 노인의 서슬퍼런 목소리에 주눅이 든 채 대꾸했어.

"그, 그랬소. 내 말이 틀린 데라도 있소."

노인이 더욱 눈을 부라리고 다그쳤어.

"천지간에 귀하지 않은 생명은 없다. 그런데 어찌 사람만이 다른 생명을 마음대로 죽인단 말이냐?"

"대체 노인장은 누군데 그런 소릴 하시오?"

그러자 노인이 대성을 와락 덮치는데 바로 낮에 죽였던 곰이지 뭐야.

“네가 나를 죽였으니 나도 너를 죽여 복수를 해야겠다.”

곰은 대성의 멱살을 움켜쥐고 칠 듯이 노려보았어. 대성은 우선 용서를 빌며 살려 달라고 간청했어.

“아, 내가 어리석었소. 모든 생명은 하느님이 만드신 고귀한 것임을 이제야 알겠소. 부디 용서해 주시면 다시는 죄를 짓지 않겠습니다.”

대성의 진심 어린 말에 곰이 다시 노인으로 변해 말했어.

“그렇다면 나를 위해 절을 지어 줄 수 있겠느냐?”

“예, 약속하겠습니다.”

“부처님께 맹세할 수 있느냐?”

“물론입니다.”

그제야 노인은 대성의 멱살을 놓고는 홀연히 사라져 버렸어.

잠을 깬 대성의 몸은 온통 땀으로 젖어 있었어.

“예사롭지 않구나. 내가 부처님 덕에 귀한 몸으로 다시 태어났거늘 살생을 즐기니 부처님께서 꾸짖은 게야.”

이렇게 생각한 대성은 약속한 대로 곰을 죽였던 그 자리에 손수 재료를 구하고 땀을 흘리며 ‘장수사’란 절을 지었어. 이것이 그가 건축과 인연을 맺게 된 계기야.

불국사와 석굴암

　장수사를 짓고 보니 대성은 마음이 저절로 넉넉해졌어. 불법에 대한 생각도 더욱 간절해지고 더욱 아름다운 절을 짓고 싶어진 거야.

　"내가 곰을 위하여 절을 지었는데, 만세에도 갚지 못할 부모님을 위해 무엇인들 못하겠는가. 전생의 부모님을 위하여 절을 한 채 짓고, 현생의 부모님을 위하여 또 절 한 채를 지어 부처님께 드리리라!"

　이렇게 작정한 김대성은 알맞은 절터를 찾느라 산을 온통 누비고 다녔어. 그러다가 발견한 것이 토함산의 불국사였어.

　원래 불국사는 528년에 법흥왕의 어머니가 지었는데, 그 후 진흥왕의 어머니가 더 크게 키운 절이었어. 그리고 문무왕과 신문왕이 거듭 키워서 꽤 큰 절이거든.

　하지만 대성이 보기에는 불국사는 여러모로 어설펐어. 처음부터 계획을 잘 잡아 지은 게 아니고 여러 사람이 기분에 따라 키웠기 때문에 들쭉날쭉했지. 더구나 진짜 부처님이 계신 불국佛國:부처님의 나라, 즉 극락과는 거리가 먼 듯했어.

"절터로는 서라벌에서 이만한 데가 없다. 하지만 가람 배치가 맞지 않고 전체 모양도 엉망이야. 내 불국사를 정말 부처님이 계신 곳처럼 멋지게 지어 사람들에게 불심을 일깨우리라."

대성은 이렇게 작정하고 대공사를 준비했어. 하지만 막상 공사를 하려니 어디서부터 손을 대야 할지 자신도 갈피가 잡히지 않았지. 불국사라는 이름에 걸맞게 정말 부처님이 계신 곳처럼 짓고 싶은데, 그걸 본 적이 없었거든.

"부처님, 저한테 부처님이 계신 곳을 보여 주십시오. 그러면 그와 똑같은 절을 짓겠습니다."

이런 기도를 하며 대성은 마음의 준비를 했어. 8만 4천 가지나 되는 부처님의 설법을 낱낱이 공부하기도 했어. 하지만 부처님의 나라는 여전히 알 수가 없었어.

그동안 대성은 작위가 이찬에 이르고 벼슬은 재상인 시중이 되었어. 위로는 임금과 명예직인 상대등*뿐이었으니 실권은 모두 그가 쥐고 있는 셈이었지.

벼슬아치로는 더 이상 오를 곳이 없을 즈음 대성은 마침내 부처님의 나라를 보았어. 지성이면 감천이란 말이 있지. 새벽에 일어나 향을 피우고 기도를 하는데, 별안간 눈앞이 환히 열리더니 극락세계가 보이는 거야. 부처님이 설법을 하고, 여러 보살들과 더불어 걸어가는 모습, 찬란한 건물과 탑들이 한눈에 들어왔어. 그동안 공부하고 기도한 것이 무르익어 눈이 열리며 극락세계가 눈앞에

경상북도 경주시에 있는 '불국사' 전경

나타난 거야.

"오, 감사합니다. 저의 기도가 헛되지는 않았군요."

김대성은 즉시 불국사의 설계도를 그렸어. 현재 있는 건물을 이용할 건 이용하고, 고칠 데는 고치고, 헐 데는 헐고, 또 새로 지을 곳을 정했어. 설계도가 준비된 대성은 임금께 사직의 말을 올렸어.

"비로소 극락세계를 보았으니, 바라던 절을 지을 수 있게 되었습니다. 이제 벼슬을 내놓고 이 일에만 전념하고자 합니다."

경덕왕은 기꺼이 대성의 청을 들어주었어.

"공의 사업이 어찌 혼자의 일이겠소. 나라에서도 도울 테니 부디 참다운 절을 지어 이 나라가 부처님의 공덕으로 두루 편안하게 해 주시오."

이렇게 대성이 불국사 중창 작업을 시작하니 서기 751년이었어.

"극락으로 가려면 연화교와 칠보교를 지나 안양문을 통과해야 하고, 부처님이 설법을 하시는 대웅전에 이르려면 청운교 백운교를 지나 자하문을 통과해야 한다. 그리고 다리들 사이는 물길로 이어져야 하고, 대웅전 앞에서는 두 개의 탑이 있어야 돼. 동쪽에는 부처님의 설법을 뜻하는 다보탑이 자리 잡고, 서쪽에는 부처님의 설법이 틀림없음을 증명하는 석가탑이 자리 잡아야 한다."

김대성은 모든 공정을 직접 감독하고, 중요한 부분은 손수 조각하여 만들었어. 이때 백제 출신의 석공 아사달이 석가탑을 만들었어. 그동안 대성은 그 맞은편에 손수 다보탑칠보탑을 만들었어.

불국사 공사가 계획대로 이루어져 갈 무렵 그는 한 가지 고민에 빠졌어. 아직 불국사도 완성되지 않았는데, 자신의 목숨이 얼마 남지 않았음을 깨달은 거야.

"전생의 부모님을 위하여 불국사를 짓는 것도 중요하지만 현생의 부모님을 위한 일도 하지 않을 수 없다. 그런데 나에게 허락된 시간이 많지 않구나."

대성은 불국사의 설계도를 다른 이에게 넘겨 가끔 감독만 하고는 자신은 토함산 꼭대기에다 조그만 절을 하나 더 짓기 시작했어.

"이 절은 비록 작지만 부처님 나라처럼 영원할 것이다."

작은 절은 벽과 천장과 불상을 모두 돌로 만들었어. 그리하여 이름을 석불사석굴암라고 지었어.

김대성은 먹고 자는 것을 잊을 정도로 석불사 공사에 매달렸어. 그것은 작지만 매우 정밀한 공사였기 때문에 다른 사람에게 맡길 수가 없었어. 벽과 기둥을 만들고 거기에 사천왕과 부처님의 십대 제자를 돋을새김으로 깎아 완성했어. 돔형으로 된 천장도 어렵사리 완성해 올렸어.

석불사의 마지막 공사는 본존불인 석가모니 부처님 불상이었어. 하지만 대성은 재료를 다 준비해 놓고도 작업에 들어가지 못했어. 아무리 연구해 보아도 부처님의 모습을 다듬을 자신이 없었던 거야. 그리

석굴암 본존불

고 지쳐서 힘에도 부쳤어.

"아, 이 돌을 세 조각으로 쪼개서 불상과 연화대와 받침대를 만들어야 하는데……."

지친 대성이 고민하고 있는데, 별안간 '쩍!' 소리가 나더니 돌이 세 조각으로 갈라지지 뭐야.

"아, 부처님께서 병들고 늙은 나를 도우시는구나. 감사합니다."

대성은 그 돌을 완전히 떼내어 각각 따로 두었어. 이제 세 개의 돌을 각각의 모양에 맞게 깎고 다듬어서 다시 하나로 올리면 끝나는 거야. 그런데 지친 대성은 다시 일터에서 잠이 들고 말았어.

어느 새 밤이 지나고 새소리가 요란했어. 대성이 눈을 비비며 일어서자 햇살이 석굴 안을 가득 메웠어. 유난히 눈부신 아침이었어. 두 팔을 쭉 뻗으며 기지개를 켜던 대성은 화들짝 놀라 눈을 비비고 주위를 둘러보았어.

"이게 꿈인가 생시인가!"

간밤에 쪼개졌던 돌이 모두 대성이 바라는 모양대로 깎여 반듯하게 서 있었거든. 아침 햇살이 새로 깎은 부처님 이마에서 환히 빛났어. 그 불상을 보고 대성은 저절로 손을 모으고 절을 올렸어. 이렇게 해서 탄생한 것이 세계에서 가장 부처님을 잘 표현했다는 석굴암 석가모니 불상이란다. 이를 『삼국유사』는 다음과 같이 기록해 놓았어.

장차 석불을 조각하려고 커다란 돌을 다듬는데 갑자기 돌이 세 조각으로 갈라졌다. 대성이 분해하다가 어렴풋이 잠들었는데, 밤중에 천신天神이 내려와 다 만들어 놓고 돌아갔다. 잠에서 깬 대성은 급히 남쪽 고개로 달려가 향나무를 태워 천신께 감사를 드렸다. 이에 그 고개 이름을 향령이라 하게 되었다.

이렇게 하여 이십여 년에 걸친 대공사는 마무리되었어.

"오, 부처님 감사합니다. 저를 이 세상에 두 번이나 태어나게 하셨고, 전생과 현생의 부모님과 함께 살게 하신 은공에 이로써 작은 보답이 되기를 바랍니다."

그 얼마 뒤, 대성은 흡족한 얼굴로 고요히 숨을 거두니 서기 774년이었어.

불국사는 불교적 이상 세계를 표현한 것이지만 신라인의 정신과 기술이 고스란히 승화된 걸작이야. 『법화경』*에 나오는 석가모니 부처의 세계를 표현한 대웅전, 『무량수경』*에 나오는 아미타불의 극락세계를 표현한 극락전, 『화엄경』*의 비로자나불의 세계를 표현한

*『법화경』_ 모든 불교 경전 가운데 가장 존귀하게 여겨지는 경전으로, 가야성에서 도를 이룬 부처가 세상에 나온 본뜻을 담고 있다. 한역본으로는 세 가지가 있는데 축법호가 번역한 『정법화경』, 구마라습이 번역한 『묘법연화경』, 사나굴다와 달마급다가 공역한 『첨품법화경』이 있다.

*『무량수경』_ 대승불교 정토종의 근본 경전으로, 중국 위(魏)나라의 강승개가 번역하였다. 상권에는 아미타불이 사십팔원을 세워 서방 극락을 성취한 일을 설명하고, 하권에는 중생이 염불하여 극락왕생하는 일을 설명하였다.

*『화엄경』_ 불교 화엄종의 근본 경전으로, 석가모니가 성도한 깨달음의 내용을 그대로 밝히고 있다. 정식 이름은 '대방광불화엄경'이다.

비로전이 어우러져 있어.

석가모니 부처님의 세계로 가려면 쌍 다리인 '청운교 백운교국보 23호'를 지나야 하는데, 이 다리는 33 계단으로 되어 있어. 불교의 33 하늘을 상징하는 거지. 그런 다음 자하문을 통과해야 하는데, 보랏빛 안개에 세상의 고민과 삿됨을 씻어야 부처님의 세계에 갈 수 있다는 뜻이야.

자하문을 지나면 뜰에 석가탑국보 21호과 다보탑국보 20호이 마주보고 있어. 석가모니 부처님 앞에서 석가여래가 설법을 하고 다보여래가 설법이 진리임을 증명하는 해석을 한다는 뜻이야. 석가탑은 단순하지만 매우 순수한데 이는 진리의 말씀이 단순하고 순수함을 뜻하고, 다보탑이 화려하고 보석으로 장식된 것은 다양한 해석과 풍성한 진리를 뜻해.

이렇듯 불국사에는 국보가 즐비하고 건물과 불상 낱낱에도 깊은 뜻이 담겨 있어. 천 년이 넘는 세월 속에 몽골의 침략과 임진왜란을 겪으면서 많이 불에 타고 무너졌지만 아직도 그 아름다움은 세계 어느 절보다도 뛰어나단다.

김대성이 혼신의 힘을 기울인 석굴암은 작지만 더욱 신기하고 오묘해.

석굴암의 부처님은 세계에서 가장 아름다운 불상이래. 전실 입구의 금강역사나 사천왕상, 안쪽의 보살상과 십대제자상

청운교 백운교

모두 훌륭한 걸작이지. 하지만 석굴암의 가치는 조각의 아름다움보다도 기발한 배치와 과학적인 구조에 있어. 통풍과 습도를 얼마나 잘해 놓았는지 천 년이 넘도록 이끼나 곰팡이도 끼지 않았는데, 오히려 현대에 고치다가 습기가 차는 문제가 생길 정도래.

동해 수평선 위로 아침 해가 떠오르면 가장 먼저 석굴암의 부처님 이마에 비쳐. 그럼 이마에 박힌 보석이 빛을 터뜨려서 사방으로 퍼지게 되어 있어. 부처님이 깨달은 진리가 두루 중생에게 퍼진다는 의미지. 그리고 날이 밝으면 용이 되어 나라를 지키겠다고 작정했던 문무대왕의 수중릉 대왕암이 보여. 그 사이에 문무왕을 기리는 감은사가 일직선상에 자리 잡고 있어. 김대성 역시 문무왕처럼 부처님의 힘을 빌려 나라를 지키게 하고 싶었음을 알 수 있지. 아니 그건 김대성만의 소망이 아니라 신라인 모두의 소망이었어.

이처럼 석굴암은 현대 과학보다도 우수하고 현대 미술로도 흉내 내기 어려운 신라인의 예술과 과학과 정신이 고스란히 표현된 세계적 걸작이야. 그래서 1995년에 유엔 유네스코*에서 세계문화유산으로 등록했단다.

*유네스코_ 교육 · 과학 · 문화의 보급 및 교류를 통하여 국가 간의 협력증진을 목적으로 설립된 국제연합전문기구이다. 본부는 프랑스 파리에 있으며, 회원국은 193개국이다. 우리나라는 1995년에 종묘, 불국사 석굴암, 팔만대장경이 세계문화유산으로 지정된 데 이어 1997년에 창덕궁과 수원화성, 2000년에 강화군 · 화순군 · 고창군 고인돌과 경주유적, 2009년에 조선왕릉 등 총 8건이 세계문화유산으로 지정되었으며, 2007년 제주 화산섬과 용암동굴이 세계자연유산으로 등재되었다.

제4장
노래하는 생불
균여

아아! 앞의 부처님은 이미 과거가 되었고, 뒤의 부처님은
아직 나오지 않아 세상 사람들이 점점 어두워져 깨달음의 바퀴는
중도에서 쉬고 있었다. 이때 대사께서 능히 우뚝 뛰쳐나와
현묘한 교화를 베푸시고, 신비한 감통과 상스러운 감응을
인연에 따라 사바세계에 두루 보여 주셨느니라.

－「균여전」

까마귀가 지켜 준 **칠삭둥이**

균여는 황해도 황주 사람으로 변환성과 점명 부부의 아들이었어. 그의 집안은 벼슬아치 하나 낸 적 없는 천민이었고, 재산도 별반 없어 가난하기 짝이 없었어.

균여는 태어날 때부터 아주 특이했어. 어머니 점명이 그를 가졌을 때 이미 나이가 예순이었거든. 점명은 이미 그 6년 전에 봉황 한 쌍이 품으로 날아드는 놀라운 태몽을 꾸었대. 그런 3년 후에 딸 수명을 낳았어. 그리고 다시 3년이 지나 균여를 낳게 된 거야. 그때가 923년 8월 8일이니, 왕건과 견훤이 후삼국시대의 패권을 놓고 치열하게 다툴 무렵이었지.

"아이쿠, 벌써 아이를 낳다니!"

균여가 태어나자 집안은 기쁨보다는 불안감에 휩싸였어. 어머니가 너무 연로한 탓에 정상 분만을 못 하고 일곱 달 만에 낳았거든. 무려 석 달이나 일찍 태어난 칠삭둥이였지. 아이를 낳은 점명은 기진맥진해 정신을 놓고 말았어. 아이도 어머니만큼이나 기력이 없었어.

"어유, 이래 가지고 어디 살아서 사람 구실이나 하겠나. 쯧쯧……."

아버지 환성은 젖도 빨지 못하는 균여를 바라보면서 눈물을 글썽거렸어. 칠삭둥이 균여는 사람 꼴도 제대로 갖추어지지 않은 엉성한 모습이었어. 갓 태어난 아이가 제대로 울지도 못하고 숨을 깔딱거렸어. 아버지는 점점 죽어 가는 것 같은 아이를 차마 두고 볼 수가 없었어. 아내가 정신을 차려 그 모습을 본다면 다시 기절을 할 것 같았지. 그래서 두 눈 질끈 감고 강보에 싸인 아이를 고개 너머로 내다 버렸어.

그 얼마 뒤 간신히 정신을 차린 점명이 물었어.

"아이는 어찌 되었소?"

환성은 거짓말로 둘러댔지.

"이미 나올 때부터 죽어 있었소. 슬퍼하지 말고 당신 몸이나 잘 돌보구려."

점명은 천장을 보며 눈물을 흘렸어.

"아, 봉황은 새들의 임금인데 어찌 이런 일이? 내가 환갑이 다 되어서 임신을 하고도 그 태몽을 의지하여 부끄러워하지 않고 정성을 다하였거늘. 아니, 내 정성이 부족했던 게야. 내가 죄가 많아."

점명이 네 살이 된 딸아이 수명의 손을 만지작거리며 한탄하였어.

그때 나그네 두 사람이 들이닥쳤어.

"이 집안에 뭔 일 있소?"

환성은 애써 아무 일 없다는 듯 둘러댔어.

"무슨 일은, 그저 내자아내가 좀 아파서……."

한 나그네가 고갯길을 가리키며 말했어.

"고개를 넘어오다가 봤는데, 참 이상한 일도 다 있더이다."

고개라는 말에 환성은 내다 버린 아이가 생각나 뜨끔했지.

"무슨 일인데요?"

다른 나그네가 대답했어.

"고갯길 길섶 양지바른 풀밭에 까마귀 두 마리가 날개를 펴고 꼼짝 않고 있지 않겠소. 이상하다 싶어 가 보니, 아 글쎄 까마귀가 주먹만 한 핏덩이 아이를 감싸고 있지 뭡니까."

"아이가 아직 살았던가요?"

환성이 아내의 눈치를 보며 물었어.

"아, 그럼요. 작고 못생기긴 했지만 생글생글 웃기까지 하던걸요. 마을은 멀리 떨어져 있고 해서 이 집에 알리니 알아서 하슈."

말을 끝낸 두 나그네는 다급히 마을 쪽으로 내려가 버렸어.

그제야 사태를 짐작한 점명이 환성에게 말했어.

"그러면 그렇지. 봉황의 정기를 받아 태어났으니 까마귀 같은 미물도 보호하는 게요. 어서 후딱 가서 아이를 데리고 오시오."

환성은 부랴부랴 고개로 가서 아이를 데리고 왔어.

이렇게 간신히 살아난 균여는 조그만 궤짝 속에서 살았어. 오늘날로 치면 인큐베이터 속에서 길렀다고 보면 되겠지.

몇 달이 지나자 비로소 균여는 사람의 꼴을 갖추었고, 부모는 그를 궤짝에서 꺼내 기르기 시작했어. 하지만 못생긴 건 여전했다고 해.

생긴 건 어설펐지만 균여는 기억력이 뛰어나게 비상했어. 어른도 외기 어려운 노래나 설법을 듣는 대로 외어 버리는 거야. 글공부도 하나를 가르치면 열을 알 정도였어.

"허, 그 칠삭둥이가 신통하기도 하구나."

부모는 늘그막에 균여를 가르치는 재미로 세월 가는 줄 몰랐어. 딸아이 수명도 무척이나 총명하여 부모를 기쁘게 했지. 글을 배우지는 않았는데도 어려운 경전을 한 번 들으면 그대로 외었다고 해.

그런데 늦둥이 남매의 행복은 오래가지 못했어. 균여가 열 살도 되기 전에 늙은 부모님이 숨을 거두었거든.

균여는 누나 수명과 서로 의지하며 살았지. 자애롭고 똑똑한 수명이 어머니처럼 균여를 돌본 덕에 균여는 총명한 소년으로 자라났어.

"너의 품성이 예사롭지 않으니 불법을 익힘이 좋겠다. 나를 따라가겠느냐?"

균여가 15세가 되었을 때, 친척 형인 선균이 찾아와 권했어.

"사람과 세상이 모두 헛것인 듯 공허하니 어찌 진리를 찾지 않겠습니까? 하지만 홀로 있을 누나가 걱정입니다. 누나가 시집이라도 가고 나면……."

그때 누나 수명이 말을 자르며 나섰어.

"쇠뿔은 뜨겁게 달아올랐을 때 바로 빼라고 했어. 너에게 진리를 추구하는 마음이 있다면 즉시 실천해야 해. 그리하여 훗날 나한테 좋은 설법을 들려준다면 지금 함께 있는 것보다 훨씬 좋을 거야."

단호한 누나의 말에 균여는 마음을 굳히고 선균을 따라 산으로 들어갔어. 그때가 937년, 고려 태조 왕건이 후삼국을 통일한 이듬해였어.

임금도 9배를 드린 살아 있는 부처

　균여는 부흥사의 식현화상 아래서 불도를 배우기 시작했어. 비상한 기억력과 타고난 총명으로 균여는 불과 수삼 년 만에 불교의 깊은 데까지 다가섰어. 식현화상이 혀를 내두르며 말했어.

　"내가 평생 공부한 것을 이처럼 빨리 깨닫다니, 더 이상 가르칠 게 없다. 지금 우리나라에서 가장 법력이 높은 분은 의순공이다. 내가 소개장을 써 줄 테니 가서 더욱 넓고 깊은 공부를 하여라."

　스무 살의 청년 균여는 개성 영통사로 찾아가 의순공을 뵈었어.

　"겉모습은 닭처럼 보잘 것 없으나 네 속 기운은 봉황을 닮았구나. 부디 정진하여 높은 도를 이루거라."

　의순공은 한눈에 균여를 알아보고 제자로 받아들였어.

　균여의 향학열은 더욱 뜨겁게 타올랐어. 먹고 자는 걸 잊을 정도로 공부에 열중했지. 『균여전』에는 이 무렵 끼니가 떨어져 먹는 날보다 굶는 날이 훨씬 많았다고 기록했어.

　균여가 27세 되던 949년, 고려의 4대 임금 광종이 즉위했어. 광종

은 개국 초기의 혼란을 잠재우고 새 나라 고려의 문화를 꽃피워 보려
는 의지를 불태웠어. 그런데 처음부터 어려운 일에 부딪히고 말았어.
황후 황보씨가 큰 병에 걸려 위험하게 된 거야.

궁중 의사도 손조차 댈 수 없는 상황이었어. 몸의 중요한 부분에 종
기가 생겼는데 약도 듣지 않았어.

"이는 의술로 해결할 수 있는 게 아닙니다. 법력이 높은 승려로 하
여금 치료하게 하심이 마땅한 줄로 아룁니다."

"누가 황후의 병을 고칠 수 있겠소?"

"영통사의 의순공이라면 가능할 것입니다."

신하들의 의견에 따라 광종은 의순공에게 치료를 맡겼어.

의순공은 궁중으로 들어가 법회를 베풀고 기도했어. 그러자 황후의
병이 감쪽같이 낳았어.

"그대의 도력이 국모를 살렸소. 과연 의순공은 이 나라에서 도력이
으뜸이라 할 것이오."

광종은 의순공을 치하하고 많은 상을 내렸어.

하지만 문제는 거기서 끝난 게 아니었어. 황후의 병이 의순공에게
옮은 거야. 의순공이 황후의 몸에서 병의 기운을 끌어냈는데, 그걸 완
전히 죽이지 못해 결국 자신의 몸이 해를 입은 거지.

병마는 급격하게 번져 의순공의 목숨을 위협하는 지경에 이르렀어.
종기가 온몸으로 퍼진 의순공은 병을 감당할 기운마저 없어서 죽을 날
만 기다리게 되었지. 이때 균여가 나섰어.

"한갓 병마 따위가 어찌 큰스님의 목숨을 위협한단 말인가."

균여는 의순공이 앓아누운 방에 제단을 만들고 향을 피웠어. 그리고 가부좌를 틀고 앉아 기도하였어. 향나무의 연기와 향이 방 안을 점점 채워 갔어. 그 속에서 의순공은 죽은 듯이 잠자고 있었어.

"독한 병마로다. 그냥 사라지지 않으니 저 나무로 옮아가거라."

균여가 일어나 방문을 열고는 뜰에 선 회화나무를 가리켰어. 그러자 향연이 의순공의 몸을 몇 차례 휘감더니 회화나무로 옮아가는 거야.

"너의 공부가 이처럼 깊어졌는지 차마 몰라보았구나!"

눈을 뜬 스승이 흐뭇한 웃음을 띠었어.

그 후 의순공은 기력을 되찾았고, 회화나무는 말라죽고 말았대.

균여는 더욱 수도에 몰입했어. 그런 그가 실력을 만민 앞에 드러낸 것은 그로부터 4년이 지난 때였어. 아직 나라가 안정되지 않은 고려는 후주의 간섭을 받고 있었거든. 후주의 황제는 뒤늦게 광종을 왕으로 인정한다며 사신을 보내 즉위식을 하라는 거야. 자존심 강한 광종은 썩 내키지 않았지만 외교 관계를 위해 그러겠다고 했어.

그런데 날씨가 문제를 일으켰어. 때마침 장마가 시작되어 비가 며칠째 그치지 않으니 즉위식을 할 수가 없었거든.

"내가 듣기로 이 나라에 신불神佛: 신통력이 높은 승려이 있다던데 어찌 귀한 날을 맞아 날씨가 이 모양이오. 만일 내일 날이 개면 이 나라의 성현이 도가 높은 줄 알겠지만, 그렇지 못하면 난 그만 돌아가겠소."

꼬투리를 잡은 후주의 사신은 즉위식을 안 하려 했어.

'아, 내일도 비가 오면 저들이 고려를 우습게 여기겠구나.'

광종은 잠을 이루지 못하고 방 안을 서성거렸어. 밖에는 비가 여전히 줄기차게 쏟아졌어. 번쩍번쩍 번개가 어둠을 가르고, 천둥이 대궐을 흔들었어. 잠시 조용하여 내다보아도 밤하늘은 여전히 별 하나 없이 깜깜한 가운데 비를 쏟아 부었어.

'의순공이 가장 도가 높은데 이제 늙었다. 게다가 전에 황후를 치료하느라 기운을 다 썼으니 누가 이 비를 그치게 할 것인가?'

광종이 마음을 졸이고 있을 때 우레 같은 소리가 하늘에서 울려났어.

"대왕은 근심하지 말라. 내일 반드시 크나큰 설법을 들을 것이니라!"

깜짝 놀란 광종은 선바람으로 달려 나가 하늘을 쳐다보았어. 하늘은 여전히 비를 쏟아 붓고 있을 뿐 아무런 변화도 없었어. 하지만 그의 마음에는 방금 들은 소리가 쇠북처럼 쟁쟁했어.

"법회 준비를 하고 이름 있는 승려들을 모두 불러 이 비를 그치게 하라! 비가 그치면 바로 즉위식을 거행할 것이니라!"

이튿날 광종이 명을 내렸어.

신하들은 고개를 갸웃거리면서도 어명을 따랐어. 법회 제단을 마련하고 즉위식 준비도 시켰어. 하지만 장대비를 퍼붓는 하늘은 구름이 걷힐 낌새조차 보이지 않았어. 게다가 이름 있는 고승들은 모두 자신 없다며 어명마저 거절하고 나오지 않았어. 괜히 나섰다가 도력이 없다는 소리를 들을까 봐 겁이 났던 게지.

"국사, 이 일을 어쩌면 좋겠소?"

마음이 달아오른 광종이 국사 겸신에게 통사정하였어.

"소신이 확신할 수는 없으나 한 승려를 추천할 수는 있습니다."

"그게 누구요?"

"의순공의 제자 가운데 균여라는 젊은 승려가 있습니다. 소문에 의하면 그가 스승의 병까지 도력으로 고쳤다고 합니다. 그 말이 사실이라면 이 비를 그치게 할 사람은 마땅히 균여일 것입니다."

"모든 고승들이 거절하였는데 부른다고 그가 기꺼이 올까요?"

광종이 의아한 표정을 짓자 겸신이 대답했어.

"그가 정히 신불이라면 반드시 올 것입니다."

광종은 한 번도 본 적이 없는 균여를 법회의 인도자로 불렀어.

균여는 이미 알고 있었다는 듯 담담하게 부름에 응했어. 빗속에 우산도 받치지 않고 나타난 거야. 그는 법회 제단의 가장 높은 자리에 올라앉아 주장자를 손에 쥐고 설법을 시작했어. 설법을 한 지 얼마 되지 않아 비가 뚝 그쳤어. 구름이 밀려가고 이내 맑은 하늘이 드러났지.

"과연 동방에 신불이 있다는 말이 거짓이 아니었군요."

후주의 사신이 제단 앞으로 달려 나와 균여에게 절을 했어.

"태조께서 이 나라를 세우실 때 불법을 중히 여기라는 말씀이 깊고 오묘함을 이제야 알겠도다!"

광종도 균여 앞에 나가 부처님에게 하듯 아홉 번이나 절을 올렸어.

하늘에는 밝은 해가 모든 구름을 물리쳤고, 땅에는 균여의 얼굴이 해처럼 빛났어. 이날 성공적인 법회와 더불어 화려한 즉위식이 치러졌음은 두말할 필요도 없겠지.

깨달음을 노래로 퍼뜨리다

광종은 균여를 스승으로 삼고 그의 말이라면 부처님 말씀처럼 믿고 따랐어. 왕사가 된 균여는 승려의 과거를 주관하여 많은 인재를 뽑아 제자로 삼았어. 이로써 고려는 불교 문화의 터전을 닦게 된 거야. 최승로가 주장한 유교 문화와 더불어 고려를 지탱하는 두 기둥으로 자리 잡았어. 유교가 정치의 대들보가 되고, 불교는 정신의 대들보가 된 거지.

왕권을 안정시킨 광종은 균여가 제안한 팔관회를 크게 장려했어. 여기서 분명히 짚고 넘어가야 할 게 있어. 대개 팔관회는 불교의 행사로 알려져 있으나 실상은 그렇지 않아.

팔관회는 하늘을 섬기는 제천행사로 '팔선八仙의 관문'이란 뜻임을 『동문선』*은 밝히고 있거든. 팔선이란 신라시대부터 숭상되어 온 영랑, 술랑, 남랑, 안상을 비롯한 여덟 명의 신선을 말해. 그러므로 팔관회란 바로 우리 민족 고유의 사상인 현묘지도를 장려하는 행사라는 걸 알 수 있지. 태조 왕건은 이를 중시하여 팔관회를 절대 줄이지도 없애지도 말라고 「훈요

*『동문선』_ 조선 전기의 문신 서거정 등이 신라 때부터 조선 숙종 때까지의 시문(詩文)을 모아 엮은 책이다. 154권 45책.

십조」*에서 엄하게 명했어. 도선에게 가르침
을 받은 왕건 역시 팔관회 속에 우리 겨레의
전통이 있음을 잘 알았던 거지.

*「훈요십조」 943년 고려 태조가 후손에 귀감
으로 남긴 열 가지의 정치 지침서이다. 불교 신
앙과 풍수지리 사상이 대부분이며, 『고려사』와
『고려사절요』에 전한다.

균여는 광종으로 하여금 그런 팔관회를 크게 베풀도록 조언했어. 이
는 곧 그가 단순한 불교의 승려가 아니라 우리 민족의 정통성을 되찾
고자 하는 민족주의자임을 알려 주는 대목이야. 그 또한 월명사 같은
낭승이었던 거지. 그는 현묘지도를 익힌 까닭에 신비한 술법을 임의로
부릴 수 있었다고 짐작돼.

광종은 언제나 균여를 곁에 두고 배우고자 하였어. 하지만 균여는
궁궐에 오래 머물 마음이 없었어.

"소승은 그만 궁에서 나가길 청합니다. 밖에 소승을 기다리는 많은
대중이 있습니다. 그들에게 불법을 한 가지라도 전하는 것이 소승의
책무입니다."

균여에게는 왕과 마찬가지로 백성도 소중했어. 그들 역시 무지의 어
둠 속에서 깨어 빛을 보고 깨달음을 얻을 필요가 있다고 여겼거든. 광
종도 하는 수없이 귀법사라는 큰 절을 지어 주고는 균여를 내보냈어.

귀법사의 주지가 된 균여는 진리의 깨달음을 널리 퍼뜨리고 싶었어.
그는 진리를 보다 쉽게 해석한 책을 쓰거나 엮었어. 『수현방궤기』, 『공
목장기』, 『오십요문답기』, 『탐현기석』, 『교분기석』, 『지기장기』, 『삼보
장기』, 『범계도기』, 『입법계품초기』 등이야. 한국 불교 역사상 원효와
의상 이후 가장 많은 책을 썼어. 그것도 알기 쉽게 향찰*로 적어 깊은
공부를 하지 않은 사람도 쉽게 볼 수 있도록 했어.

하지만 이 일에도 한계는 있었어. 진리를 설명한 법문이 어렵기도 하거니와, 글을 모르는 대다수 백성들이 진리를 이해하고 따른다는 건 거의 불가능해 보였거든.

"아, 문자란 이처럼 헛된 것이로구나. 진리는 해처럼 빛나도 올바로 전달할 길이 없으니 어쩌면 좋은가?"

궁리 끝에 균여는 노래를 짓기로 했어. 자신이 오래 전부터 즐겨 읊던 향가에 진리의 가르침을 담아 전하고 싶었던 거야.

"그래. 향가는 생활 말투를 그대로 적을 수 있으니 거기에 부처님의 가르침과 진리를 담아 전하면 되겠구나. 그러면 글을 모르는 사람도 노래를 따라 부르다가 스스로 깨치기도 할 거야."

이렇게 하여 지어진 것이 『보현십종원왕가』라는 노래집이야. 거기엔 향가 11수가 수록되어 있어. 그 가운데 하나인 '청전법륜가請轉法輪歌:깨달음을 전하기를 부탁하는 노래'를 볼까. 물론 향찰로 적힌 걸 오늘날 문법에 맞게 고쳐 본 거야.

저 넓은 깨달음의 세계

그 모임에 나는 또 나아가

진리의 단비 내리기를 빈다네

무지한 어둠 가득한 이 땅에 깊이 묻힌

번뇌煩惱:고민과 고통를 뜨겁게 다려 내어

깨달음의 싹을 모르는 중생의 마음 밭을

적시어 주시옵기를

아아, 지혜의 열매 온전한

깨달음의 달이 비치는 밝은 가을 밭이여

귀법사의 젊은 초심자들이 부르기 시작한 향가들은 도성 개경을 울리고 전국으로 퍼져 갔어. 노래를 들은 사람은 기뻐 춤을 추며 따라 불렀어. 더러는 그 노래를 베껴 시장통이나 골목에 붙여 두기도 했어. 심지어 이 노래를 성심껏 부르다가 병이 나은 사람까지 있었대. 그리고 한자로 쓰여 중국에까지 전해졌어. 이 노래는 중국의 황제도 감동시켰어.

"아, 이런 노래를 지은 사람은 반드시 살아 있는 부처님일 것이다. 누가 가서 이분을 뵙고 가르침을 받아 오려는가?"

중국 임금의 명에 따라 사신이 균여를 만나기 위해 선물을 가득 싣고 왔어. 하지만 균여는 그를 만나 주지 않았어. 자신의 못생긴 겉모습만 보고 실망하여 노래를 우습게 여길까 봐서 그랬대. 또한 임금을 젖혀 두고 자신이 큰 나라의 사신을 만나는 것은 예의가 아니라고 생각한 그는 어디론가 숨어 버렸어.

"아, 동방의 부처님께서 우리를 버리시는구나!"

뜻을 이루지 못한 중국 사신은 결국 울면서 돌아갔단다.

균여는 사라졌지만 그의 이름과 노래는 더욱 퍼져 갔어. 고려에 온통 깨달음의 향가와 균여의 이름이 가득할 즈음, 그는 돌연히 제자들 앞에 나타났어. 아직 환갑도 되지 않은 때인데 그는 유언 같은 말을 더

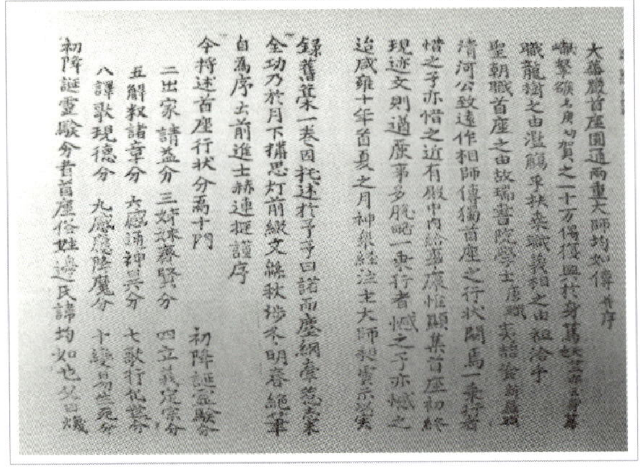

『균여전』

졌어.

"할 일을 다하였으니 나는 그만 온 곳으로 돌아갈까 한다. 너희들은 한시도 게으르지 말고 진리를 탐구하도록 하라."

균여는 제자들에게 이러한 유언을 남기고 앉은 채로 숨을 거두었어. 이때가 광종 24년인 973년 6월 17일이니, 그의 나이 51세였어. 많은 사람이 그의 죽음을 두고 부처님 이후 가장 뛰어난 성인이 가셨다고 아쉬워했어. 훗날 혁련정은 『균여전』을 짓고 균여를 이렇게 평했어.

아아! 앞의 부처님은 이미 과거가 되었고, 뒤의 부처님은 아직 나오지 않아 세상 사람들이 점점 어두워져 깨달음의 바퀴는 중도에서 쉬고 있었다. 이때 대사께서 능히 우뚝 뛰쳐나와 현묘한 교화를 베푸시고, 신비한 감통과 상스러운 감응을 인연에 따라 사바세계에 두루 보여 주셨느니라.

균여는 한마디로 평가하기 어려운 사람이야. 승려인가 하면 시인이고, 또한 광종의 정치를 뒷받침한 정치가이기도 했거든.

불교 승려는 범패를 짓고 국선지도인 낭승은 향가를 짓는다고 월명사는 말했지. 향가를 잘 짓는 균여는 분명 불교와 현묘지도를 두루 익힌 낭승으로 봐야겠지.

균여는 불법을 널리 펴고 책을 엮은 것도 큰 공적이지. 하지만 무엇보다도 향가를 11수나 남긴 걸 중시할 필요가 있어. 향가를 통해 아직 고유의 문자인 한글이 없던 때 우리말의 형체를 짐작할 수 있거든. 그럼 이참에 향가 공부 좀 해 볼까.

신라 중기에 생겨나서 고려시대까지 널리 불리었던 향가는 이두吏讀: 한자를 우리말의 발음에 가깝게 적어서 뜻보다는 입소리에 가깝게 표현한 것, 향찰이라고도 함로 적었어. 그러므로 사람들 입에 쉽게 오르내리며 널리 전해지게 되었지.

우스운 것은 많은 세월이 지난 다음 후세들이 이두를 잘 몰라서 향가를 해석할 수 없었다는 거야. 옛사람들이 한자의 소리와 뜻을 적절히 섞어서 향가를 지었는데, 후세들은 한자의 뜻만 가지고 풀려고 하니 되지 않았거든. 신채호는 '김부식이 이두를 몰라서 역사 기록에 오류가 많다'고 비판하기까지 했어. 이러한 실정에서 국문학자 양주동* 박사가 이두의 비밀을 풀어내서 알리니 비로소 오늘날 향가가 되살아나게 된 거란다.

옛날엔 수많은 향가 노래들이 있었겠으나, 오늘날 문자로 적혀 우리에게 전해진 것은 모두 25수밖에 안 돼. 진성여왕 시절에 각간 위홍과 대구화상이 『삼대목』이라는 향가집을 엮었다는 기록은 있으나, 전해지지 않아 아쉽지.

오늘날 전해지는 향가는 대체로 작가들이 한 수씩 지었고, 월명사만이 두 수를 지어

*양주동(1903~1977)_ 우리나라의 시인이자 국문학자이다. 신라 향가와 고려 가요 등 고대의 노래나 가사를 연구하여 초기 국어학계에 큰 업적을 남겼다. 지은 책으로 『조선 고가 연구』, 『여요전주』, 시집 『조선의 맥박』, 『무애 시문선』 등이 있다.

『삼국유사』에 실려 있어. 그런데 균여의 향가는 11수나 전하니 대단한
자료가 되지.

　물론 균여는 불교를 공부한 승려임에는 틀림없어. 그가 지은 향가도
모두 부처님의 가르침을 펼치려는 포교용 노래야. 그 때문에 그는 예
술가보다는 종교인에 가깝지. 하지만 향가 11수가 너무나 중요한 문학
적 위치를 차지하고 있고, 그의 삶이 시인으로 불리기에 조금도 부족
함이 없기에 예술가의 한 사람으로 소개해 보았단다.

　그럼 『균여전』에 전하는 향가 한 수를 더 감상하며 이야기를 마칠까
해. 『보현십종원앙가』 중 마지막 노래인 「보개회향가」모든 걸 중생에게 돌리
는 노래인데, 이미 진리와 하나 된 균여의 깨달음과 삶의 자세가 잘 나타
나 있단다.

　　내 닦은 모든 깨달음

　　세상으로 돌려

　　중생의 바다에 헤매는 무리

　　깨닫게 하려네

　　부처의 바다를 이룬 날은

　　진정으로 뉘우친 모든 잘못이

　　깨달음의 집을 이뤄 보배가 된다네

　　아아, 이미 그렇게 하신 부처님도

　　나와 한 몸이 된 사람이라네

제5장

천 년 절창의 시인 정지상

비 갠 긴 방죽 풀빛 진한데
님 떠나는 남포엔 슬픈 노래 울리네
대동강 물은 언제나 마를 건가
해마다 푸른 물결에 이별 눈물 보태는 걸

－정지상의 시 「대동강」, 「동문선」

혜성같이 나타나

갈대가 키를 쑥쑥 키우는 초여름 강가. 강물이 휘어져 흐르며 안쪽 움푹 패인 곳은 갈대와 수초들로 둘러싸여 있었어. 그곳은 비교적 물살이 약해 작은 물고기들이 헤엄을 치고, 또 그것을 잡으려는 해오라기들이 공중에서 맴돌며 기회를 노리고 있었지.

"땅땅땅!"

빨랫방망이 소리가 강변의 고요함을 깨뜨렸어. 머리에 삼베 수건을 덮어쓴 아낙이 빨래를 하며 이따금씩 가까운 모래밭을 쳐다보았어. 거기서 놀고 있는 아이를 사리기 위해서였지.

다섯 살 남짓한 아이는 턱을 괴고 앉아 해오라기를 바라보고 있었어. 옥빛 하늘이 담긴 아이의 눈동자는 티없이 맑고 초롱초롱했지.

어느 순간, 해오라기 한 마리가 쏜살같이 냇물로 내리꽂혔어.

해오라기는 물보라를 일으키며 머리를 물속으로 처박았다가 꺼냈어. 하지만 해오라기의 입에는 아무것도 물려 있지 않았어. 물고기 사냥에 실패한 거야. 해오라기는 하얀 목을 길게 빼고 물 위를 미끄러지

듯 헤엄치고 다니며 다시 기회를 노렸어.

빨랫방망이 소리도 멈춘 시냇가는 고요하기 짝이 없었어. 아낙은 다 헹군 빨래를 버드나무로 엮은 바구니에 담아 일어섰어.

"어유, 우리 지원이 얌전하게 잘 기다려 줬구나. 상으로 살구를 따 줄 테니 어서 가자."

지원이는 대답 대신 해오라기에 눈길을 비끄러맨 채 엉뚱한 소리를 내뱉었어.

"누가 하얀 붓을 들어 물 위에 새 을乙자를 써 놓았나?"

지원이의 어머니는 글을 많이 읽은 사람이었어. 아이의 말이 빛나는 시의 한 구절임을 알아챘지. 그래서 빨래를 내려놓고 다가가는데, 더욱 놀랍게도 지원이는 손가락으로 모래판에 휘적휘적 글을 써 내려가지 뭐야.

何人將白筆
乙字寫江波

"하인장백필, 을자사강파!"
어머니는 모래판에 써 놓은 시를 믿기지 않는 듯 되풀이해 읽었어.

그때 징검다리를 건너오던 한 스님이 눈을 등잔만 하게 뜨고는 참견했어.

"이 글을 이 아이가 썼소이까?"
스님의 물음에 어머니가 합장을 하며 그렇다고 대답했지.

“동자야, 네가 올해 몇 살이냐?”

지원이가 일어서서 말했어.

“다섯 살이에요.”

“이름이 뭐냐?”

“지원이에요.”

스님이 다시 어머니에게 물었어.

“글을 가르쳤습니까?”

“아둔하지는 않아 보이기에 쉬운 몇 자만 가르쳤습니다.”

스님이 고개를 끄덕이며 다시 지원이를 훑어보았어. 아이는 훤한 이마와 눈을 빛내며 야무진 입술로 생글생글 웃었어.

“귀한 상이오. 마치 이백*의 화신을 보는 것 같소. 부인, 부디 아이를 잘 가르치시오. 아마도 그 이름이 청사에 영원히 지워지지 않을 것이오.”

이렇게 당부한 스님은 지원이가 쓴 시를 염불처럼 읊조리며 멀어져 갔어.

“하인장백필, 을자사강파. 하, 기가 막히도다! 하인장백필, 을자사강파…….”

고작 다섯 살에 시로써 주위를 감동시킨 아이, 어릴 적 이름 지원, 그가 바로 불멸의 고려 시인 정지상이야.

정지상은 고려 예종 대에 서경지금의 평양에서 태어났어. 그의 족보와 조상에 대해서는

*이백(701~762)_ 중국 당나라 때의 시인이다. 중국 최고의 시인으로 추앙되며 시선(詩仙:신선의 기풍이 있는 천재적인 시인)으로 불린다. 칠언 절구에 특히 뛰어났으며, 이별과 자연을 제재로 한 작품을 많이 남겼다. 시문집에 『이태백시집』 30권이 있다.

현재 대동강의 모습

자세히 알려지지 않았어. 『동문선』에 따르면, 그는 어려서 어머니에게 학문을 익혔다고 했으니 평범한 집안은 아니었을 거야. 어머니가 아이를 가르칠 정도라면 집안이 학문적 전통이 있다고 봐야 하거든.

정지상의 천재적 소질을 알아본 어머니는 일찌감치 그를 수도 개경으로 보냈어. 십대 후반 나이에 국립대학인 국자감에 들어간 거야. 이로 보아 그는 이미 서경에서 시인으로 이름이 높았고, 지방 과거에 합격했을 것으로 짐작돼.

그의 등장은 마치 혜성처럼 찬란했어. 단 한 편의 시로 고려 문단의 기린아로 주목받았거든. 바로 시 「송우인送友人 : 님을 보내며」이란 시인데, 제목을 '대동강'이라고도 해. 차분히 소리 내어 한번 읊어 볼래?

비 갠 긴 방죽 풀빛 진한데

님 떠나는 남포엔 슬픈 노래 울리네

대동강 물은 언제나 마를 건가

해마다 푸른 물결에 이별 눈물 보태는 걸

남포는 대동강이 서경을 감고 돌아 나가서 바다와 만나는 항구야. 항구란 원래 만남과 이별의 장소인데, 정지상은 십대 후반에 친구와 이별을 하며 이 시를 지었어. 정지상의 예민한 감수성과 천재적인 소질이 잘 어우러진 이 시를 두고 훗날 허균은 우리 민족을 대표할 만한 '천 년 절창의 시'로 칭송했어.

정지상이 이 시를 발표하자 당시 개경은 온통 그의 이름으로 들끓었어. 선비나 여염집 부인이나 소년 소녀들이 모두 이 시를 외고 다닐 정도였대. 역사상 한 편의 시가 이처럼 바람을 일으킨 적은 일찍이 없었어.

그러나 시인의 삶에는 해마다 이별 눈물 보태는 대동강 물처럼 깊은 한과 눈물이 기다리고 있었으니.

거대한 **꿈을** 꾸다가

예종 때인 1114년, 정지상은 과거에 장원으로 급제함으로 중앙 정계에 등장했어. 이미 약관 20세에 시인으로 이름이 높았던 그가 무슨 직임을 맡았는지는 자세하지 않아. 이인로의 『파한집』에 보면 예종을 모시고 시를 지었다고 했으니, 학사직에 있으면서 문학적 재능을 발휘했을 가능성이 커.

현종 이후 나라가 안정되고, 문종 무렵부터 고려는 태평성대를 누렸어. 문신을 우대하고 국방을 소홀하게 했지. 과거의 실시로 유학자가 많아지고 조정은 문신들이 거의 장악했어. 백성들의 삶은 불교의 영향 아래에 있었고, 조정은 온전히 유교 문화에 젖었어. 중국 역사와 문학을 공부하고 흉내 내기에 여념이 없었지.

하지만 예종은 사뭇 달랐어. 그는 윤관*, 척준경*을 앞세워 국경을 어지럽히는 여진족

*윤관_ 고려 예종 때의 학자이자 장군으로, 어사대부·한림학사·이부상서 등을 지냈다. 여진을 정벌하다 실패해 별무반을 창설하여 군대를 양성하였으며, 9성을 쌓아 침범하는 여진을 평정했다.

*척준경_ 고려시대의 무신이다. 여진을 정벌하는 데 공을 세웠고, 이자겸과 함께 인종을 폐위하고자 난을 일으켰으나 후에 왕의 설득으로 뜻을 바꾸어 이자겸을 제거하였다. 이후 문하시중에까지 올라 권세를 부리다가 정지상 등에 의해 쫓겨났다.

을 제압하고, 팔관회를 장려하여 나라가 문약
에 빠지지 않도록 시도했어. 또한 시를 사랑
하여 직접 공신들을 추모하는 「도이장가」를
짓기도 했어. 또한 태조의 창업 정신을 되살
려 서경을 중시하고 유학과 전통 문화가 조화를 이루도록 하려 애를
썼어. 이는 곧 고구려의 서도 서경을 중심으로 옛 고구려 땅을 회복하
려던 태조의 유지를 잇는 일이었어. 이런 정책 덕분에 정지상을 비롯
한 서경 세력이 조정에 들어올 수 있었던 거야.

하지만 예종의 꿈은 이루어지지 못했어. 치세 17년 만에 숨을 거두
니 고작 44세 젊은 나이였어. 뒤를 이은 인조는 어리고 나약했어. 그
는 외할아버지이자 장인이기도 한 이자겸*의 위세 탓에 왕노릇을 제대
로 못했어. 이자겸은 자기 집을 대궐보다도 호화롭게 짓고 왕을 손짓
으로 부를 정도로 무례했지.

성인이 된 인종은 이자겸의 권력을 거두려 했어. 그러자 이자겸은
반란을 일으켰어. 이자겸은 인종을 자기 집에 가두어 버리고 대궐을
장악했어. 하지만 기세등등하던 이자겸은 자신의 장수였던 척준경의
배신으로 무너졌어.

반란을 진압한 공신이 된 척준경은 용맹은 뛰어났으나 학문이 얕은
무장이었어. 그는 자기 세력을 믿고 함부로 조정을 휘저었어. 천하장
사인 데다 군사를 거느린 공신을 대적할 사람은 아무도 없었지.

이때 좌정언 정지상이 홀로 붓을 들어 척준경과 맞섰어. 「여사제
강」, 「고려사」 「열전」 척준경편에 그 상소문의 대강이 나와 있어.

*이자겸_ 고려시대의 문신이다. 예종이 승하하
자 어린 태자(인종)를 즉위하게 하고, 딸들을
왕비로 삼게 하여 권세와 총애를 독치지했다.
그러던 중 척준경 등에게 쫓겨나 귀양 가서 죽
었다.

"병오년1126년 오월의 사건척준경이 이자겸을 물리친 일은 한순간의 공로인데, 2월의 사건이자겸과 더불어 반란을 일으켜 왕을 협박한 일은 만세의 죄입니다. 폐하께서는 마음이 모질지 못하시므로 차마 그에게 어쩌지 못하시는데, 어찌 한순간의 공로로 만세의 죄를 덮을 수 있겠습니까? 청하옵건대 척준경을 형벌을 주는 관리에게 넘겨 죄를 주소서!"

정지상이 포문을 열자 척준경을 탄핵하는 상소가 잇따랐어. 인종도 과감한 결단을 내렸어.

"척준경을 암태도로 부초하라!"

결국 척준경은 전라도 외딴섬으로 귀양을 가서 거기서 생을 마감했어.

척준경을 처리함으로써 정지상은 고려 정가의 핵심 인물로 떠올랐어. 그와 더불어 고려에 새 바람을 불어넣을 동지들은 일관 백수한과 김안이었어. 이들은 모두 서경평양 출신이라 후세의 역사가들이 서경파로 일컬었지.

서경파의 우두머리는 승려 묘청*이었어. 정지상이 서경에서 데리고 와서 인종에게 소개한 묘청은 학문은 물론 도술에도 뛰어난 승려였어. 묘청 역시 예사 불교 승려가 아닌 낭승으로 짐작되는데, 묘청을 만나 본 사람은 누구나 그를 신으로 여길 정

*묘청_ 고려 인종 때의 승려이다. 개혁 정치와 서경 천도를 주장하였으나 개경 중신들의 반대에 부딪히자 난을 일으켰다. 그러나 곧 부하에게 죽임을 당했고, 반란군은 김부식이 이끄는 관군에게 잡혔다.

도였대.

　서경파의 득세를 못마땅하게 여기는 무리
도 있었어. 바로 개경의 귀족 문신들을 아우
른 개경파. 김부식*이 앞장선 개경파는 유학
을 정치 이념으로 삼은 사대주의자들이었어.
중국 학문만 높이 받드니 외래파라 할 만도
했지.

　이에 반해 서경파는 고구려의 후예로 대개 민족주의자였어. 학문적
바탕도 유학이 아닌 겨레 고유의 문화와 학문에 뿌리를 대고 있었어.
그것을 모르고 후세의 역사가들은 서경파가 불교와 도교와 음양비술기
를 사용하여 도술을 펼치는 기술에 능한 자들이라고 했어. 이제현*은 『역옹패
설』에서 '정지상은 노장노자와 장자, 즉 도교의 가르침을 즐겼다'고 했는
데, 이 역시 전통적인 현묘지도에 대한 이해가 부족한 유교 학자의 한
계 탓일 거야.

　서경파의 주장은 '서경천도'와 '칭제건원'이었어. 즉 수도를 고구
려의 수도였던 서경으로 옮기고, 금나라여진족를 쳐서 만주와 요동을 되
찾아 황제의 나라가 되어야 한다고 주장했어. 그 옛날 고구려가 그랬
던 것처럼 세상의 중심이 되어 천하를 호령하고자 하는 거대한 꿈이
있었던 거야. 그것은 고구려의 정통 후예인 서경 사람들의 간절한 꿈
이기도 했어.

　고려에서 이러한 주장은 실은 그리 낯선 건 아니었어. 태조 왕건 역
시 고구려의 전통을 잇고 나아가 고구려의 강역을 회복하고자 하는 꿈

*김부식(1075~1151)_ 고려시대의 문신이자 학
자이다. 묘청의 난을 평정하여 수충정난정국공
신의 호를 받았으며, 1145년에 인종의 명을 받
아 『삼국사기』를 편찬하였다.

*이제현(1287~1367)_ 고려시대의 문신이자 학
자이다. 벼슬은 문하시중에 이르렀으며, 당대의
명문장가였다. 왕명으로 실록을 편찬하였고, 원
나라 조맹부의 서체를 고려에 도입하여 유행시
켰다. 지은 책으로 『익재집』, 『역옹패설』, 『효행
록』 등이 있다.

이 있었거든. 3대 정종도 그 뜻을 받들어 서경으로 천도할 계획을 세우기도 했어. 그리고 예종도 윤관으로 하여금 여진족을 무찔러 9성을 쌓고는 같은 꿈을 품고 있었어. 서경을 중심으로 한 고구려의 후예인 북방의 백성들도 간절히 그런 꿈을 꾸고 있었지. 뜻있는 선비들과 무장들도 그날을 기다렸어. 윤관의 아들인 한림학사 윤언이는 개경 출신이지만 그 뜻을 존중하니 서경파는 점점 더 세력을 키워 갔지.

때가 무르익자 묘청과 서경파는 인종에게 건의했어.

"개경은 이미 땅의 기운이 다하였습니다. 서경의 임원역이 명당이니 거기에 궁궐을 지어 서울을 옮기면 장차 금나라를 누르고 36국의 조공을 받을 것입니다."

금나라에 눌리고 송나라를 섬기던 고려로서는 획기적인 발상이었어. 이런 주장을 펴는 서경파는 과연 그 기개가 고구려의 후예다웠지. 백성들도 이를 지지했어. 묘청, 정지상, 백수한을 세 성인이라고 추켜세우기까지 했으니까.

인종도 마음이 서경파 쪽으로 기울었어. 그는 임원역에 대화궁을 짓게 하고는 성이 완성되자 자신의 옷을 거기에 두고는 해마다 찾아갔어. 하지만 개경파의 반대가 워낙 심해 천도를 할 결단은 내리지 못했어. 개경파는 개경을 떠나면 자신들의 기반이 무너지는 걸 마치 나라가 무너지는 것처럼 선전했지.

서경파는 하루빨리 천도할 것을 주장했고, 개경파 역시 목숨을 걸고 반대했어. 개경파는 서경파를 나라를 망하게 하려는 역적이니 모두 목을 잘라야 한다고 소리를 높였어. 『고려사』의 다음 기록은 개경파와 서경파의 갈등을 잘 보여 준단다.

인종이 대화궁에 가서 건룡전에 나가 앉자 묘청과 정지상이 아뢰었어.

"방금 폐하께서 앉으실 때 공중에서 신선의 음악 소리가 들렸습니다. 이는 임금이 새 대궐로 온 상서로운 징조입니다."

그들은 축하 글을 지어 그것을 인정하는 서명을 받아 왕께 바치려 했어. 하지만 개경파 귀족 대신들은 한마디로 거절했어.

"우리들이 늙었어도 아직 귀는 멀지 않았는데 공중의 음악 소리는 전혀 못 들었소. 사람은 속여도 하늘은 못 속이는 법인데 무슨 허튼짓들이오!"

정지상이 분통을 터뜨렸어.

"이것은 매우 상서로운 징조이니 마땅히 역사에 기록하여 후세에 전해야 할 일인데, 대신들이 저 모양이니 실로 한탄스러운 일이다!"

결국 축하 글을 올리는 일은 취소되었어. 과연 신선의 음악 소리가 들렸는지는 알 수 없지만 서경파와 개경파는 이처럼 사이가 좋지 않았어. 그러니 두 파의 한판 대결도 불을 보듯 뻔한 일이었지.

이슬처럼 사라지다

우유부단한 인종이 결단을 미루자 서경파는 점점 마음이 다급해졌어. 개경의 문신 귀족과 개경에 기반을 둔 왕족들에 의해 언제 결심이 흐트러질지 몰랐거든. 그래서 서경파는 속임수까지 동원하여 인종의 결단을 촉구했어. 대동강에 기름 먹인 떡을 담궈 기름띠가 흐르게 하고는, 상스러운 징조라며 천도를 하자고 주장했어. 개경파는 기어이 그것이 거짓임을 밝혀내고 말았지. 그러자 인종도 서경파에서 마음이 떠났어.

인종의 변심은 서경파를 궁지로 몰아넣었어. 다급해진 서경파의 수장 묘청은 최후의 수단으로 반란을 일으켰어. 1135년 정월, 묘청이 서경과 변방을 지키는 병사들을 부추겨 새 나라를 선포한 거야. 이것이 신채호가 『조선사 연구』에서 '조선 역사 1천 년간 제1대 사건'으로 이름난 '묘청의 난'이야.

묘청은 나라 이름을 '대위'라 하고 연호를 '천개'라 하였어. 서경파의 소망처럼 칭제건원을 한 거지. 하지만 묘청은 자신이 황제 자리에 오르지는 않았어. 이렇게 나라를 만들어 놓고 개경으로 사신을 보내 인종이 와서 황제의 자리에 오르도록 청했어. 훗날 역사가들이 반란으로 규정했지만 실은 나라를 뒤집기 위한 게 아니라, 서경천도를 위한 수단이었던 거지.

명분은 그럴싸했으나 그것도 틀림없는 반란이었거든. 기회를 잡은 개경파는 하루빨리 그들을 진압할 것을 강력하게 주장했어. 인종은 묘청의 뜻을 어느 정도 헤아리고 있었던 듯해.

"그들도 나의 백성이니 너무 심하게 다루진 마오."

인종은 토벌군에게 이렇게 당부했어.

하지만 토벌군 총사령관인 문하시랑평장사 김부식은 이 말을 따르지 않았어. 그는 서경으로 출전도 하기 전에 개경에 있는 서경파를 잡아 재판도 없이 비밀리에 처형해 버렸어.

그 바람에 백수한, 김안이 졸지에 죽임을 당했어. 천재 시인 정지상도 한마디 하소연조차 못한 채 아침 햇살에 반짝 사라지는 이슬이 되고 말았지. 더불어 서경파가 꿈꾸던 황제의 나라도 다시는 꿈조차 꾸지 못하게 되었어.

묘청의 반란은 계획적인 것이 아니라 서경천도를 위한 우발적인 일이었어. 그렇지 않다면 개경에 있는 서경파를 먼저 서경으로 불러 모은 다음 거사를 했을 테지. 또 반란이 일어난 다음 백수한은 서경으로 오라는 전갈을 받았는데, 그는 의심하여 가지 않고 오히려 인종에게 보고를 했어. 이 역시 묘청의 난이 치밀하게 계획되지 않은 돌발적인 사태임을 알려 주는 단서가 되지.

정지상의 죽음을 두고 고려의 선비들은 못내 아쉬워하였어. 반란에 직접 가담하지도 않은 그를 재판조차 없이 죽인 건 김부식의 독단과 시샘 때문이라는 말이 나돌았어. 이 일을 두고 이규보는 『백운소설』에서 다음과 같은 이야기로 엮어 냈어.

개경에 온 정지상이 한창 이름을 드날릴 때, 김부식은 이미 높은 자리에 올라 해동제일의 학자와 문장가라는 칭송을 듣고 있었거든. 그런데 시를 짓는 일만큼은 정지상에게 미치지 못했던가 봐.

하루는 정지상이 멋진 시 구절을 지었어.

"절간의 염불 소리 그치니 하늘이 유리처럼 맑구나!"

김부식은 이 시구가 마음에 쏙 들었어. 자신에게 주면 대구를 완성하겠다며 달라고 했지. 하지만 정지상은 주지 않았어. 이에 김부식이 열등감과 앙심을 품고 있다가 묘청의 난이 일어나자 서둘러 목을 벴다는 얘기야. 『고려사절요』에도 이와 비슷한 주장이 있으니 터무니없는 얘기만은 아닐 거야.

하지만 역시 이건 사소한 야담일 뿐이야. 적어도 국가 대사를 결정하는 데 그런 개인 감정만으로 할 수는 없겠지. 『고려사』는 김부식의 행위는 대의에 따른 마땅한 일이었다고 평가했어. 하지만 『여사제강』[*]은 김부식의 행위를 두둔하는 쪽과 더불어 비판하는 기사를 같이 실었으니 분명 문제는 있다고 봐야겠지.

김부식은 서경으로 가서 아주 철저하게 반

군을 짓밟았어. 주요 인물은 모두 처형하고, 그 가족과 서경 백성들까지 이마에 역적이라는 글자를 새겨서는 섬으로 귀양 보내거나, 향·소·부곡 같은 천민 거주지로 내쫓았어. 서경파가 다시는 힘을 갖지 못하도록 그 싹을 잘라 버렸던 거지. 이로써 우리나라에는 고구려의 기상을 가진 인물은 자취를 감추고, 바야흐로 보수적인 유학파인 사대주의자들의 세상으로 굳어진 거야.

돌이켜 생각하면 실로 아쉽기 짝이 없는 일이었지. 당시 송나라는 힘을 잃었고, 금나라는 체계가 완전하지 않은 데다 윤관에게 정벌된 적이 있었거든. 천하는 소란스러운데 오직 고려만이 백여 년이나 태평성대를 누리는 중이었어. 만일 예종의 뜻을 인종이 착실하게 따르기만 했더라면 고구려와 고조선의 영화를 회복한 대제국이 될 수도 있었을 거야. 이것을 사대주의자들이 기어코 반대하여 짓밟았으니, '묘청의 난'을 두고 신채호는 『조선사 연구』에서 피눈물 어린 비판을 던졌어.

이 싸움에서 묘청 등이 패하고 김부식이 이겼으므로, 조선 역사가 사대적·보수적·속박적 사상, 곧 유교 사상에 정복되고 말았다. 만일 이와 반대로 김부식이 패하고 묘청 등이 이겼더라면 조선 역사가 독립적이며 진취적인 방면으로 나아갔을 것이다. 그러니 이 전역을 어찌 '1천 년래 제1대 사건'이라 하지 않으랴.

그 후 우리 역사는 계속 중국의 간섭 아래 살았어. 그 후로 얼마나 많은 고통을 겪는지는 역사가 생생하게 증언하지. 몽골, 거란, 황건적의 침략, 임진왜란, 병자호란, 일제강점기, 그로 인한 분단. 게다가 오늘날 진행 중인 중국의 동북공정*을 생각해 보렴. 당시 서경파의 주장이 이루어졌더라면 역사는 아주 크게 달라졌을 거야. 비록 그 꿈이 못 이룰 꿈이라 하더라도 도전조차 한번 못한 걸 못내 아쉬워하는 건 비단 신채호의 생각만은 아닐 거야.

그러나 사대주의자는 승리했고 서경파는 철저하게 몰락했어. 우리 겨레는 역사에서 다시 크게 일어설 기회조차 없게 되고 말았지. 그와 더불어 암암리에 이어지던 현묘지도의 가르침도 찾아보기 어렵게 되었어. 이러고 나니 정지상의 시가 더욱 우리 겨레의 한숨과 눈물을 자아내는 슬픔의 노래가 되고 말았지. 아리랑 아리랑, 천 년이 넘도록 마르지 않는 눈물처럼…….

대동강 물은 언제나 마를 건가
해마다 푸른 물결에 이별 눈물 보태는 걸

제6장

암흑시대의 대문호 이규보

이규보는 젊을 때부터 총기와 영민함이 있어
백 가지 학문과 경전과 역사를 꿰뚫어 모르는 게 없었다.
글을 짓는 데는 옛사람을 흉내 내지 않고
홀로 독특한 경지를 이루어 문장이 기세가 넓고 컸다.

—『여사제강』

천금같이 귀한 아이

"그만 아이를 데리고 나가게."

이윤수가 아이에게서 눈길을 돌린 채 어금니를 깨물었어. 말로는 데리고 나가라고 했지만 실상은 아이를 갖다 버리라는 말과 다름없었어. 명을 받은 유모는 눈물을 흘리며 강보에 싸인 갓난아이를 안고 일어섰어.

"모든 것이 제 운명인 게지."

돌아앉아 한탄을 하는 그의 두 눈에서 뜨거운 눈물이 흘렀어. 채 돌도 되지 않은 아들을 내치는 마음은 천만 갈래로 찢어졌지.

참으로 이상한 일이었어. 멀쩡하던 아이가 태어난 지 삼 개월이 지나면서 별안간 온몸에 종기가 돋지 뭐야. 용하다는 의원도 찾아다녔고, 좋다는 약을 다 써 보았지만 허사였어. 아이는 울기만 했고, 그를 보살피는 생모와 유모도 지쳐 병들 지경이 되었어.

고민 끝에 이윤수는 송악산으로 들어가 한 점쟁이를 만났어. 점쟁이는 꽃가지를 꺾어 던져 점괘를 뽑아냈어.

“이 아이는 아직 죽을 때가 아닙니다. 약을 쓰지 않아도 저절로 나을 테니 잘 돌보기나 하십시오.”

점쟁이의 말에 따라 이윤수는 아이에게 약을 쓰지 않았어. 하지만 나을 기미는 보이지 않고 병세만 점점 심해졌어. 아이의 종기는 곪아 터져서 살이 다 허물어질 지경까지 되었어. 종기는 얼굴까지 뒤덮었고, 살이 짓물러서 안을 수조차 없었어. 하얀 가루를 몸에 바른 다음에야 안고 젖을 빨릴 수 있었으니, 도무지 사람의 꼴이 아니었지. 우환이 사라지지 않으니 집안은 늘 초상집 분위기였어. 아이의 괴로운 울음소리도 그치지 않았지.

그렇게 얼마 더 지나자 아이는 곧 숨을 거둘 듯이 위태로워졌어. 아이는 목이 잠겨 울음소리도 내지 못했어. 도무지 구제할 방법은 없고 아이가 죽어 가는 걸 지켜본다는 것도 괴로운 일이었지. 그래서 이윤수는 유모더러 데리고 가서 돌보다가 숨을 거두면 고이 묻어 주라고 한 거야.

하얀 가루가 덕지덕지 발린 아이를 안고 바삐 걸음을 옮기던 유모는 문득 발길을 멈추었어. 키가 커다란 사람이 앞을 가로막은 거야. 수염이 배꼽까지 내려온 노인인데, 삿갓을 썼는데도 눈빛이 따갑게 느껴져 유모는 잔뜩 겁을 먹었어.

“어찌하여 아이를 내버리려 하느냐?”

속을 빤히 들여다보는 듯한 노인의 말에 기겁을 한 유모가 간신히 대꾸했어.

“버리려는 게 아니라, 아이가 깊은 병에 들려 제가 돌보다가 숨을 거두면……."

노인은 유모의 말을 자르며 호통을 쳤어.

"어허, 그게 내버리는 게 아니고 무엇이야! 그 아이는 천금같이 귀한 몸이니 당장 데리고 가서 잘 기르도록 하라!"

『동국이상국집』

"예, 예."

유모는 그길로 돌아와 이윤수에게 사실을 고했어.

"그분은 틀림없이 신령한 도인일 것이다. 종들을 데리고 가서 그분을 모셔 오게."

이윤수가 아이를 받아 안으며 말했어.

유모는 종들과 함께 다급히 쫓아갔지만 그 노인은 흔적조차 없었어.

그 후 아이는 하루하루 병세가 좋아졌어. 열이 내리고 젖도 곧잘 먹었어. 고름이 멎은 자리에 부스럼이 생겨 딱지가 앉더니 곧 그것마저 떨어지고 새살이 돋았어. 이러구러 악착같은 병마가 마침내 물러간 거야.

이상은 이규보의 문집 『동국이상국집』* 머리에 나오는 얘기야. 물론 천금같이 귀한 그 아이가 바로 이규보란다.

*『동국이상국집』 고려의 문신 이규보가 1241년(고종 28)에 펴낸 시문집이다. 이규보의 시문(詩文)과 함께 동명왕 본기를 비롯한 역사가 수록되어 있고, 국문학에 관한 기록도 많은 문헌이다. 53권 14책.

이규보는 1168년 호부시랑 이윤수의 아들로 태어났어. 본관은 여주인데, 지방의 관리이던 아버지가 재산을 정리하여 개경에 정착했지.

이규보가 태어난 직후 고려 사회는 매우 어지러웠어. 그가 세 살 때 무신의 난이 일어나 문신들이 떼로 죽임을 당했거든. 권력은 무신들이 대를 이어 잡았어. 문신은 높은 자리에 오를 수가 없었고, 고작 무신들의 꼭두각시 노릇이나 하는 지경이었지. 그 때문에 기개 있는 문신들은 중이 되어 떠돌거나 숨어서 살았어. 조정 대신들 중에 그리 뛰어난 실력자가 없던 시절이었지. 이러한 때 이규보가 태어난 거야.

이규보의 문학적 재능은 어려서부터 소문이 자자했어. 열한 살 때 학사들과 시를 주고받았다는데, 아주 재미난 얘기가 있어.

직문하성으로 있던 규보의 숙부가 학사 친구들과 이야기를 나누다가 말했어.

"내 조카 인지규보의 어릴 적 이름는 아직 어리지만 글솜씨가 대단하다네. 불러서 한번 시험해 보는 게 어떻겠는가?"

모두들 좋다고 하자 숙부는 어린 규보를 술자리로 불렀어.

"마침 여기 새로 들여온 종이 뭉치가 있으니 종이 지紙로 시를 지어 보게."

학사들이 다소 장난스럽게 말했어.

규보는 조금도 당황하지 않고 바로 시를 읊조렸어.

종이 바닥에는 모학사毛學士:붓의 별명가 길게 지나가고

술잔 속에는 언제나 국선생麴先生:술의 별칭이 들어 있구나

"하! 대구가 꼭 들어맞는구나!"

"천재의 절창이로세."

학사들이 감탄하여 혀를 내둘렀어.

그 뒤부터 사람들이 규보를 기동奇童: 신기한 재주를 가진 아이으로 불렀대.

이렇듯 뛰어난 감수성을 가진 이규보는 열네 살에 문헌공도에 들어가 본격적인 공부를 했어. 문헌공도는 해동 공자로 불리던 최충이 지은 사립대학으로서 고려 학문의 전당이었어.

문헌공도에서도 이규보의 재질은 눈부신 빛을 발했어. 어린 나이에도 불구하고 시 짓기에서 장원은 늘 그의 차지였거든. 다음은 여름 백일장에서 규보가 장원을 한 시란다. 제목은 「내직옥당」인데, '한림원에서 숙직밤을 새워 근무하는 학사'를 뜻해.

혼자서 숙직하니 전각이 더 쓸쓸한데

연꽃 같은 촛불만 화당에 비치는구나

이슬 맺힌 선인장에는 가을 기운이 썰렁하고

얇은 종이 창문에 달은 밝아 밤도 길다

하얀 구름이 가는 길

이규보가 처음 과거에 도전한 것은 16세 때였어.

너무 자신만만한 탓이었을까, 그는 낙방의 쓴잔을 마셨어. 이태 후 18세에 다시 도전하였으나 결과는 마찬가지였어. 2년 뒤 다시 응시하였으나 이번에도 초시인 사마시에서 미끄러지고 말았대. 삼전 삼패!

"아, 선비들이 모두 옛 시를 따라 흉내만 내니 나의 재주를 알아주는 이가 없구나!"

이규보는 서글펐어. 자신은 개성껏 새롭게 시를 짓는데, 과거에 합격하는 사람들은 옛 시를 흉내 낸 것들이었거든. 모범답안처럼 틀에 짜여진 것을 좋은 답안으로 뽑은 거야. 딴은 무신정권 아래서 활약하던 이들이 수준이 낮아서 새로운 걸 받아들일 능력이 없었다고도 볼 수 있겠지. 또한 과거에 연연하여 공부하지 않은 이규보의 글은 과거의 격에 어울리지 않았던 탓도 있었어. 그는 소년 시절에 이미 시인으로 이름이 있어 해좌칠현*과 사귀며 그

*해좌칠현_ 고려 후기에 명예와 이익을 떠나 사귀던 일곱 선비를 가리키던 말로, 이인로·오세재·임춘·조통·황보항·함순·이담지를 중국 진나라 때의 죽림칠현에 상대하여 이르는 말이다. 죽림고회, 강좌칠현이라고도 한다.

들의 영향을 받았거든. 유교뿐만 아니라 불교와 선교를 두루 공부하여 자유분방한 기질도 충실한 관리를 뽑고자 하는 무신정권의 눈에 차지 않았겠지.

"참 유치한 장난들이다. 저런 무리들 속에 들어가 무엇 하겠는가."

이규보는 더 이상 과거 따위는 보지 않으리라 작정했어. 이인로, 오세재, 임춘 같은 선배들처럼 작가로 살고 싶었거든.

그러나 그것도 뜻대로 되지 않았어.

"내가 한갓 지방 향리에 머무르지 않고 재산을 정리하여 서울로 온 것은 가문과 후손의 영화를 위해서였다. 그런데 네가 출사하지 않겠다니, 이는 조상과 후손 앞에 두루 죄를 짓는 게 아니냐?"

아버지의 엄한 꾸중에 이규보는 다시 과거 쪽으로 마음을 돌이켰어.

과거 공부에 정진하던 어느 날, 그는 기이한 꿈을 꾸었어.

어느 낯선 산골이었어. 정자나무 아래 검은 옷을 입은 노인들이 모여 앉아 술을 마시고 있었어. 이규보가 다가가 인사를 하고 여쭈었어.

"웬 어르신들입니까?"

"우리는 28수이라네."

28수는 별자리를 말하니 곧 별의 정령이라는 뜻이야.

"올해 시험에는 제가 합격할 수 있을까요?"

"그것은 규성이 주관하는 일이니 그에게 물어보게."

규성奎星은 서쪽의 첫 번째 별자리로 세상의 벼슬자리를 관리하는 정령이야. 그 규성이 다가와 큰 소리로 말했어.

"그대는 장원을 할 것이니 아무 염려 마라. 다만 이것은 하늘의 비밀이니 세상에 떠들면 안 되느니라."

꿈에서 깬 이규보는 조용히 그해 과거에 응시했어. 결과는 꿈에서 들은 대로 장원이었어. 그제야 꿈을 아버지께 고하니 이윤수가 말했어.

"하, 실로 기묘한 일이다. 인지야, 지금부터 너의 이름을 규보奎報:규성이 알려 주었다는 뜻라고 하여라."

이리하여 규보라는 이름을 갖게 되니 그의 나이 22세였어.

그 이듬해 이규보는 다시 예부시에 합격하였는데, 등위가 낮아 스스로 합격을 거부하려 했어. 하지만 다시 아버지의 꾸중을 듣고 결국 합격을 받아들였어. 그런데 마땅한 벼슬은 주어지지 않았고, 이규보는 벼슬보다도 학문과 글을 짓는 일에 더 마음이 가 있었어.

이런 차에 그 이듬해 아버지 이윤수가 숨을 거두었어. 장례를 치른 규보는 벼슬에 대한 미련을 털고는 천마산으로 들어갔어.

이때 이규보는 스스로 호를 지었어. 이름을 굳이 드러내고 싶지 않아서 호를 지었는데, 백운거사로 했어. 백운은 하얀 구름이이고, 거사는 도를 닦는 사람이란 뜻을 품고 있어. 왜 호를 그렇게 지었는지 이규보는 『동국이상국집』에 이렇게 썼어.

대체로 구름이라는 것은 뭉게뭉게 솟고 훨훨 피어서 산에 걸리거나 하늘에 매이지 않고 동으로 서로 마음대로 가고 오는 데 거리낌이 없다. 또 잠깐 동안에 변화하여 앞뒤를 짐작할 수 없으며 활활 퍼질 때는 군자가 세상에 나타난 것 같고, 슬며시 걷힐 때는 고인高人:높은 경지에 이른 사람이 종적을 감춘 것과 같다. 비가 되어서는 마르던 것을 살리니 어질다 할 것이요, 와도 반갑지 않고 가도 그립지 않으니 탁 트였다 할 것이다.

　백운거사 이규보는 작가로서 본격적인 창작생활을 시작했어. 글을 읽고 쓰는 데 낮과 밤이 바뀌는 것도 모르고 열심히 했지. 그동안 과거에 묶여 답답하던 마음을 툭 털고 나니 마음에 쌓였던 글들이 마구 쏟아졌어. 특히 26살 되던 1193년은 그에게 매우 특별한 해였어. 우리 겨레의 서사시역사를 시로 노래한 작품 『동명왕편』을 지었거든. 마치 그는 이 작품을 쓰기 위해 천마산에 들어온 듯한데, 『동명왕편』 머리말에 창작의 이유를 달아 놓았어.

　동명왕에 대한 신비한 일은 한갓 어리석은 사람들이라도 다 안다. 그런데 내가 『구삼국사』를 구해서 보니 그의 신비한 행적이 듣던 것보다 더했다. 나역시 이를 처음에는 믿지 못하고 귀신의 일이나 상상으로만 여겼다. 그러다가 세 번 되풀이하여 읽고 점점 깊은 곳으로 들어가니 그것은 정말 신기하고 성스러운 일이었다. 국사란 사실대로 쓴 글인데 어찌 헛것을 전했겠는가. 그런데 김부식이 다시 국사를 엮을 때 이 일을 생략하거나 줄여 버렸다.

　『동명왕편』은 우리 문학사상 최초의 서사시로도 중요한 위치를 차지하고 있어. 우리 겨레의 기원을 신라가 아닌 고구려에 두고 그 자부심과 기상을 회복하려는 의지를 노래했다는 것에 특별히 주목해야 해. 이러한 정신적 흐름은 훗날 일연의 『삼국유사』, 이승휴*의 『제왕운기』 등으로 이어지게 된단다. 그리고 다시 조선의 실학자들에게까지 영향

*이승휴(1224~1300)_ 고려시대의 문인이자 학자이다. 서장관(외국에 보내는 사신 가운데 기록을 맡아보던 임시 벼슬)으로 원나라에 가서 이름을 떨쳤으며, 고려로 돌아와 감찰대부, 사림승지 등의 벼슬을 지냈다. 지은 책으로 『제왕운기』, 『동안거사문집』, 『내전록』 등이 있다.

을 미쳐 『동사강목』, 『해동역사』 같은 우리 민족의 뿌리를 찾으려는 노력으로 나타나기도 하니까. 그럼 이규보의 대표작인 『동명왕편』의 극적인 한 장면을 감상해 볼까. 고주몽이 대소 왕자에게 쫓겨 강을 건너는 대목이야.

주몽은 채찍으로 하늘을 가리키며

크게 한숨짓고 다시 외쳤지.

나는 하늘의 손자요 하백의 외손자요

난리를 피하여 여기에 이르렀는데

슬프다 이 외로운 마음을

하늘과 땅은 버리시나이까

문득 활을 들어 강물을 치니

자라 떼 몰려나와 꼬리를 맞물어

어느덧 훌륭한 다리가 되어

무사히 강물을 건넜구나.

늦게 피는 석류꽃

1196년에 개경에 변화가 생겼어. 정중부, 이의방, 경대승, 이의민으로 이어지던 무신정권의 우두머리가 최충헌으로 바뀌었어. 최충헌은 비록 무인이지만 학문을 알고 시인을 존중해 주는 사람이었어.

1199년, 최충헌은 자신의 뜰에 석류꽃이 아름답게 피자 시인들을 초청해서 잔치를 벌였어. 이때 이인로, 김극기, 이담지 등과 더불어 이규보도 초청을 받았는데, 이규보는 「석류꽃」이란 시를 그 자리에서 지어 읊었어.

석류꽃은 술 한 잔 마신 듯
붉은 햇무리가 어린 듯
하늘의 조화가 어린 듯
아름다운 자태로 손님을 부르는구나

향내를 피워 낮엔 나비를 꼬이고

꽃잎 떨어질 젠 밤새를 놀래키리.
고운 꽃을 아껴서 늦게 피우는
하늘의 뜻을 누가 알리오.

실은 석류꽃은 장미나 국화에 비해 그리 아름다운 꽃은 아니야. 하지만 이규보는 아직 출사를 하지 못한 자신을 석류꽃에 빗대어 '늦게 꽃을 피우는' 하늘의 뜻이 자신에게 있음을 은근히 노래했어. 이때 최충헌은 이규보의 실력을 알아보고 그의 벼슬길을 열어 준단다.

그 덕분에 이규보는 과거에 합격한 지 10년 만에 벼슬길에 나가게 되었어. 그가 처음 받은 벼슬은 전주목사의 서기였어. 이미 이름이 쟁쟁한 시인에게는 어울리지 않는 직책이었지.

자유분방하고 실력이 뛰어난 그에겐 시기하는 자도 많았어. 그 전에 벼슬을 받을 기회가 있었는데 그때도 누군가 모함을 해서 못 받은 적이 있거든. 그런데 전주에 부임한 지 얼마 되지 않아 이번에도 그곳에서 모함을 받아 파직되고 만 거야. 그는 전주를 떠나면서 씁슬한 마음을 시로 지었어.

일찍부터 물러나려 하면서도
그냥 머물러 머뭇거리며
벼슬아치의 부끄러움을 잊었더니
기어이 이 몸을 욕되게 하였구나.

아무런 잘못 하나 없건마는

밝힐 길 아예 없으니

하늘만 쳐다보며 그저 웃을 뿐

다시는 말하기도 싫구나.

1202년, 경주에서 무신정권에 반대하는 반란이 일어났어. 조정에서는 과거에 합격하고도 벼슬을 받지 못한 자들을 뽑으려고 했어. 하지만 누가 전쟁터로 나가려고 하나. 대부분 겁을 먹고 지원하지 않았지. 이때 이규보는 지원해서 전쟁터로 달려갔어. 그는 덩치가 작고 몸이 약한 편이었으나 의기는 당당하고 거침이 없었거든.

반란은 꽤 길게 이어졌어. 이규보는 진중에서 장계를 쓰고 죽은 자들을 정리하고 온갖 굳은 일을 도맡았어. 그러는 와중에도 시를 짓는 일은 몸에 밴 일이었지. 특히 개경에서 볼 수 없었던 하층민들과 군인들의 애환을 절절하게 그려 냈어. 그렇게 2년여 만에 반란을 진압하고 개경으로 돌아왔어.

하지만 공을 세우고 돌아온 그를 여전히 조정은 차갑게 대했어. 새로운 벼슬도 주지 않아 여전히 살길이 막막한 거야. 그는 안면이 있는 집권자 최충헌에게 벼슬을 구하는 편지를 썼어. 자존심 강한 그가 최고 권력자에게 벼슬을 부탁한 거야.

하지만 그것도 별로 여의치 않았어. 그에게 돌아온 건 한림원 권보수습 학사였어. 녹봉도 일도 별로 없는 직책이었지. 그렇게 몇 년을 지내는 중에 그가 쓴 글이 다시 최충헌의 눈에 들어서 겨우 수습 딱지를 떼고 정식 한림학사가 된 건 그의 나이 41세 때야. 당대 최고의 시인이 그 나이에 고작 8품 벼슬을 받았던 거야.

불우한 벼슬살이를 하고 있던 이규보에게 관심을 기울인 이는 최충헌의 후계자이자 아들인 최이*였어. 그 역시 시를 잘 짓고 서예 실력도 신품사현에 들 만큼 빼어났는데, 이규보의 재능을 제대로 알아본 거지.

하루는 최이가 최충헌 앞에서 이규보에게 재능을 뽐낼 기회를 만들어 주었어. 먼저 최이는 이규보에게 술을 잔뜩 먹여 취하게 한 다음 이렇게 말했어.

"아버님, 이 사람은 술에 취하면 시를 더 잘 짓습니다. 이제 거나하게 취했으니 제목을 내려 보시지요."

최이의 말에 최충헌은 다소 못미더운 표정으로 마당에서 놀고 있는 공작을 가리켰어. 이규보는 불쾌한 얼굴로 최고 권력자 앞으로 나가 붓을 들었어. 이때의 상황을 『동국이상국집』은 다음과 같이 적어 놓았어.

마침 뜰에 공작이 오락가락하기에 진강후최충헌가 이 공작을 시제로 삼고 금의를 시켜 운을 부르도록 했다. 금이 운을 무려 40여 개나 불렀는데, 공이규보의 붓은 잠시도 멈추지 않고 부르는 대로 시를 지어냈다. 이에 진강후가 감탄하여 눈물을 흘렸다.

"천하의 기재로다. 그대가 원하는 벼슬이 있으면 말하라."

최충헌이 감격 어린 목소리로 말했어.

"지금 8품에 있으니 7품만 제수하시면 됩니다."

이규보는 욕심 부리지 않았어. 그 때문에 술자리를 마친 다음 최이가 이규보에게 핀잔을 주었어.

"어찌 대장부의 기개가 그리 나약한가. 적어도 5품 정도는 받아야 서로 체면이 서지 않겠는가?"

이에 이규보가 담담하게 대구했어.

"저의 뜻이 그럴 뿐입니다."

이규보는 문장은 이미 나라 안의 으뜸이었지만 높은 벼슬을 얻고 싶지는 않았어. 높은 벼슬이 필요한 게 아니라 그저 가족들을 먹여 살릴 정도면 된다고 생각한 거지. 그럼에도 훗날 무신정권에 아부하였다고 비평을 받았으니 역사의 평가는 참 엄정하지. 어려서는 자만심이 가득하였고, 나중에 현실주의자가 된 점은 스스로도 안타깝게 인정하는 점이야. 그만큼 무신정권 아래서 살아가기가 팍팍했던 거지.

이규보는 46세에 겨우 7품 사재승이 되었어. 그러나 이것은 시작에 지나지 않았어. 최충헌을 크게 감동시킨 그는 눈부신 승진길을 달렸어. 머지않아 우정언 지제고가 되었으며, 다시 정언에 올랐고 고종 임금으로부터 훈장격인 자금어대를 받기에 이르렀어. 마흔 살이 되도록 갖은 고생을 하던 그가 뒤늦게 벼슬 운이 트이고 찬란한 행진을 시작한 거야. 자신의 시 「석류꽃」에서 말했던 것처럼 늦게 피는 꽃이었던 거지.

1219년, 최충헌이 죽고 최이가 정권을 이어받았어. 학문과 예술에

경기도 인천 강화군에 있는 '이규보의 묘'

대한 이해가 깊었던 그는 문화적인 정책을 폈어. 과거도 정상대로 시행하고 문신들을 우대했지.

최이의 후원에 힘입어 이규보의 출세도 더욱 빨라졌어. 보문각대제 지제고, 장작감, 국자좨주를 맡은 다음 1228년에는 종2품인 중산대부판위사사가 되었어. 이때 과거를 책임진 지공거가 되어 후진을 뽑기도 했지. 그 후에도 세 차례 지공거를 맡아 무신정권 속에서도 재량 있는 문신을 발굴하는 데 애를 썼어.

이규보는 67세에 학사로는 최고직인 정당문학에 올랐어. 여기에 종1품인 감수국사가 되어 역사 편찬을 책임지기도 했어. 그리고 말년에는 재상인 수태보문하시랑평장사 겸 감수국사 태자태보로 있다가 은퇴하게 된단다.

죽을 때까지 고칠 수 없는 병

이규보는 은퇴한 후에도 나라의 중요한 문서를 짓거나 감독하기를 멈추지 않았어. 그러다가 74세가 되는 1241년에 숨을 거두었지. 당시 권력자 진양공_{최이}은 이규보의 문집을 만들어 주었고, 고종 임금은 장례를 보조해 주며 문순_{文順}이란 시호를 내렸어. 『여사제강』은 그를 다음과 같이 평가했어.

이규보는 젊을 때부터 총기와 영민함이 있어 백 가지 학문과 경전과 역사를 꿰뚫어 모르는 게 없었다. 글을 짓는 데는 옛사람을 흉내 내지 않고 홀로 독특한 경지를 이루어 문장이 기세가 넓고 컸다.

이규보는 진정한 자유주의자요 또한 자연주의자였어. 그는 백운거사 외에 말년에는 '삼혹호 선생'이란 호를 즐겨 썼는데, 술·거문고·시 이 세 가지를 좋아한다는 뜻이야. 물론 이 가운데 그는 시를 가장 사랑했어. 그래서 시 짓기를 '죽을 때까지 고칠 수 없는 병'이라고 스스로 말하기도 했어. 어떤 상황에서든지 그는 시를 지어냈거든.

　사람들은 그가 무신정권에 아부했다고 하지만, 실상 그의 시를 살펴보면 백성들의 척박한 삶을 안타까운 시선으로 노래한 것이 더 많아. 비록 양반이라고는 하지만 자신 역시 가난과 온갖 구박과 전쟁의 고통을 겪어 냈거든. 그의 시선은 늘 자연으로 열려 있으면서 또한 백성들 편이었어.

　비 맞으며 구부리고 김을 매자니

　거칠고 검은 얼굴 삶 꼴같잖다고

　왕손 공자들아 업신여기지 말라

　그대들의 부귀호사가 우리 손에 달렸나니

　－「농사꾼의 노래」

　낟알 하나하나 어찌 가여이 보랴

　생사 가난뱅이 부자가 여기 달렸는데

　나는 농부를 부처님처럼 받든다네

　부처님은 주린 사람 살리지 못하거든

　－「햇곡식의 노래」

　평생 시를 지어낸 그였지만 역시 시는 그에게도 어려운 작업이기도 했어. 젊었을 때는 자기의 시가 최고인 줄 알았는데, 나이 들어 보니 허점이 많다며 태워 버린 것도 아주 많아. 천재 시인에게도 시 짓기는 언제나 어려운 일이었던 거야. 「시에 대하여」란 시를 볼까.

> 시 짓기란 참으로 어려운 것
>
> 말과 뜻이 함께 아름다워
>
> 그 안 깊이 숨은 뜻이 있고
>
> 씹으면 씹을수록 맛이 나야 하지
>
> 뜻은 통하여도 말이 거칠거나
>
> 어렵기만 하고 뜻이 안 통하면 무엇 하랴
>
>
> 더욱이 버려야 할 것은
>
> 깎고 아로새겨 곱게만 하는 버릇
>
> 곱게 하는 것이 나쁘기야 하랴마는
>
> 겉치레에도 품을 들여야 하지만
>
> 곱게만 하려다 알맹이를 놓치면
>
> 시의 참뜻은 잃어버린 것이니

이규보는 자존심과 주체의식도 아주 강했어. 중국의 것을 모방하거나 남의 문장을 흉내 내는 걸 도둑질이라고 쏘아붙일 정도였지. 그런 정신이 『동명왕편』 같은 민족 서사시를 쓰게 한 거야. 환갑이 지나서도 몽골족의 침략에 대항한 것에서도 그의 사상을 엿볼 수 있어. 「꼭두 각시 놀음」, 「그네뛰기」, 「칠석날 내리는 비」 같은 시에서도 민족적인 색체가 진하게 깔려 있어.

그는 평생 시를 쓰는 삶을 살았는데, 대략 8천여 편이나 지었어. 시 외에도 시와 시인에 얽힌 이야기를 모은 『백운소설』, 우화 수필인 「슬견설」, 「경설」, 「국선생전」, 전기문인 「노극청전」 등과 많은 편지와 일기들이 있어. 하지만 많은 시들은 그가 태워 없애기도 하고 전하지 않는데, 후손들이 그의 글을 모아 『동국이상국집』을 출간하여 오늘날까지 전하니 국보와도 같은 문집이란다.

『동국이상국집』에 전하는 시만 하여도 2천여 편이나 되니 가히 고려가 낳은 대문호라 할 만하지. 문호란 작품도 뛰어나야 하지만 많은 작품을 남기고 오래 살아야 받을 수 있는 명예로운 호칭이야. 이러한 호칭에 걸맞는 작가는 고려에서는 이규보가 유일하고 조선에서는 박지원 정도를 일컬을 만해. 이러한 이규보의 시에 대해 후배 최자는 『보한집』에서 이렇게 높이 평했어.

문순공 이규보의 문집이 이미 세상에 나왔다. 그의 시문을 보면 해와 달도 오히려 무색하다.

소설 문학의 북두성 김시습

그는 재주가 그릇 밖으로 흘러넘쳐 스스로 수습할 수 없을 만큼
되었다. 그가 받은 기운은 가벼움과 맑음은 지나치고 두터움과
무거움은 모자란 듯하다. 그는 의를 세우고 윤리와 기강을 붙들어서는
뜻이 해와 달과 빛을 다투게 되고, 그의 말은 겁 많은 선비도
용감하게 만드니, 백세의 스승이 된다 하더라도 지나치지 않을 것이다.

— 이이 「김시습전」

말보다는 글을 먼저 깨친 아이

우리 역사상 가장 뛰어난 천재는 누구를 들 수 있을까?

시와 비평과 문장에 두루 뛰어났던 허균은 『성소부부고』에 다음과 같은 말을 남겼어.

우리 강릉부는 옛 명주 땅인데, 산수의 아름답기가 동방 제일이다. 산천의 정기를 모아 가지고 있어 신기한 사람이 가끔 나오는데, 그 가운데 매월당김시습의 호이 천고에 우뚝 뛰어났으니 그와 같은 사람은 온 천하를 찾아도 없다. 요즘 율곡 또한 여느 사람과 다르다.

매월당이 가장 빼어난 천재이고, 율곡도 빼어났으나 그에 미치지는 못하거나 아직은 잘 알 수 없다는 평이야. 김시습과 율곡, 그리고 허균 역시 조선 역사를 통틀어 손가락 안에 드는 천재인데, 모두 강릉 사람이라는 것도 재미난 일이지.

강릉이 본관이긴 하나 실은 김시습은 조선 세종 때인 1435년 서울에서 태어났어. 그의 조상은 신라 알지왕의 후손 원성왕의 아우 가계로 되어 있어. 증조부는 안주 목사를 지냈고 조부는 오위부장을 지낸 무반이었어. 부친 김일성金日省은 음보조상의 공로 덕에 벼슬을 받는 것로 역시 중급 무관이었는데, 집을 국립대학인 성균관 바로 곁에 구했어. 조부와 부친이 모두 무반이어서 학교 옆으로 이사를 했나 봐. '맹모삼천'이란 고사를 생각나게 하지.

그때 바로 이웃에 집현전 학자 출신으로 명망이 높던 강릉 사람 최치운*이 살았는데, 시습의 먼 친척 할아버지였어. 시습이란 이름을 지어 준 사람도 바로 최치운이야. 학이시습지學而時習之 불역열호不亦說好, 즉 때때로 배우고 익히면 또한 기쁘지 아니 한가. 『논어』 첫 구절인데 공부를 잘하라는 뜻을 담은 이름이었지.

이름처럼 시습은 일찌감치 천재성을 드러냈어. 훗날 절친하게 지낸 유자한*에게 보낸 편지를 보면 고작 생후 8개월부터 글자를 알아보았다고 고백하고 있어. 말보다 글을 먼저 깨쳤지. 아직 발음이 어눌할 때라 말이 안 통하면 붓을 들어 자기 속내를 드러낼 정도였대. 외할아버지와 있었던 그때의 일을 그 편지에 자세하게 고백해 놓았단다.

두 살이 되었을 무렵 그도 보통 아이들처럼 말은 제대로 못했어. 그런데 외할아버지가 시를 읊으면 알아듣는 거야. 외할아버지가 꽃에 대한 시를 읊으면 꽃을 가리키고, 새에 대한 시를 읊으면 새를 가리키며 웅얼웅얼 새소리를 흉내 냈대. 이에 외할아버지는 시습이 보통 아이가 아님을 알고 천자문을 가르치면서 시구들을 일러 준 거야.

시습이 제법 글자의 운을 맞추고 시를 짓는 흉내를 낸 건 세 살 때부터였어. 말문이 제대로 트인 세 살 된 봄에 그가 물었어.

"시는 어떻게 지어요?"

외할아버지가 대답했지.

"운자에 따라 한자를 일곱 자씩 맞추어 대구를 이루면 된단다."

"일곱 자 정도는 맞출 수 있사오니 운자를 불러 주세요."

외할아버지는 설마 하는 심정으로 봄 춘春 자를 불렀어.

"봄비 내려 막을 치니 기운이 열리네."

"허, 이놈 보게. 이번엔 이슬 로露 자다."

"솔잎에 맺힌 이슬 푸른 바늘에 구슬을 꿰었네."

외할아버지는 말문이 막혀 버렸지. 그 후 시습은 본격 학문으로 들어가 『소학』, 『정속』 같은 기초 공부를 했어. 다섯 살이 되었을 때는 『중용』, 『대학』을 손에 잡았대. 우리 역사상 수많은 천재들이 있었지만 시습만큼 빠른 성취를 한 이는 없었어.

바로 담 너머가 성균관이다 보니 소문이 빨리도 퍼졌겠지. 성균관 선비들이 시습의 얼굴을 보러 찾아오기도 했어. 그 소문이 대궐에까지 들어가 임금님까지 궁금증을 갖게 만들었지.

"그 아이가 그리도 영특하다니 경이 가서 한번 시험해 보시오."

한창 훈민정음을 연구 중이던 세종이 좌의정 허조에게 명했어. 허조도 궁금증이 가득하여 단숨에 달려가 시습에게 말했지.

"이 늙은이를 위해 늙을 노老로 시를 한 수 지어 주겠느냐?"

시습은 방긋 웃더니 바로 시를 읊어 냈어.

"노목개화 심불로老木開花 心不老!

늙은 나무에 꽃이 피었으니 마음은 늙지 않았네."

허조가 옳거니, 하며 손뼉을 쳤어.

"허허허. 너의 시 덕에 정말 십 년은 젊어진 것 같구나!"

시습의 영특함을 전해 들은 세종 임금이 가만히 있을 리 없겠지. 세종은 시습을 승정원으로 들어오게 하여 직접 만나 보았어. 왕족도 아닌 아이가 다섯 살에 임금 앞에 불려가 실력을 검증받게 된 거야.

"지신사가 먼저 한 수 읊어 시습으로 하여금 대구를 맞추게 해 보라."

세종대왕이 문장력이 뛰어난 승지 박이창에게 명했어.

박이창은 시습을 무릎에 앉히고 먼저 한 수 읊었어.

"동자의 학문은 하얀 학이 푸른 창공에 춤을 추는 것 같도다."

시습은 임금의 덕을 찬양하는 대구로 맞받았어.

"성주聖主：임금의 덕은 누런 용이 푸른 공중을 날아오르는 듯합니다."

지켜보던 신하들의 눈이 둥그레졌지.

세종은 시습에게 직접 시제를 내리며 시를 지어 보라고 했어.

"그럼 서울을 감싸고 우뚝 선 삼각산북한산으로 시를 지어 보아라."

시습은 잠시 생각하더니 이내 시를 토해냈어.

삼각산 높은 봉우리 하늘을 꿰뚫으니

오르면 능히 북두성도 딸 수 있겠네

산의 흰 바위는 구름을 일으킬 뿐만 아니라

넉넉히 왕실의 만세를 편안히 지키겠구나

다섯 살 소년의 낭랑한 목소리가 승정원을 울렸어. 세종대왕은 흡족한 웃음을 머금었고, 신하들은 혀를 내두르며 감탄사를 연발했지.

"참으로 귀중한 나라의 보배로다. 부디 열심히 공부하여 장차 나라의 대들보가 되도록 하라."

세종대왕도 시습을 칭찬하고 비단 50필을 상으로 내렸어.

이 소문은 승정원에서 성균관으로 그리고 서울에서 지방 곳곳까지 퍼져 갔어. 그래서 이때부터 그는 시습이란 이름보다 오세五世:다섯 살라는 별명으로 더욱 널리 알려졌단다.

차라리 똥통에 몸을 던지리라

이름에 걸맞게 시습은 한시도 공부를 떠나지 않았어. 13세에 이미 『논어』, 『맹자』, 『시경』, 『서경』을 배우고, 가장 어려운 『주역』까지 익혔지.

세종은 그런 시습에게 특별한 은혜를 베풀었어. 어린 나이임에도 성균관의 선생님들한테 배울 수 있게 허락해 준 거야. 시습은 수찬 이계전, 대사성 김반한테 개인 지도까지 받았어.

"어진 임금이시여, 하늘과 바다와 같은 이 은혜를 반드시 갚겠습니다!"

김시습의 앞날은 주작대로처럼 활짝 열린 것 같았어. 이미 임금으로부터 총애를 받고 있으니 등과_{과거에 급제}만 하면 출세는 보장된 셈이었지. 그러나 세상은 그가 보장된 화려한 길로 갈 수 있도록 놔두지 않았어.

어려움은 집안에서부터 찾아왔어. 시습은 15세 겨울에 어머니 장씨를 여의었어. 시습은 산속에 여막을 짓고 시묘_{부모가 세상을 떠난 후 3년간 그}

무덤 옆에서 움막을 짓고 삶를 살았어. 그것이 끝나자 또 외할머니가 돌아가셨고, 이어 아버지마저 앓아누웠어.

하지만 이런 어려움은 시습에게는 아무것도 아니었어. 얼마든지 이겨 낼 수 있었거든. 정작 그를 힘들게 한 것은 바깥에서 일어났어.

시습이 어머니의 삼년상을 치르느라 산속에 있을 때 세종대왕이 숨을 거두었어. 문종이 뒤를 이었으나 그는 병약하여 2년 3개월 만에 눈을 감고 말았지. 이어 열두 살 어린 임금이 보위에 올랐으니 바로 단종이야. 어린 왕이 등극하니 왕권에 대한 다툼이 슬슬 일기 시작했지.

그럼에도 시습은 공부를 멈추지 않았어. 사람이 나고 죽는 것은 당연한 인생살이니까. 그런 와중에 그는 훈련원 도정 남효례의 딸과 혼인하여 가장이 되었어. 한 번 과거에 실패한 그는 삼각산 중흥사로 들어가 더욱 공부에 매진했지. 언젠가 세종이 명한 대로 나라의 큰 기둥이 되리라는 기대를 저버리지 않았어.

그런데 결국 왕실에서 문제가 터졌어. 계유정난*을 일으킨 수양대군이 조정의 권력을 한손에 장악한 거야. 이때까지만 하더라도 시습은 큰 의심 없이 공부에 열중했어. 왕권의 안정을 위해 숙부가 어린 왕의 뒤를 봐 주는 것으로 이해한 거지. 그러나 2년 후 결국 수양대군은 단종을 밀어내고 왕좌에 오르니 곧 세조란다.

시습은 이 소식을 중흥사에서 들었어.

"아아, 기어코 천기가 어그러짐이여!"

좌절한 시습은 방에 들어가 꼼짝도 하지 않았어. 물 한 모금 먹지 않

김시습

고 세조의 일을 따져 보고, 자신의 인생에 대해 고민하고 또 고민했겠지.

사흘이 지나 방에서 나온 시습은 목놓아 울었어. 그래도 분이 풀리지 않는지 그는 변소에 몸을 던지고 다시 울었어.

"아하, 세상이 더럽혀졌도다! 힘이 윤리 도덕을 짓밟은 이런 세상에 책을 읽어 무엇 하랴!"

시습은 책을 모두 불태워 버렸어. 부친 세종의 뜻마저 저버리고 조카를 밀어내고 많은 사람을 죽여 임금이 된 세조를 용서할 수 없었어. 시습은 제 손으로 가위를 들고 싹둑싹둑 머리카락을 잘라 버렸어. 그리고 '설잠'이란 법호를 받고 중이 되어 정처 없는 방랑의 길을 떠나니 그의 나이 피 끓는 21세였어.

세조가 왕이 된 얼마 뒤, 성삼문과 박팽년을 비롯한 집현전 학사들이 세조를 죽이고 단종을 다시 왕으로 세우려 했어. 이른 바 사육신*의 단종 복위 사건. 하지만 시도는 배반자 김질의 고발로 실패로 돌아갔고, 관계된 사람은 모두 처형되었어. 그들의 시체는 잘리고 찢어진 채 사형장에 널브러져 있었고, 역적의 주검이라며 아무도 거두어 주지 않았어.

이때 김시습이 나서서 사육신의 주검을 수

*사육신_ 조선 세조 2년(1456)에 단종의 복위를 꾀하다가 발각되어 처형된 여섯 명의 충신(이개, 하위지, 유성원, 성삼문, 유응부, 박팽년)을 이르는 말이다.

습하여 노량진에 무덤을 만들고는 작은 돌을 세워 비석으로 삼았어.
그리고 「자규사」란 글을 지어 원혼들을 위로했지.

자규가 우네 자규가 우네

달은 지고 고요한데

그 소리 호소하는 것 같네

불여귀 불여귀

아미산을 바라보며 날아가지 않고

나무 위에 슬피 울며 소쩍새를 부르다가

꽃가지 여기저기 붉은 피를 토하느냐

깃털 빠져 쓸쓸하고 돌아갈 곳 없을 적에

물새들이 괄시하고 하늘마저 돌아보지 않으니

밤중에 울어대며 불평을 터뜨리는 소리에

외로운 신하에게 부질없이

남은 시간만 세게 하네

김시습은 임금조차 무서워하지 않았어. 아니, 진정한 임금이라면 그
가 스스로 찾아가 충성을 다했겠지. 그런데 시습은 조카의 자리를 뺏
은 세조를 임금으로 여기지 않았어. 그런 임금이 다스리는 세상 자체
를 인정하지 않았던 거지.

훗날 세조가 김시습에게 벼슬을 주려고 불렀는데, 그는 가기 싫어서
똥통에 몸을 던져 숨기까지 했어. 도의가 어그러진 조정에서 벼슬살이

를 하느니 차라리 똥통의 구린내에 몸을 맡기겠다는 거지.

　김시습은 체구가 작았지만 부리부리한 눈과 짙은 눈썹 우뚝한 코를 보면 대단한 기개가 느껴지는 모습이었어. 비록 타락한 세상이 싫어서 머리를 깎기는 했으나 승려가 아니라 유학자의 마음을 잃지 않았지. 그 증거처럼 그는 수염은 깎지 않고 남겨 두었어. 모름지기 그는 칼로도 권위로도 억누를 수 없는 자유인이었던 거야. 그의 시 「대장부」를 보면 이러한 그의 기개가 잘 나타나 있단다.

　　그 어떤 위력도 이 내 맘 못 꺾으리

　　예나 지금이나 이 마음 빛나리라

　　순 임금은 누구이고 나는 누구인가

　　높고 낮은 차이란 본디 없는 것이라네

　　대장부는 늘 부끄러움을 알아야지

　　세상 눈치 보면서 이리저리 휘둘리랴

　　학자와 문인은 역사에 남는 법

　　제의 칼부림도 역사는 못 막으리

매월당에서 『금오신화』를 짓다

승복을 입은 김시습의 방랑은 동서남북을 가리지 않았어. 그는 한곳에 오래 머물지 않고 흐르는 강물처럼 끊임없이 돌아다녔어. 머물러 있으면 마음이 불같이 달아올라 견딜 수 없었던 거야. 마음을 매어 둘 곳을 잃은 그는 자연에서 삶의 위안을 받고자 했어. 『탕유관서록』 후기를 볼까.

우리나라는 영토가 비록 좁지만 산수 경치가 좋아 세상 인재들이 모두 우러러본다. 공자도 일찍이 동방에서 살아 보고 싶다고 한 적이 있거니와, 심지어 중국 사람들이 "고려국에 태어나 금강산을 보고 싶다."고 할 정도였던 것이다. 이는 바로 물이 맑아 아니꼽고 너저분한 속세의 어지러운 가슴속을 말끔히 가셔줄 수 있기 때문이다.

신발이 닳고 닳도록 떠돌던 그가 서울로 돌아온 건 효령대군*의 권유 때문이었어. 불경

*효령대군(1396~1486)_ 조선 태종의 둘째 아들이다. 불교에 독실하여 세조 10년(1464)에 회암사에서 원각 법회를 열었다. 원각사 창건 때 감독하였고, 한문으로 된 『원각경』을 번역하여 간행하였다.

을 한글로 번역하고 다듬는 일을 하게 된 거야. 이때 세조가 그를 아껴 벼슬을 내리고 붙잡아 두려 하자 그는 득달같이 떠나 버렸어. 그가 간 곳은 서울에서 천 리나 떨어진 경주였어.

"여기가 바로 내가 머물 곳이다!"

1465년, 그는 금오산 용장사 뒤편에 작은 집을 짓고 들어앉았어. 그 집 이름을 매월당으로 하였는데, 이것이 곧 그의 아호가 돼. 여기서 몇 년 동안 세상에 나오지 않은 채 제자를 가르치며 골똘히 작품을 창작하였어. 그 결과 그의 대표작 『금오신화』가 탄생하게 되었지.

『금오신화』는 신화神話가 아니라 신화新話 : 새로운 이야기야. 지금까지 세상에 없는 이야기를 지었으니 그야말로 창작이지. 그것은 장차 우리 문학사의 금자탑이 된 최초의 한문소설이란다. 그 전까지는 주로 보고 들은 이야기나 위인의 이야기를 글로 써낸 야담이나 전기류 이야기가 대다수였는데, 순수한 창작의 세계를 열어젖힌 거야. 그동안 공부하고 여행하며 보고 들은 바들을 바탕으로 완전히 새로운 이야기를 창작해 낸 거지.

『금오신화』는 모두 다섯 편의 소설로 이루어진 작품집이야. 모두 매우 독특한 소재와 주제를 담고 있는데, 민족적 정서가 아주 짙게 우러나와. 간략하게나마 그 줄거리를 소개해 줄 테니 한번 찾아서 읽어 보렴.

「만복사저포기」의 배경은 남원이야. 주인공 양생은 연등회에서 한 처녀를 만나는데, 고려 말에 쳐들어온 왜구한테 억울하게 죽은 처녀의 원혼이었어. 양생은 진실로 그 처녀를 사랑하여 원혼을 달래 주었어.

「이생규장전」은 이생과 최랑이라는 남녀가 주인공이야. 최랑은 고려 말에 쳐들어온 홍건적의 침략으로 희생된 처녀였어. 홍건적이 노리개로 삼으려 하자 끝까지 대들다 죽었지. 이생은 최랑의 아픔을 이해하고 감싸주었어.

이렇게 『금오신화』에는 한을 품은 여자들이 많아 나와. 이는 곧 사회적 약자인 여인들의 원한을 달래 줌과 동시에 타락한 세상을 비판하는 작가의 의지라고 볼 수 있어.

「취유부벽정기」는 더 옛날로 거슬러 올라가. 고구려의 수도 평양의 부벽루를 무대로 삼았어. 개성의 상인 홍생이 을밀대 아래 부벽루에서 달맞이를 하다가 매혹적인 미인을 만나 시를 주고받게 돼. 그녀는 고조선의 여자인데 위만의 침략으로 왕조가 무너지자 자결하려고 했거든. 이때 고조선의 시조인 단군이 신선의 모습으로 나타나 그녀를 신선 세계로 이끌어 선녀가 되게 했다고 해. 홍생도 그 말을 듣고 신선 세계로 갔다는 얘기야. 우리 민족의 역사의 뿌리를 알게 하고, 특히 홍생과 미인이 주고받은 시를 보면 우리 강산의 아름다움과 김시습의 소질이 잘 나타난 명작이야.

「용궁부연록」이야말로 김시습 자신의 이야기라 할 수 있어. 무대는 바로 개성 천마산의 박연폭포야. 그곳은 용궁으로 통하는 통로인데, 문장이 뛰어난 한생을 용궁에서 초빙한 거야. 용왕의 딸이 결혼을 하게 되어 새집을 지었는데, 그 상량문을 지어 달라고 말이야. 용궁으로 간 한생은 희한한 잔치를 보며 자신의 문장을 마음껏 자랑해. 물론 멋진 상량문을 지어 주고 진귀한 선물을 받아 돌아오지. 그 후 세상의 부귀공명에 대한 미련을 접고 산으로 들어간단다.

「남염부주지」의 무대는 경주야. 주인공은 유학자 박생인데 지옥이나 귀신 따위를 믿지 않는 현실주의자였어. 그런데 어느 날 염라대왕을 만나 나라를 다스리는 이치에 대해 의견을 나누게 돼. 김시습은 박생의 입을 통해 '백성을 폭력으로 억압하지 말고 그들을 받들어야 한다.'는 자신의 정치적 소신을 주장하지. 백성을 위로하지 못하고 오히려 괴롭히는 불교의 행태도 가차없이 비판해. 염라대왕은 이런 박생의 진실함에 감동하여 자기 자리를 물려준단다.

이렇듯 김시습의 소설은 자신의 색깔이 뚜렷했어. 현실에서 이루지 못한 것을 소설로 이룬 셈이었지. 무대도 분명하고 사건도 매우 자세하여 소설로 부족함이 없어. 게다가 민족적 색채도 짙고, 억압된 사회를 개혁하려는 의지와 빗나간 집권 세력을 비판하는 정신도 훌륭해. 그러나 대체로 꿈이나 환상세계이고, 또한 주인공이 현실을 떠난다는 결말은 염세주의*라는 비판을 받게 된단다. 하지만 그것은 신분제와 군주제가 그 시대의 한계이니 당대의 천재인 김시습도 어쩔 수 없는 일이었겠지.

나이가 들어도 김시습의 올곧은 비판 정신은 변함이 없었어. 벼슬아치에 대한 풍자는 시원하고 통쾌했지.

어느 날 서울에 온 시습이 한강으로 갔어. 거기에는 당시의 최고 권력자인 한명회*의 정자 압구정이 있었거든. 바로 오늘날 서울 압구정

근처야. 한명회는 경치 좋은 강변에 정자를 짓고는 서해 갈매기가 날아와 논다고 하여 압구정이라고 이름 붙였어. 그리고 다음과 같은 시를 써서 걸어 놓았어.

靑春扶社稷청춘부사직

白首臥江湖백수와강호

"젊어서는 사직왕조을 도우고, 늙어서는 강호강과 호수로, 벼슬에서 물러났음을 뜻함에 누웠다고? 흥, 제 흥에 겨워 축 늘어졌구나."

시를 읽어 본 시습이 눈을 치뜨며 빈정대더니, 두 글자를 살짝 바꾸었어. 부扶를 망亡으로, 와臥를 오汚로 고친 거야. 이러니 시의 뜻이 완전히 달라지고 말았어.

"젊어서는 나라를 망치고, 늙어서는 강호를 더럽히는구나. 와하하하하!"

사람들은 고쳐진 시를 보고는 허리를 접으며 웃어 댔지. 뒤늦게 이를 안 한명회는 시가 적힌 액자를 부수어 버렸대. 하지만 김시습이 그랬다는 걸 알고도 어쩌지는 못했어. 괜히 그를 건드렸다가는 망신살만 뻗칠 게 뻔했거든.

왕위를 찬탈한 세조가 죽자 나라에서는 김시습을 불러 쓰려고 했어. 특히 유자한이 그를 조정으로 이끌려고 무척 애썼지. 그러자 김시습은 이런 편지를 보냈어.

　너절하게 출세 길을 택하느니 차라리 산골에 노닐면서 깨끗이 여생을 마쳐 천 년 뒤에 이 몸의 깨끗한 기개를 알아주기를 바라는 것이 더 나으리라고 생각하는 바입니다.

　이처럼 올곧은 정신을 사모하여 그 후로 조선의 선비들이 모두 그를 존경했어. 『금오신화』의 모든 주인공이 그렇듯이 그 역시 세상 영화는 이미 넘어서 버린 거지.

　김시습은 중년 이후에 주로 신선술을 익히며 살았다고 해. 제자가 된 최연의 말에 따르면, 시습은 달 밝은 밤이면 산을 몇 개나 넘어가 신선처럼 보이는 사람들과 즐겨 노닐었대. 사정 끝에 제자가 되었던 최연은 그 광경을 엿보았다고 쫓겨나고 말았지.

　김시습이 말년에 머문 곳은 부여의 무량사였어. 무량사 주지는 시습의 학문과 지조를 우러러보고 잘 대접했어. 여기서 김시습은 자신의 마지막을 예감했는지 자화상을 그리기도 했어. 그리고 그 그림에 자신을 비판하는 시를 남겼어.

　못생긴 너의 얼굴

　거칠고 어긋난 말투

　깊은 산골에 파묻힘이

　마땅하도다

그 얼마 뒤인 1493년, 59세
로 임종을 맞은 그는 이상한
유언을 남겼어.

"내가 죽으면 절대 다비를
하지 마시오."

승려는 모두 다비화장를 하는

김시습이 만년에 머물렀던 '무량사'

법인데, 그러지 말라는 거야.

주지는 시키는 대로 시습의 주검을 관에 넣어 절 한쪽에 보관했지.

그런 지 3년이 지난 어느 날, 주지는 제자들과 함께 시습의 관을 열
어 보았어.

"오, 나무관세음보살!"

중들은 놀라 입을 다물지 못했어. 죽은 지 3년이나 지난 시습의 시
체가 마치 살아 있는 듯 생생했거든. 중들은 시습이 부처가 되었다고
믿고 예불을 드렸어. 그런 다음에야 비로소 화장을 하여 그 뼈를 모아
부도를 세웠는데, 오늘날까지 전한단다.

중들은 시습이 부처가 되었다고 했으나, 세상에서는 그가 신선이 되
었다고 믿었어. 훗날 나라에서도 그의 실력과 충절을 기려 '청간'이란
시호를 내렸어. 정조는 관복 한번 입은 적 없는 그에게 이조판서를 추
증하기도 했어.

그에 앞서 선조는 김시습을 존경하여 율곡 이이에게 『김시습전』을 지
으라고 했어. 인물평에 매우 뛰어났던 율곡은 『김시습전』에서 그를 이

무량사에 있는 김시습의 부도

렇게 평했어.

그는 재주가 그릇 밖으로 흘러넘쳐 스스로 수습할 수 없을 만큼 되었다. 그가 받은 기운은 가벼움과 맑음은 지나치고 두터움과 무거움은 모자란 듯하다. 그는 의를 세우고 윤리와 기강을 붙들어서는 뜻이 해와 달과 빛을 다투게 되고, 그의 말은 겁 많은 선비도 용감하게 만드니, 백세의 스승이 된다 하더라도 지나치지 않을 것이다.

오세 신동 김시습, 그는 개인적으로는 매우 불행한 삶을 살았어. 역사상 가장 뛰어난 천재임에도 스스로 세상을 포기했지. 하지만 그 결과는 오히려 눈부시게 되었어. 율곡의 평처럼 '백세의 스승'이란 칭송을 들었고, 『금오신화』를 비롯한 뛰어난 작품을 남겨 우리 소설 문학의 북두성이 되었어.

만일 그가 정상적으로 과거에 급제하여 정치를 했다면 이만한 업적을 남기지 못했을 것 같아. 자신의 삶은 무척이나 고통스러웠지만, 그것이 우리 역사와 문화엔 오히려 큰 복이 되었잖아. 결국 김시습이 할 일은 정치가 아니라 예술이었던 셈이지.

아, 정녕 예술가들이란 스스로를 태워 버림으로써 더욱 찬란한 별이 되는 혜성과 같은 존재인가!

제8장
지지 않는 선계의 꽃
황진이

진랑황진이은 얼굴에 화장도 하지 않고 담담한 차림으로
자리에 나오는데, 타고난 자연스러움과 생김새가
국색國色: 나라의 으뜸 미인으로서 광채가 나
사람을 감동시켰다.

— 『송도기이』

움직이지 않는 상여

고려의 수도 송도개성 외곽 어느 마을.

복사꽃이 눈부신 봄날, 어디선가 구슬픈 노랫소리가 들려왔어.

"이제 가면 언제 오나!"

"어허야, 어허야!"

"북망 산천 멀다더니……."

"어허야, 어허야!"

"방문 여니 북망일세!"

"어화 넘자 어허야!"

누가 죽어 장사를 지내는 상여 노래였어. 맨 앞에 선 상여꾼이 처량하게 요령을 흔들며 선소리를 매기면 꽃상여를 맨 젊은이들이 후렴구를 합창하며 박자를 맞추는 거야. 상여 뒤로는 관 속에 고요히 누운 사람의 가족들이 짧은 지팡이를 짚고 슬피 울며 따르고. 그 모습을 사람들은 길가에서 구경하거나, 담장 위로 고개를 내밀고 바라보았어.

상여는 동구 쪽으로 나오다가 한 작은 기와집 앞에 멈추었어. 그때 이상한 일이 벌어졌어. 상여가 갑자기 천 근이나 되는 듯 무거워진 거야. 비칠거리며 끙끙대던 상여꾼들은 상여를 내려놓고 땀을 닦았어.

잠시 뒤 다시 상여를 매고 일어나려 했거든. 그러나 웬걸, 이번에는 상여가 꼼짝도 하지 않지 뭐람.

"어럽쇼, 상여가 땅에 달라붙었나. 움직이지를 않네!"

갑작스런 사태에 상여꾼과 죽은 이의 가족들이 깜짝 놀랐지.

그때 기와집 대문이 벌컥 열리더니 한 아낙이 달려 나와 소리를 질렀어.

"이 양반들이 누구네 집을 망치려고 장난질이오. 어서 썩 가시오!"

나이 많은 상여꾼이 고개를 절레절레 흔들었어.

"아, 우린들 이러고 싶겠소. 상여가 움직이지 않는 걸 어쩌겠소?"

"그럼 대체 어쩌란 말이오. 여기다 무덤을 쓸 순 없지 않소?"

기와집 아낙네는 발을 동동 굴렀어. 처녀가 사는 집에 총각 귀신이 붙었다는 소문이 나면 그 집 딸은 시집가기는 틀린 일이었거든.

"이 총각은 댁의 따님을 사모하다 상사병이 나서 죽었소. 그래서 발이 떨어지지 않는가 보오. 혹 따님의 옷가지라도 하나 덮어 준다면 한을 풀고 저승길로 갈지도 모르겠구려."

나이 많은 상여꾼이 한결 부드러운 목소리로 아낙을 달랬어.

"턱도 없는 소리 마시오. 그 소문이 나면 금쪽같은 우리 딸은 처녀 귀신 되게요."

아낙네는 손사래를 치며 어서 가라고 성화를 부렸지. 상여꾼들도 망자의 가족들도 난처한 표정으로 어쩔 줄을 몰랐어.

그때 대문 안에서 어여쁜 처녀가 썩 나왔어.

"어머니, 그렇게 해 주세요. 한을 품고 죽은 것도 서러운데 저승길 마저 편히 못 간다면 너무 불쌍하잖아요."

처녀는 아낙이 말릴 새도 없이 빨간 비단 치마를 휙 던져 주었어.

"자, 이제 그만 저승길로 떠나시게."

나이 많은 상여꾼이 치마를 받아 상여를 덮고서 달래듯이 말했지. 그런 다음 상여꾼들이 다시 상여를 들었어.

"어라, 들리네. 가벼워졌어!"

맨 앞에 선 상여꾼이 요령을 흔들었어.

"자, 다시 북망산천으로 떠나보세."

상여 행렬은 노래를 하며 멀어져 갔어.

아낙네는 서둘러 소금을 갖고 나와 대문 앞에 뿌렸어. 치마를 내준 처녀는 상여가 사라진 쪽에 눈길을 비끄러매고 붙박힌 듯 서 있었어. 아침 이슬 머금은 나리꽃같이 어여쁜 얼굴에 두 줄기 눈물이 흘러 봄 햇살에 번질거렸어.

"아, 이미 한 남자가 나 때문에 죽었는데 내가 어찌 행복하게 살기를 바라겠는가!"

정말 죽은 사내의 혼령이 한이 서려 상여가 움직이지 않았는데, 상여꾼들이 그 사내의 한을 알고 풀어 주려 수작을 했는지는 모를 일이야. 분명한 건 한 사람이 자기 때문에 죽음에 이르렀다는 걸 처녀가 알았다는 거지. 그 일에 충격을 받은 처녀는 시집가는 걸 포기하고는 곧장 기생이 되었으니 바로 황진이란다.

*『송도기이』_ 조선 선조 때의 문신 죽천 이덕형의 야담집이다. 1629년(인조 7)에 간행되었으며, 화담 서경덕을 비롯해 안경창·최영수·황진이·한명회·한호·임제 등 송도(개성)의 유명 인사들에 얽힌 설화·일화 등을 수록하였다.

황진이는 우리 역사상 손꼽아 줄 만큼 빼어난 미인이며 여류 시인이야. 그런데 언제 태어났는지, 언제 죽었는지조차 정확하게 알려지지 않았어. 대략 연산군부터 중종1494~1544 년간에 살았을 걸로 짐작할 뿐이지.

황진이는 탄생 내력도 비밀에 싸여 있어. 그의 아버지가 진사이고 어머니는 기생이었다는 말이 있는가 하면, 아버지는 맹인이었다는 설도 있어. 그러나 어느 것도 분명하지는 않은데, 『송도기이』*는 위의 이야기와 더불어 그의 탄생 내력을 다음과 같이 전해.

현금이라는 아리따운 여자가 있었다. 그가 18세 때 개울에서 빨래를 하는데, 한 잘생긴 청년이 자꾸 내려다보며 웃음을 띠우는 것이었다.

그러다가 다른 사람이 다 가고 난 다음에 청년은 다리 아래로 내려와 현금에게 물을 달라고 하였다. 현금은 표주박에 물 한 그릇을 떠서 바쳤다.

청년은 물을 반쯤 들이키고 현금에게 건네주며 마시라고 하였다. 현금이 영문도 모르고 받아 마셨는데, 그것은 물이 아니라 술이었다.

이렇게 합환주를 마신 두 사람은 깊은 인연을 맺었는데, 그로 말미암아 딸이 태어났다. 그가 바로 진이다. 그는 생김생김이 아름답고 재예가 뛰어나고 노래 또한 일품이어서, 사람들은 그를 선녀라 불렀다.

황진이의 아버지가 신선이라는 말인데, 물론 황진이를 신비하게 꾸미기 위하여 지어낸 말이겠지. 그의 출생과 내력은 알 수 없고, 다만 지금 알 수 있는 것은 그의 작품밖에 없어. 이제 그 시를 따라가며 그에 얽힌 이야기를 듣노라면 황진이의 참 모습이 느껴질지도 몰라.

명월이 만공산 하니 쉬어 간들 어떠리

송도 기생 명월이. 황진이는 이렇게 불리었어. 한밤중에 달이 천지 간에 홀로 환하듯이 진이는 기생 중에도 군계일학으로 빼어났어. 그의 아름다움에 대해서 『송도기이』는 다음과 같이 기록했어.

진랑황진이은 얼굴에 화장도 하지 않고 담담한 차림으로 자리에 나오는데, 타고난 자연스러움과 생김새가 국색國色 : 나라의 으뜸 미인으로서 광채가 나 사람을 감동시켰다.

화장을 하지 않아도 광채가 날 만큼 어여뻤다는 거야. 꾸밈없이 타고난 미인이란 얘기지. 게다가 절창의 노래 솜씨와 거문고 실력, 운을 띄우면 구슬 꿰듯 술술 풀려나오는 아름다운 시구들. 감히 누구도 흉내 낼 수 없는 천하제일이라는 소문이 송도는 물론 서울까지 퍼져 떠들썩할 정도였어. 요즘 표현대로라면 슈퍼스타라고 할 수 있겠지.

"아, 진이가 따라 주는 술을 마시며 그의 노래를 들어 보았으면……."

　조선의 풍류객과 한량들은 꿈에라도 황진이를 만나기를 바랐지. 진이와 같이 술을 마시고 춤을 추고 시를 주고받는 게 소원인 사람들도 줄을 섰어.

　그러나 황진이는 아무하고나 어울리거나 사랑을 나누지 않았어. 반드시 자기와 겨룰 만한 문장을 지녔거나 예술과 학문을 쌓은 사람을 좋아했어. 어떤 권력이나 돈도 황진이에겐 쉽사리 통하지 않았지. 그러니 뭇 한량들은 애간장만 태울 뿐 황진이의 얼굴조차 보기 힘든 판이었어.

　이 소문을 듣고 콧방귀를 뀌는 사람이 있었으니 바로 왕족 벽계수였어. 인물이 훤칠한 그는 학문도 뛰어났고, 가야금을 잘 탔으며, 무예 실력도 남달랐는데, 서울에서 알아주는 풍류객이었지.

　"흥, 천하디천한 기생 주제에 감히 상대를 골라 수청을 든다고? 제가 아무리 잘난 척해도 나는 쳐다보지도 않겠다."

　벽계수가 빈정거린 말은 참새 같은 한량들의 입을 통해 황진이의 귀에까지 들어갔어. 그 얼마 뒤, 마침 벽계수가 송도에 볼일을 보러 왔거든. 실은 속내로는 황진이를 보려고 온 거지. 하지만 황진이는 그가 와도 본 척도 하지 않았어. 애가 달은 벽계수는 시인 이달*을 찾아가 방법을 구했어.

　"진이가 사는 집을 지나면 누대가 있는데, 거기서 거문고를 한 자락 타면 진이가 곁에 와서 앉을 것이네. 그럼 그대는 쳐다보지도 말고 곧장 일어서서 다리를 건너 산길로 가게. 황진이가 따라와도 절대 돌아보면 안 되네.”

보름달이 환한 밤, 이달의 조언대로 벽계수는 거문고 한 자락을 멋들어지게 탔어. 과연 황진이가 기방에서 나와 곁에 앉았겠지. 벽계수는 괜히 무심한 척 누대에서 내려와 말에 올랐어. 그리고 천천히 다리를 건너 달빛 속으로 사라질 즈음이었어. 다리 아래로 흐르는 물소리보다 더 청아한 목소리가 달밤의 정적을 흔들며 울려 퍼졌어.

청산리 벽계수야 수이 감을 자랑 마라
일도 창해하면 다시 오기 어려우니
명월이 만공산 하니 쉬어간들 어떠리

마침 다리 아래엔 벽계수같이 맑은 물이 흐르고, 하늘엔 황진이의 기명과 같은 명월이 휘영청하잖아. 계곡 물이 한 번 바다로 가면 다시 돌아오기 어려우니 자신과 더불어 즐기자는 꾐이었어. 그 아름다운 목소리와 기막힌 비유.

벽계수는 이달의 충고를 잊고는 다리를 건너다가 뒤를 돌아보고 말았어. 달빛 아래서 황진이가 매혹적으로 웃으며 손짓을 했지. 그 아름다움에 취한 벽계수는 그만 말에서 떨어지듯 내리고 말았어. 그리고 앞뒤 재지 않고 달려와 황진이의 손을 잡으려 했지.

황진이는 싸늘하게 비아냥거리며 손을 뿌리쳤어.

“잘난 척 큰소리더니, 벽계수 당신도 별 수 없는 사내로군요.”

황진이는 스스로 호걸 대장부를 자처하는 벽계수에게 망신을 주고는 돌아가 버렸어. 벽계수는 다시는 황진이의 얼굴을 볼 수 없게 되고 말았지.

그 밖에도 잘난 척하다가 황진이에게 망신을 당한 사람이 꽤 많았어. 30년 동안 수행을 잘하여 '살아 있는 부처'라는 별명을 얻은 지족선사도 그 중 하나야. 그는 도를 닦아 여색이나 부귀영화를 다 넘어섰다고 자처했거든.

어느 날 진이는 지족선사가 도를 닦고 있는 천마산의 토굴로 찾아갔어. 열심히 염불을 하는 그의 곁에서 겉옷을 벗고 잠자리 날개 같은 속옷을 드러내며 향기를 피워 유혹했지. 곁눈질을 하며 참던 지족선사는 마침내 황진이의 품에 안기고 말았어.

"고승인 척해도 그도 어쩔 수 없는 사내에 불과해."

황진이는 싸늘하게 그를 외면했어. 그 후 지족선사는 황진이를 못 잊어 수도를 팽개친 채 송도 거리를 떠돌았대. 이렇게 황진이는 양반이나 권력자들의 허위를 깨 버린 거야. 여자를 속박하고 무시하는 세상에 대한 도전이기도 했지. 젊은 시절 황진이는 날카로운 가시를 무수히 지닌 장미와 같아서 꺾으려는 사람은 반드시 손을 다친다는 말도 나돌았어.

그 무렵 대제학을 지낸 소세양이 황진이의 소문을 듣고는 말했어.

"모두가 황진이의 치마폭에 한 번 감기면 헤어날 줄 모른다고 하니 대개 졸장부들이다. 내가 송도로 가서 딱 한 달만 진이와 즐기다가 하루도 더 머물지 않고 미련없이 돌아오리라."

이렇게 큰소리를 친 소세양은 송도로 갔어. 과연 소세양은 뛰어난 시인인지라 황진이가 기꺼이 함께 살았거든. 그리고 하룻밤 꿈같이 한 달이 후딱 지났어.

"어허, 벌써 내일이면 돌아갈 날이로구나."

아쉽기 짝이 없었으나 소세양은 애초 작정대로 돌아가기로 했어.

그러나 호락호락 보내 줄 황진이가 아니었지. 황진이는 환한 달 아래서 거문고를 타며 시 한 수를 낭랑하게 읊었어.

달 아래 마지막 오동잎 지고

서리 속 들국화 피었네

다락 높아 하늘은 한 자 남짓한데

무진무진 기울여 취하는 이 밤

물소리는 거문고에 차갑고

피리 가락에 매화향 아련하구나

내일 아침 서로 헤어진 다음엔

그리움의 푸른 물결 끝이 없으리

"하, 절창이로다!"

소세양은 무릎을 치며 감탄을 쏟아냈어. 그리고 다음 날 그는 떠나지 못했어. 그 시가 결국 발목을 잡은 듯하지만, 실은 자신도 가기 싫었던 거야.

화담에서 새로운 세계를 엿보다

황진이는 자못 교만해졌어. 세상을 우습게 알고, 자기가 마음먹은 대로 남자들을 부릴 수 있으리라 여겼지. 그의 오만함은 숲 속의 대학자 화담 서경덕에게까지 유혹의 눈빛을 던지기에 이르렀어.

"흥, 글방 샌님 주제에 신선처럼 산다고? 많이 배운 사람일수록 위선의 껍데기는 더욱 두꺼운 법이지. 내 꼬임에 안 넘어가는가 어디 보자."

화담은 성거산 자락에 화담이란 초가를 지어 놓고 홀로 도를 닦으며 가끔씩 드나드는 제자들을 가르치고 있었어. 나라에서 벼슬을 내려도 사양하고, 과거조차 시시하다며 보지 않았지. 황진이는 이런 화담을 꼬드겨 망신을 주기로 작정한 거야.

"선생님의 학문을 존경하여 감히 제자가 되고 싶어 찾아왔습니다."

『대학』을 척 끼고 화담으로 간 황진이는 짐짓 딴전을 피우며 접근했어. 화담은 여느 제자를 반기듯이 너그럽게 웃으며 맞아들였지. 속내를 감추기 위해 황진이는 먼저 시를 한 수 읊었어. 개성의 명승지 「박연폭포」를 그린 듯이 낭송했어.

두메 골짝에서 뿜어내는 한 줄기 물길이

백길 용추소로 떨어지느니

날아오른 샘이 은하수를 거꾸로 쏟아내는가

성난 폭포 하얀 무지개를 걸어 놓은 듯하구나

우렛소리에 흩어진 우박이 골짜기에 자우룩

구슬을 빻은 가루들이 허공에 치솟는다

여산이 명승이라 일컫지 마오

해동 천마산이 으뜸이라오

박연폭포는 개성 천마산에 있는데, 금강산의 구룡폭포 설악산의 대승폭포와 더불어 우리나라 삼대 폭포에 드는 아름다운 곳으로 오늘날에도 관광객이 끊이지 않아. 폭포 한쪽 용바위에는 초서로 크게 휘갈긴 시가 있는데, 황진이가 머리채에 먹물을 찍어 쓴 것을 음각한 거래.

황진이는 멋진 시로 화담 선생의 마음을 사로잡고자 했어.

"가히 듣던 바대로 절창이로구나."

화담은 감탄하면서도 전혀 다가오지 않았어.

황해북도 개성시에 있는 '박연폭포'

다음 작전. 며칠 후 다시 찾아간 황진이는 화장을 야하게 하고 춤과 노래로 유혹해 보았어. 화담은 그것을 즐길 뿐 마음의 동요는 찾아볼 수 없었어.

더 노골적인 작전. 비가 오는 날 얇은 옷을 입고 비에 젖은 채 찾아 갔어. 옷이 몸에 달라붙어 속살이 다 비쳤지.

"아이코, 춥겠구나. 어서 들어와 몸을 녹이렴."

화담은 이불을 덮어 주고 따뜻한 차를 대접할 뿐이었어. 황진이는 비를 핑계대고 아예 돌아가지 않았어. 화담은 대수롭지 않게 남자 제 자들 대하듯이 곁에 두고 잠을 자지 뭐람.

최후의 작전. 황진이는 공부를 하다가 별안간 배가 아프다며 마구 뒹굴었어. 그리고 일부러 화담의 손을 가져다 배를 주무르게 한 거야. 화담은 배를 주물러 줄 뿐 다른 일은 없었어. 지친 황진이가 잠들었다 깼을 때 화담은 책을 읽다가 싱긋 웃을 뿐이야.

그제야 황진이의 머릿속에 밝은 별 하나가 뜬 것 같았어.

"아, 화담 선생이야말로 이미 높은 세계에 다다른 분이로구나!"

황진이는 큰 충격을 받았지. 화담 선생은 지금까지 자신이 겪었던 사내들과는 분명 달랐어. 그 속에는 어떤 비밀스런 딴 세계가 있는 것 만 같았지. 그리하여 황진이도 진실한 마음으로 화담의 학문을 배우기 시작했어. 일설에는 이때부터 기생 일도 그만두고 금강산으로 들어가 도를 닦았다고 해. 또는 화담 선생과 같이 전국을 유람하며 함께 자연 을 즐기며 배웠다고도 해.

황진이는 수많은 남자들이 따랐지만 자신은 오로지 화담 선생만을 존경하고 사랑했다고 고백했어. 그래서 황진이가 송도삼절이란 말을 지어내기까지 했단다.

"송도에는 너무 빼어나 도무지 꺾을 수 없는 세 가지가 있다. 그 하나는 박연폭포요, 그 둘은 화담 선생 서경덕이요, 그 셋은 나 황진이다."

화담 선생과 황진이의 사제 관계는 평생 변함이 없었던 것 같아. 허균은 『성옹식소록』에서 '진이는 평생 화담 선생을 사모하여 거문고를 메고 술을 걸러 화담으로 찾아가 즐기었다'고 하였고, 사제의 관계를 깨뜨렸다는 기록은 어디에도 없어. 허균은 화담의 수제자격인 허엽의 아들이니 믿을 만한 기록이겠지.

화담 선생에게 배운 후 황진이의 학문과 예술은 더욱 깊어졌겠지. 하지만 그의 시는 대부분 사라지고 연모와 그리움에 대한 것들만 전해지니 안타까워. 황진이는 언제나 많은 사내들의 사랑을 받았지만 내심 외롭고 쓸쓸했던 모양이야. 시에는 외로움과 그리움으로 가득하거든.

동짓달 기나긴 밤 한 허리를 베어 내어
춘풍 이불 아래 서리서리 넣었다가
어른님 오시는 밤이면 구비구비 펴리라

홀로 지내는 긴 밤을 저금해 두었다가 님을 만났을 때 더 많은 시간을 함께하고 싶다는 간절한 소망을 그린 대표작이야. 밤의 한 가운데를 싹둑 베어 내 감춰 둔다는 표현이 절창이지.

　다음 시는 화담 선생의 죽음을 아쉬워하여 노래한 것 같은데, 깊고
도 순수한 사랑이 자연을 빗대 참으로 절묘하게 표현했어.

　　청산靑山은 내 뜻이요 녹수綠水는 님의 정이
　　녹수 흘러간들 청산이야 변할손가
　　녹수도 청산을 못 잊어 울어예어 가는고

　자신을 청산에 빗대고 님을 흘러간 물에 비유했어. 물이 가 버려도
자신은 변하지 않겠다는 다짐인데, 물도 슬퍼 울면서 간다는 표현이
거문고 줄처럼 마음을 울리지.
　화담 선생이 죽고 난 뒤로 황진이가 기생으로 크게 활약한 내력은
보이지 않아. 어쩌면 화담 선생이 그랬던 것처럼 금강산, 지리산 등을
오가며 공부를 했는지도 모르지.
　산천을 떠돌던 그는 중
년의 어느 날 개성으로
가는 길에서 죽었어. 죽
을 때 유언하기를 '내 무
덤을 만들지 말고 내 살
과 뼈를 벌레와 새들에게
주라'고 하였대. 미인으
로 이름이 높았고 많은
남자들의 마음을 흔들었

임진각국민관광지에 있는 '황진이 가비'

으나, 결국 새와 벌레의 먹잇감밖에 안 됨을 보여 주고자 한 거지. 하지만 사람들은 기어이 무덤을 만들어 주었는데, 오늘날 휴전선 근처인 장단군 판교리에 있단다.

황진이, 그는 분명 뛰어난 시인이었으나 당시엔 그저 어여쁘고 재주 많은 기생일 뿐이었어. 하지만 오늘날엔 아무도 감히 기생으로 취급하지 않아. 그는 여러 여성 시인들 중에서도 난설헌 허초희와 더불어 최상급 시인으로 평가받거든. 기생이 된 덕분에 그 뛰어난 재능을 발휘할 수 있었던 것도 시대가 만들어 낸 기현상이지.

황진이는 죽고 나서도 많은 사랑을 받았는데, 속뜻이 웅장했던 풍류객 임제*가 평안도사로 발령받고 가는 길에 황진이의 무덤에 술을 따르고 시 한 수를 읊었어. 기개 넘치던 재주와 미모가 찬란한 기생이 가고 없음을 아쉬워하면서…….

청초 우거진 골에 자느냐 누웠느냐
홍안을 어디 두고 백골만 묻혔나니
잔 잡아 권할 이 없으니 글로 서러워하노라

제9장
전인적 화가 사임당
신인선

필력이 살아 움직이고 모양을 그린 것이 똑같아 줄기와 잎사귀는
마치 이슬을 띤 것 같고, 풀벌레는 살아 움직이는 것 같으며,
오이와 수박은 보다 말고 저도 몰래 입에 침이 흐르니,
참으로 천하에 제일가는 보배다.

– 권상하

그림 그리는 소녀

강릉 오죽헌.

외출에서 돌아온 집주인 이사온은 자못 흥분을 감추지 못한 채 딸과 외손녀를 불렀어.

"우리 인선이가 보면 좋아할 만한 것을 어렵사리 구해 왔다. 무엇이 겠느냐?"

이사온이 갖고 온 것을 등 뒤에 감추고는 물었어.

이제 갓 열 살이 된 인선은 고개를 갸웃거리며 어머니 이씨를 쳐다 보았지. 이씨도 영문을 몰라 하다가 한마디 내뱉었어.

"붓이나 물감인가 봐요."

이사온은 빙그레 웃으며 고개를 가로저었어.

가만히 눈을 빛내며 생각을 곱씹던 인선의 대답이 톡 튀어나왔어.

"안견* 선생님 그림!"

그제야 이사온은 감추었던 것을 꺼내 통째

*안견(1549~1587)_ 조선시대의 화가이다. 산수화에 뛰어났고 초상화 · 사군자 등에도 능했으며, 일본의 수묵산수화 발전에 영향을 끼쳤다. 안평대군을 위하여 〈몽유도원도〉를 그렸으며, 작품으로 〈사시팔경도〉, 〈적벽도〉 등이 있다.

로 건네주었어. 인선은 환호성을 터뜨리며 두루마리 통을 열고는 속에 든 것을 꺼내 마루에 펼쳤어. 안견의 산수도 한 폭이 신비스런 분위기를 자아내며 환히 빛을 발했지. 인선이 조선 제일 화가라는 안견의 그림을 보고 싶어 한다는 사실을 안 외할아버지가 멀리까지 가서 어렵게 구해 온 작품이었어.

"네 그림이 날로 발전하니 따로 스승이 필요하겠는데, 마땅한 사람이 없으니 이 그림을 스승 삼아 따라 그려 보거라."

안견의 그림은 신선들의 세계를 그린 것이었어. 뾰쪽한 산봉우리를 감싼 구름과, 계곡을 적시는 물줄기, 학이 날고 사슴이 뛰노는 광경이 화려하기 짝이 없었지. 그것을 쳐다보는 사람은 곧장 화려한 신선 나라로 쏙 빨려들 것만 같았어.

"너도 그릴 수 있겠니?"

어머니 이씨의 물음에 인선은 작게 '예' 하고 대답했어. 그러고는 그림을 들고 뒷산으로 올라갔어.

인선은 그림과 높은 산에서 바라본 산줄기들을 비교해 보았어. 그리고 마침내 산수화 한 폭을 그려 냈어.

"얘, 인선아. 이건 안견의 그림과 전혀 다르지 않느냐?"

외할아버지와 어머니가 함께 고개를 갸웃거렸지.

인선은 초롱초롱한 눈을 빛내며 작은 입을 열어 또박또박 설명했어.

"안견 선생님의 그림은 세상의 것이 아닙니다. 저는 뒷산에 올라가 우리 강릉의 산을 살핀 다음 그것을 그린 것입니다. 안견 선생님의 그림에서는 붓놀림과 색채 사용하는 걸 배웠습니다."

외할아버지와 어머니는 서로를 마주보았어. 부녀의 얼굴에는 놀라움과 기쁨이 가득했지.

"이제 갓 열 살인 아이가 자기 그림을 그리다니, 실로 하늘이 낸 신동이로다! 스스로 깨닫기 시작했으나 따로 스승이 필요 없겠구나."

그림 그리는 소녀 신인선, 바로 이 아이가 장차 현모양처의 모범으로 조선의 어머니로 불리게 되는 사임당 신씨란다. 그의 탄생 내력과 성장기를 알아보려면 먼저 부모와 조상부터 살펴볼 필요가 있어.

최치운이란 이름을 기억하니?

세종 임금 시절에 집현전 학사를 지냈고, 김시습의 이름을 지어 준 바로 그 학자 말이야. 그의 본관과 고향이 강릉인데, 이조판서를 지낸 그는 말년에 고향 북평촌에 터를 마련하고 집을 지었는데, 아들 최응현이 물려받아 별당을 짓고는 오죽헌이라고 했어. 거기에 나중에는 그의 딸과 사위 이사온이 살게 되었거든. 이사온은 강릉에서 이름난 학자인데 한 번도 강릉을 떠나지 않고 살았어. 이사온은 무남독녀 외동딸을 낳아 그 딸을 서울 사람 신명화와 짝을 지어 주었어. 평산이 본관인 신명화는 고려 개국공신 신숭겸의 후손으로 조선에 와서도 두루 재상을 배출한 명문가였어. 신명화 역시 학문이 뛰어나 벼슬에 추천되었으나 사양한 인물이었어. 신명화와 부인 이씨는 아들 없이 딸만 다섯을 낳았는데, 그 중 둘째가 바로 사임당 신인선이야. 1504년 10월 29일에 오죽헌에서 태어났지.

외할아버지 이사온은 사임당이 어릴 적부터 특별한 관심을 가졌어. 외손녀가 남다른 재질이 있음을 일찌감치 발견했거든. 글도 빨리 깨쳤지만 특히 그림에 대한 재능이 있음을 알아본 거야. 그 덕분에 인선은 7세부터 그림을 배우기 시작했대.

인선은 안견의 그림을 스승 삼아 그림을 그렸어. 하지만 안견과 여러 화가들의 그림을 모방하지 않고 독창적인 그림 세계를 개척해 나갔어. 그저 아름답고 신비한 세계를 그리려는 게 아니라 눈에 보이는 사실적인 그림을 그린 거야. 자연도 있는 그대로 그리되 자신의 필치를 마음껏 드러냈지.

특히 풀과 벌레, 과일을 많이 그렸는데, 이는 그 전에 누구도 해 보지 않은 분야였어. 풀과 벌레는 세밀화처럼 정확했으니 관찰력과 표현력이 대단했겠지. 열 살을 넘어서면서 이미 강릉에서는 화가로 알려졌고 차차 서울까지 그의 그림이 알려지게 되었어.

인선의 탐구와 창의력은 그림에 그치지 않았어. 본가와 외가가 모두 학문을 중시하니 유학에도 정통하여 남을 가르치기에 충분하도록 닦았지. 서예와 자수, 바느질과 수놓기, 요리와 옷 만들기까지 모든 것을 정성껏 배웠어. 타고난 창의력에다 미술적 감성과 학문적 깊이가 더해지니 그의 움직임은 하나하나가 모두 예술이었어.

어머니의 기도

인선이 눈부신 처녀로 성장한 어느 날이었어. 이사온이 외손녀를 불러 엄중히 말했어.

"얘, 인선아, 『열녀전』*을 너도 보았으니 거기에 기록된 태임의 태교를 설명할 수 있으렷다."

"예. 태임은 문왕의 어머니로서 『시경』*에서 시로 예찬된 바도 있습니다. 태임은 언행이 장중하고 반듯하여 회임을 하여서는 눈으로는 사특한 것을 보지 않고, 귀로는 음란한 소리를 듣지 않고, 입으로는 오만한 말을 하지 아니하였습니다. 이에 아이를 낳으니 곧 덕성을 구비한 문왕이고, 문왕이 무왕을 낳아 도탄에 빠진 은나라를 물리치고 주나라를 세워 천하의 안녕을 구하였습니다."

"옳다구나. 내 너의 재주가 뛰어나 넘칠까 짐짓 염려되는 바, 태임을 스승 삼아 오직 겸손하고 현덕하여 가정을 이끌라는 의미에서

*『열녀전』_ 중국 한(漢)나라의 유향이 지은 책으로, 고대로부터 한대(漢代)에 이르는 열녀들의 전기, 공덕 등을 엮었다.

*『시경』_ 춘추시대의 민요를 중심으로 하여 모은 중국에서 가장 오래된 시집으로, 오경(五經)의 하나이다. 주나라 초부터 춘추시대까지의 시 311편을 수록하였다. 오늘날 전하는 것은 305편이다.

신사임당

새 이름을 지었느니라. 받들겠느냐?"

"외할아버지의 가르침으로 오늘의 제가 있는데 어찌 사양하겠습니까. 삼가 기쁨으로 따르겠사옵니다."

이사온은 붓을 들어 화선지에 큼지막하게 썼어.

사임당師任堂. 태임을 스승으로 삼아 스스로를 닦으라는 이름이었지.

이렇게 태임을 본받으라고 했으나 실은 그건 매우 어려운 일이었어. 태임은 아득한 시대 중국 사람이고, 태교를 잘 시행했다는 점과 바른 행실을 가졌다는 것 외에 별로 알려진 바가 없었거든. 구체적으로 보고 따를 게 없었던 거지.

실제로 사임당이 본으로 삼은 이는 어머니 이씨였어. 외조부 이사온의 학문을 고스란히 이어받은 어머니 이씨 역시 학문과 도덕이 특출했거든. 학문은 외조부와 본가의 어른들에게 익혔으나 생활 속의 예의범절과 덕성은 어머니로부터 배웠을 거야. 사임당의 어머니가 엮어 낸 감동적인 이야기를 들어 보렴.

사임당의 어머니 이씨가 친정살이를 하게 된 건 어머니 최씨의 병환 때문이었어. 결혼 직후에는 서울로 가서 시부모를 모셨는데, 어머니 최씨가 앓아눕게 되어 강릉으로 수발하러 간 거야. 그 때문에 남편은 늘 서울과 강릉을 오가며 지내야 했는데, 무려 16년간이나 그랬거든. 그럼에도 남편 신명화 역시 장모와 부인에 대한 사랑이 깊어 싫은 내색 한번 하지 않았대.

1522년, 오랜 지병을 앓던 최씨가 숨을 거두었어. 신명화는 그 소식을 강릉으로 내려오는 길에 여주에서 들었거든. 그 충격으로 슬픔에 빠져 식음을 끊고 부랴부랴 강릉으로 달려오다가 큰 병을 얻고 말았어. 열이 내리지 않고 피를 토하니 곧 죽을 지경까지 이르렀어.

강릉 집에서는 또 난리가 났지. 어머니 장례를 치르자마자 남편 장례까지 치르게 생겼으니 오죽하겠니. 부인 이씨가 지성으로 간호했지만 차도가 없었어. 기어이 신명화는 의식을 잃고 거의 죽은 듯이 되었어. 의원도 장례 준비나 하라며 포기하고 돌아갔어.

이씨는 정화수를 떠 놓고 칠 일 밤낮을 하늘에 빌었어. 그래도 차도가 없자 이씨는 목욕을 하고 손톱 발톱을 깎은 다음 은장도를 품고 뒷산으로 올라갔어. 목숨을 걸고 기도를 한 거지. 율곡이 지은 『율곡집』 41권 「외조모 이씨 감천기」에 그때의 기도 내용이 자세하게 나와.

하느님, 하느님!
착한 이에게는 복을 주시고 악한 이에게는 화를 내리심을 하늘의 이치가 아닙니까.
제 남편은 지조를 지켰고 부친을 여의고서 무덤에 여막을 치고 3년을 나물만 먹으며 효성을 다하였습니다. 또 어버이를 모시느라 서울과 시골에 나뉘어 살기를 16년이었습니다. 이제 막 어머님을 여의었는데 또 이같이 남편마저 위독하면 장차 이 몸은 어디에 의탁하리까.

하느님이시여, 부디 굽어 살피소서!

이렇게 기도하고는 다시 오죽헌 뒷산 최치운의 무덤 앞으로 갔어. 정화수 그릇을 반듯이 놓고는 칼을 꺼내 왼손 가운데 손가락 마디를 베어 피를 받았지. 그리고 다시 엎드려 빌었어.

살아서 어진 신하였으니 죽어서도 맑은 영혼이 되었사오리다. 부디 하느님께 아뢰시어 저의 진심을 통달하게 해 주소서.

얼마 뒤, 맑은 하늘에 구름이 몰려들더니 시원스레 단비가 내렸어. 이씨는 기도가 하늘에 닿았다고 믿고는 산을 내려왔지.

신명화는 여전히 혼수상태였고, 그때까지만 해도 아무도 이씨가 그토록 간절히 기도한 줄을 몰랐대. 이씨가 일부러 가족들에게 상처를 숨겼거든.

그런데 그날 밤 꿈에 사임당이 그것을 눈치 챘어. 놀랍게도 사임당은 이씨가 낮에 한 행동을 꿈으로 고스란히 본 거야. 이씨가 칼로 손가락을 벨 때 사임당이 '안 돼요!' 하고 고함치며 퍼뜩 잠에서 깼는데, 정말 어머니 손에 헝겊이 감겨 있었대.

그로부터 신명화는 차도를 보이기 시작했는데 아직 의식은 없었어.

한밤에 아버지의 병석을 지키던 사임당이 잠깐 졸았는데, 또 이상한 꿈을 꾸었어. 신령이 나타나 대추알만 한 약을 아버지의 입에 넣어 주는 거야. 그때 신명화가 눈도 뜨지 않은 채 입을 열었어.

"내일 병이 낳으리라."

같이 병석을 지키던 이씨 부인의 외사촌 동생 최씨가 웬 잠꼬대인가 싶어 물었지.

"매형, 그걸 어찌 아오?"

역시 감감히 눈을 감은 채 대답이 흘러나왔어.

"이제 막 신령이 가르쳐 주었네."

깜짝 놀란 최씨가 사임당을 깨워 말했더니 사임당도 똑같은 광경을 보고 들었다고 하지 뭐야.

그리고 다음 날 신명화는 기적적으로 소생했어. 결국 이씨의 기도가 하늘을 감동시킨 거지. 이 소문을 들은 강릉 부사는 이를 조정에 보고했고, 6년 후인 1528년에 조정에서는 열녀정각을 세워 표창했대. 이 사실은 강릉 지방의 역사책인 『임영지』에 분명하게 기록되어 있어.

이씨 부인은 나면서부터 천성이 깨끗하고 행동이 침착하였다. 남편 신명화의 병을 낳게 하고자 선조의 묘에 배향하고 손가락을 끊어 피를 흘려 넣는 단지를 함으로써 하늘에 그 뜻을 전하니 남편의 병이 낫게 되었다.

죽음의 문턱에서 돌아온 신명화가 서둘러 한 일은 바로 딸의 혼례였어. 1522년, 열아홉 살이던 화가 신인선은 세 살 많은 서울 선비 이원수의 배필이 되었어. 이원수의 본관은 덕수인데, 특출한 데는 없으나 수수하고 어진 사내였어. 이렇게 결혼을 하고 나니 그때부터는 신인선이란 이름보다는 사임당이란 택호로 주로 불리게 되었지.

사임당은 서울 시댁으로 가지 않고 강릉의 친정에 남았어. 그것은 결혼 전부터 장인이 사위와 약속한 일이었어. 또 당시에는 친정에서 아이를 낳아 키우는 일이 흔했기 때문에 흠잡힐 일은 아니었고.

이원수는 장인이 그랬듯이 자주 서울과 강릉을 오가며 생활을 해야만 했어. 그러니 일도 공부도 제대로 되기 어려웠겠지. 게다가 이원수의 학문은 평범한 것이었고, 결혼을 하기도 전에 사임당은 이미 화가로 이름이 높았고 학문도 깊었어. 그 후로도 줄곧 원수는 아내에게 배우는 입장이었어. 그 점이 사임당은 무척 안타까웠겠지.

결혼한 이듬해 아버지가 돌아가시자 사임당은 제의했어.

"이래서야 어떻게 큰 뜻을 이루겠습니다. 십 년을 기한으로 떨어져 서방님은 학문에 몰두하시고, 저는 홀로 계신 어머니를 받들겠습니다."

이원수는 울며 겨자 먹기로 아내의 의견을 따랐어. 한데 10년을 기약하고 떠난 그는 대관령도 못 넘고 돌아오기를 사흘이나 반복했어.

"한시도 당신과 떨어지기 싫은데, 십 년을 헤어져 살다니 이는 너무 가혹하지 않소?"

사흘째 돌아온 이원수가 불만을 터뜨렸어. 말로서 달랠 수는 없을 것 같거든. 사임당은 바느질 그릇에서 가위를 꺼냈어.

"집안 장래를 짊어진 서방님께서 이렇듯 유약하고 무능하다면 제가 무슨 희망을 갖고 살아가리오. 차라리 이 가위로 머리를 자르고 중이

되든지, 아니면 자결을 해서 구차한 삶을 끝내는 게 오히려 나을 듯합
니다.”

두 눈을 부릅뜬 사임당의 말에 이원수는 새파랗게 질렸어.

“부인, 내가 잘못했소. 내 다시는 돌아오지 않으리다. 서울로 가서
공부에만 전념할 테니 어서 그 흉한 가위나 거두시오.”

불에 덴 듯 놀란 이원수는 바로 그 다음날 서울로 가서 학문에 정진
하였어. 그 결과 3년여 만에 학문과 인덕이 많이 향상되어 초시에 붙
을 정도가 되었어. 하지만 10년의 약속은 지켜지지 않았어. 어머니 이
씨가 남편의 삼년상이 끝나자마자 사임당을 서울 시댁으로 보냈거든.

그리운 강릉, 그리고 어머니

사임당은 장남 이선을 비롯하여 모두 7남매4남 3녀를 낳았어. 그는 아이들을 기르며 늘 『효경』을 가르쳤는데, 항상 형제간의 우애를 강조하며 이런 이야기를 들려주곤 했대.

"옛날에 두 형제가 살았단다. 어느 해에 추수할 때가 되었는데, 형은 '동생이 장가들어 새살림을 냈으니 나보다 어렵겠지' 생각하고는 밤에 몰래 자기 볏단을 동생네로 갖다 쌓았어.

그런데 이상하게도 이튿날이 되면 자기 볏단은 그대로고 또 동생의 볏단도 불어나지를 않은 거야. 이상하다 생각하며 형이 또 보름달이 환한 밤에 볏단을 지고 동생네로 가는데, 맞은편에서 누군가 볏단을 지고 오지 않겠니.

'거기 누구요?' 하고 서로 묻는데, 바로 형과 아우지 뭐야. 동생도 '형님은 식구가 많으니까 더 많은 쌀이 필요하겠지' 싶어서 매일 밤 볏단을 갖다 쌓았던 거야. 그제야 볏단이 늘지도 줄지도 않은 사실을 알고는 둘이 얼싸안고 울었단다.

　물론 하늘은 두 형제의 사랑을 어여삐 보고 집안을 더욱 풍성하게
해 주었지. 너희들도 반드시 이 형제처럼 살아야 한단다. 알겠니?”

　사임당은 높은 학문과 예술적 재능을 간직한 채로 또한 자상하고 따
뜻한 어머니의 품을 잊지 않았어. 그의 자녀들도 타고난 재능대로 이
름을 날리면서도 하나같이 우애가 돈독했어.

　사임당의 학문을 이어받아 활짝 꽃피운 이는 셋째 아들 이이였어.
그는 벼슬로는 재상이 되고 성리학의 최고봉을 이루어 겨레의 스승이
되었잖아.

　화가적 재능은 맏딸 이매창이 이어받았어. 매창은 학문 역시 깊어서
아우 이이가 나랏일까지 상담할 정도였으니 사임당을 가장 빼닮은 셈
이었지.

　막내 이우는 거문고를 잘 타는 데다 당대의 명필로서 이름을 날렸
어. 이렇게 자녀들을 훌륭하게 키워 냈기 때문에 오늘날 사임당을 겨
레의 어머니요 표본으로 삼는 거란다.

　사임당의 서울살이는 실상 무척 고달팠어. 강릉에서 나온 이후 서울
과 파주를 오가며 자주 이사를 다녔거든. 지나친 공부와 예술적 탐구
로 몸이 그다지 강건하지 않은 사임당으로서는 매우 지치는 일상이었
을 거야. 게다가 집안 살림조차 그다지 풍족하지 않았어. 더욱이 여자
는 애오라지 아이 양육과 집안 살림을 해야 하는 당시 풍토에서 스스
로 아이를 가르치고 자신의 예술 활동을 하기에는 어려움이 무척이나
많았겠지.

　사임당의 건강에 문제가 생긴 건 셋째 딸을 낳은 다음부터인 듯해.

이때가 35세였는데, 오죽헌에서 해산을 한 후 몸이 좋아지지 않아서 줄곧 병석에 누워 있었거든. 그러다가 몸을 추슬러 다시 서울로 발길을 잡았어.

대관령에 올라선 사임당은 차마 발길이 떨어지지 않았어. 외할아버지도 안 계시는데, 이미 오래 전에 홀로 되신 어머니를 두고 가니 발걸음이 천근만근이었지. 결국 그 아픔이 한 편의 시로 터져 나왔어. 「유대관령망친정」대관령에서 친정을 바라보다이야.

늙으신 어머니를 고향에 두고
외로이 서울로 가는 이 마음
돌아보니 북촌은 아득하기만 한데
흰 구름이 저문 산을 날아 내리네

서울로 돌아온 사임당의 시어머니 홍씨로부터 집안의 모든 살림을 물려받았어. 할 일과 책임이 더 많아진 거지. 자라는 아이들도 가르쳐야 했고, 아직 벼슬에 나가지 못한 남편도 챙겨야 했어.

이 무렵, 대과에 급제하지 못한 남편 이원수는 재상 이기의 집을 자주 드나들었어. 같은 덕수 이씨인 이기가 참판 판서를 거쳐 정승에 올라 있었거든. 그에게 잘 보여 낮은 벼슬자리라도 하나 따 보려던 속내였지. 이를 알아챈 사임당은 남편에게 간절히 충고했어.

"그 댁에 드나드는 일을 삼가는 게 좋을 듯합니다. 당숙께서는 지금 정승으로 계시지만 크게 덕망을 잃고 있으니 반드시 뒷날 후회스러운 일을 당할 테니 조심해야 합니다."

아내의 말은 늘 틀림이 없고 대의에 합당하다는 걸 이원수는 익히 알고 있었거든. 그는 충고를 받아들여 이기의 집에 발길을 끊었어.

사임당의 예상은 정확했어. 이기는 명종의 외숙부인 윤원형과 손을 잡고 수많은 정적들을 죽인 을사사화*를 일으켰어. 그리하여 영의정까지 올라갔으나, 인종이 죽고 명종이 등극하자 곧 관작이 삭탈되고 그를 따르던 사람까지 화를 입었어. 이원수도 그의 덕을 입어 벼슬을 하였더라면 집안을 망칠 뻔했지. 사임당은 이를 이미 십수 년 전에 내다보고 막은 거야.

『명심보감』에 이런 말이 있거든. 가유현처家有賢妻면 부불우횡화夫不遇橫禍, 집안에 어진 아내가 있으면 남편이 밖에서 악한 일을 당하지 아니한다. 이 말이 그대로 딱 맞은 셈이지.

사임당은 39세에 일곱째인 막내 이우를 낳았어. 건강도 좋지 않은데 늦은 나이의 출산이라 매우 힘들었겠지. 그 후로 기력이 떨어져 자주 병석에서 지냈어. 그때마다 더욱 그리운 건 고향과 어머니였어. 아름다운 강릉과 그곳에 홀로 계시는 어머니 이씨에 대한 안타까움은 뼈에 맺힌 듯 절절하기까지 해. 오늘날까지 애송되는 「사친시」를 소개할게.

산 첩첩 내 고향은 천 리나 되건만
자나 깨나 꿈속에라도 돌아가고파
한송정 가에는 외로이 뜬 달

*을사사화_ 조선 명종 즉위년(1545)에 일어난 사화이다. 인종이 죽자 새로 즉위한 명종의 외척인 윤원형이 인종의 외척인 윤임 일파를 몰아내는 과정에서 사림이 크게 화를 입었다.

경포대 앞에는 한 줄기 바람

모래톱 갈매기는 모드락 흐트락

파도머리 고깃배는 오고 가는데

언제나 고향길 다시 밟아가

어머니 앞에 색동옷 입고 앉아 바느질할꼬

*음서_ 고려, 조선시대에 아버지나 할아버지가 관직생활을 했거나 국가에 공훈을 세웠을 경우에 그 자손을 과거에 의하지 않고 특별히 관리로 채용하던 일을 말한다.

1550년, 마침내 이원수는 음서*로 수운판관 벼슬을 받았어. 종5품의 중급 관료였지만, 지방으로 돌아다니면서 세금을 거두어 오는 고된 일이었어. 그럼에도 이원수는 아들들까지 대동하고 그 일을 열심히 해냈어. 남편과 자식이 나랏일을 하는 모습이 사임당이 보기에도 뿌듯했겠지.

하지만 그 이듬해, 사임당은 며칠 앓아눕더니 조용히 숨을 거두고 말았단다. 세금을 거두러 갔던 남편과 아들들이 나루터에서 그 소식을 듣고는 하늘이 무너진 듯 울면서 달려왔지만 사임당은 다시는 눈을 뜨지 않았어. 그리하여 선산인 파주 두문리지금의 파주시 천현면 동문리 자운산 기슭에 묻히니 48세 안타까운 나이였어.

경기도 파주시에 있는 '신사임당의 묘'

일상에서 피어난 예술의 꽃

사임당을 흔히 겨레의 어머니라고 해. 현모양처의 표본이이라는 애기지. 오늘날도 강릉 지방엔 사임당을 기리는 행사가 많아. 물론 사임당은 학문이 깊고 시와 서예에도 뛰어나고 덕성마저 갖춘 팔방미인임에 틀림없어. 자녀들을 유덕하게 잘 키운 교육자이기도 하지. 이를 테면 학문과 예술과 생활이 조화를 이룬 전인적 인간이라 할 만해.

전인 교육은 오늘날 교육의 중요한 목표점이야. 그동안 역사는 분업화로 치달아 오늘날 세상은 너무나 세밀하게 갈라져서 대학을 나와도 자기 분야가 아닌 건 도통 모르기 십상이야. 그러니 타인과 소통이 잘 안 되고 창의력도 제한적이지. 지식은 뛰어나도 인간적 덕성은 떨어져 물질과 금전을 최고로 치는 기계적 인간을 만드는 게 오늘날 교육의 단점이거든. 이를 넘어서 물질과 정신, 과학과 예술 등을 아우르는 교육을 추구하자는 게 전인 교육이야. 그렇게 잘 교육받고 성장한 사람을 전인적 인간이라고 한다면, 사임당이야말로 그런 전인적 인간이라 할 수 있어. 여성의 활동을 철저하게 제한했던 조선 중기에 이만한 성과를 이루었다는 건 거의 기적에 가까운 일이야.

그러나 사임당은 그 모든 재능과 성과보다도 화가임을 알아야 해. 그에게서 그림을 뺀다면 그저 재주 많은 사대부가의 여인으로 기록해도 될 거야. 하지만 그의 그림은 분명 독창적 세계를 이룬 예술가로서 대접받기에 조금도 모자람이 없어. 그러한 자신의 예술 세계를 갖지 못했다면 이 책에서도 이야기하지 않았을 거야. 그럼 화가 사임당의 작품 세계로 들어가 볼까.

사임당의 그림은 옛사람들의 흔한 그림과는 달랐어. 남을 흉내 내거나, 보이지도 않는 걸 상상만으로 그리지 않았거든. 그의 그림은 멋을 부리거나 화려하지도 않았어. 생활 주변에서 흔히 볼 수 있는 풀, 벌레, 꽃, 과일 등을 주로 그렸어. 겉멋을 부리거나 과장하지 않고 삶 속에서 소박한 진실을 추구했다고 볼 수 있지.

사임당은 항상 주변의 사물을 깊은 애정을 갖고 살피고, 그것을 그대로 화폭에 담았어. 그림을 얼마나 세밀하고 정확하게 그렸던지, 벌레를 그린 후 말리려고 밖에 내놓았더니 닭이 진짜 벌레인 줄 알고 쪼아 먹어 그림을 망친 적도 있을 정도야.

또한 그는 예술가에다 높은 학문을 지닌 사대부가의 마님이었지만 겸손하고 소박했어. 그는 손수 요리와 바느질을 하고, 가난한 이웃과 스스럼없이 어울려 지냈어. 화가 사임당의 예술성과 인간성을 잘 보여 주는 이야기를 하나 할까.

서울 수진방^{지금의 서울 종로구 청진동 근처}에 살 때야.

하루는 가난한 이웃 아낙네가 울상이 되어 찾아왔어.

"무슨 일인데 얼굴에 근심 구름이 가득한가?"

사임당의 물음에 아낙네는 들고 온 보따리를 풀어놓았어. 고급스러운 옥색 비단 치마가 나왔어.

"잔칫집에 입고 갈 만한 옷이 없어서 김 진사 댁 부인한테서 빌렸는데, 잔칫집에서 그만 음식을 쏟아 옷을 버렸지 뭡니까. 고급 비단이라 새로 사 줄 엄두도 못 내겠고, 어쩌면 좋을까요?"

사임당은 얼룩을 자세히 살폈어. 검은 얼룩이 제법 크게 생긴 옥색 비단 치마는 그대로 입기 힘들 것 같았어.

"그 옷을 두고 갔다가 모레쯤 와서 찾아 가게. 내가 뒤탈이 없게 말끔히 손 봐 놓을 테니까."

아낙네가 가고 나자 사임당은 붓과 물감을 꺼냈어. 그리고 검은 얼룩이 생긴 곳에 포도송이를 그려 넣었어. 그 주위로 잎사귀와 넝쿨을 자연스럽게 더했지. 망가진 비단 치마가 화폭이 된 거야.

"이만하면 됐는지 모르겠군."

이틀 후 찾아온 이웃 아낙네에게 비단 치마를 내밀었어. 치마의 얼룩은 감쪽같이 사라지고 그 자리에 곧 따 먹어도 될 듯 먹음직스런 포도송이가 그려져 있었지. 벌린 입을 다물 줄 모르고 감탄하던 아낙네는 다시 걱정스런 표정을 지었어.

"그림이 좋긴 하지만 본래 옷이 아니라고 안 받으면 어떻게 하지요?"

"그게 걱정되면 이 치마를 시장에 내다 팔게. 그러면 똑같은 새 치

신사임당이 그린 '수박과 석죽화'

마를 맞출 수 있을 거야."

그림의 가치를 알 길이 없는 아낙네는 설마 이게 무슨 큰돈이 되랴, 생각하며 시장으로 갔어.

비단도 팔고 옷도 지어 주는 포목점에는 부잣집 부인들로 붐볐어. 아낙네는 조심스럽게 치마를 내놓고 주인에게 값을 물어보았지. 주인은 이문을 많이 남길 속셈으로 새 치마와 바꿔 주겠다고 했어. 그때 한 부잣집 부인이 나서서 말했어.

"내가 웃돈을 줄 테니 그 치마 나한테 팔게."

다른 사람들도 그림에 큰 관심을 보였어.

"이건 치마가 아니라 한 폭의 작품이로군. 나에게 팔게. 내가 돈을 두 배로 줌세."

이렇게 몇 사람이 흥정을 하는 동안 치마 값은 자꾸 올라갔어. 나중에는 고급 비단으로 옷을 몇 벌이나 맞출 수 있을 만큼이나 되었지 뭐야. 아낙네는 김 진사 댁 부인에게 새 치마를 해 주고 남은 돈을 사임당에게 가져와 바쳤어.

"어려운 살림에 보태 쓰게."

사임당은 온화하게 웃으며 돈을 가난한 아낙네에게 돌려주었어. 아낙네는 놀랍고 고마워 넙죽 절을 하고 눈물을 그렁그렁 매달았지. 그러면서도 이해되지 않는 듯 말했어.

"참 부잣집 부인들은 이해할 수가 없지 뭐예요. 아무리 포도를 잘 그렸다 해도 그토록 많은 돈을 주고 사 가다니 말이에요."

사임당은 여전히 부드러운 웃음을 머금었어. 이렇듯 자기 예술을 몰라주는 사람조차도 전혀 무시하지 않았던 거야.

이처럼 그의 그림은 소박한 일상 속에 있었어. 과욕을 부려 보지 못한 것을 탐내거나, 그것을 그리려고 하지 않았지. 그러므로 그의 그림은 삶처럼 진솔하고 소박했어. 이러한 사임당의 그림은 당대뿐만 아니라 후대에까지 높은 평가를 받았어. 율곡 이후의 대학자로 평가받는 송시열*은 사임당의 난초 그림에 이런 찬탄을 발문으로 달았어.

그의 손가락 밑에서 표현된 것으로도 능히 자연을 이루어 사람의 힘을 빌어서 된 것은 아닌 것 같다. 오행의 정수를 얻고 또 천지의 근본이 되는 기운이 한데 어우러져 참 조화를 이루었구나.

송시열의 제자 권상하도 사임당의 「초충도」에 감탄사를 남겼어.

필력이 살아 움직이고 모양을 그린 것이 똑같아 줄기와 잎사귀는 마치 이

*송시열(1607~1689)_ 조선 숙종 때의 문신이자 학자이다. 주자학의 대가로서 이이의 학통을 계승하여 기호학파의 주류를 이루었으며 이황의 이기호발설을 배격하고 이이의 기발이승일도설을 지지하였다. 지은 책으로 『우암집』, 『송자대전』 등이 있다.

슬을 띤 것 같고, 풀벌레는 살아 움직이는 것 같으며, 오이와 수박은 보다 말고 저도 몰래 입에 침이 흐르니, 참으로 천하에 제일가는 보배다.

어숙권은 『패관잡기』에서 사임당의 그림을 다음과 같이 칭찬했어.

신씨는 어려서부터 그림을 배웠는데, 포도나 산수山水를 그린 작품은 절묘하여 평하는 이들이 ‘안견 다음간다’고 할 정도였다. 어찌 부녀자의 그림이라 하여 가벼이 여길 것이며, 또 그림이 부녀자에게는 적당하지 않다고 나무랄 수 있으랴.

1715년에 숙종 임금은 「초충도」로 된 8폭 병풍을 감상하였는데, 1폭이 사라지고 빠졌거든. 이를 아쉬워하며 모사품으로 8폭을 채워 병풍을 만들라 하고는 손수 시를 한 수 적었어.

풀이여 벌레여 살아 있는 모양 그대로일세
부인이 그려 낸 것 어찌 그리 묘한고
그 그림 모사하여 대궐 안에 병풍쳤네
아까워라 한 폭이 빠져 모사를 더했으니
채색만을 쓴 것이라 한결 더 아름다워
그 무슨 법일런고 무골법이 그것일세

사임당의 그림은 대략 일곱 종류로 나눌 수 있어. 산수도, 과실도,

풀벌레, 화조도, 매화도, 포도, 난초 등이지. 지금까지 전하는 그림은 모두 48폭이야. 많은 세월이 흘렀음에도 그의 예술성은 사라지지 않고 높은 평가를 받고 있어. 지금 대부분 국보급 그림으로 보존되는 걸 보면 사임당의 예술적 위치는 당당하고 확고한 것임을 알 수 있지.

조선의 예술인 화가 사임당 신인선. 이제 사임당을 이렇게 기억했으면 해. 그는 분명 다방면에 뛰어났지만 역시 본인도 화가로 남고 싶었을 거야.

그럼 이쯤에서 율곡의 말을 들어 보며 마무리할까 해. 『율곡집』 가운데 「어머님 행장」의 기록은 사임당의 전인적 면모를 그대로 드러내 준단다.

아버지께서는 성품이 자상하지 않아 집안 살림에 대해 잘 모르셨다. 집안이라고 해야 그리 넉넉하지 못한 편이었기 때문에, 어머님께서는 온갖 것을 절약하는 일이 몸에 배 있었고, 위아래를 고루 존중하였으며, 또 무슨 일이든지 시어머님 홍씨에게 의논하여 행하였으며, 아래로 하인들에게도 부드러운 말, 화평한 기색으로 자상하게 타일렀다. 혹시 아버지께서 실수하는 일이 있으면 반드시 친히 간하고, 자녀들의 잘못에 대해서는 시비를 가려 훈계하며, 모든 아랫사람들의 허물을 옳게 꾸짖으셨기 때문에 모든 사람들이 받들었다.

제10장
천하제일 명필 석봉
한호

그는 사람됨이 두텁고 무거우며 과묵하고 늘 미소를 띠고 있었으며,
남의 잘잘못을 따지지 않았다. 그리고 안으로는 굳센 절개를 지녀
제 뜻이 아니면서 말을 부드럽게 하여 영합한 적이 한 번도 없었다.
시를 짓는 것은 오직 이백을 경모하여 종종 자못 운치가 있었다.

—『송도 인물지』

陶山書院

닳지 않는 **화선지**

석봉이란 호로 널리 알려진 한호는 1543년 송도개성에서 태어났어. 자는 경홍이고 본관은 청주야. 5대 할아버지가 군수를 지낸 양반가였으나 그 후로는 점점 기울어 그가 태어났을 땐 상민이나 다름없는 처지였어. 이런 때 우람한 옥동자가 태어나니 부모는 기대에 부풀어 강보에 싸인 아이를 안고 점술가를 찾았어.

"우리 아이가 장차 어떻게 될 것 같소?"

석봉의 부모는 이렇게 묻고는 대답을 기다렸어.

아이를 요모조모 살펴본 다음 점술가는 환한 웃음을 띠었어.

"아, 동방에 옥토끼가 태어났으니 장차 종이 값이 올라가겠구나. 경사로다!"

"그게 무슨 말이오?"

석봉의 부모는 고개를 갸웃거리며 되물었지.

"문필의 기운이 가득하오. 잘만 키운다면 장차 조선 팔도는 물론 천하에 그의 필력을 따를 인물이 없을 것이오."

『대동기문』에는 위 이야기와 더불어 또 한 가지 이상한 일을 전해.

이제 막 글자를 깨우칠 무렵 석봉은 이상한 꿈을 꾸었어.

"내 글씨를 보고 배우려무나."

키가 큰 노인이 부리부리한 눈을 번득이며 서첩을 내밀지 뭐야.

"할아버지는 누구세요?"

"나는 왕우군이니라."

왕우군은 중국 역사상 최고의 명필로 추앙받는 왕희지의 별명이거든. 그것을 안 다음에도 석봉은 선뜻 붓을 잡을 마음이 내키지 않았어. 그런데 며칠 뒤 또다시 왕우군이 꿈에 나타난 서첩을 주며 글씨를 쓰라는 거야. 그제야 석봉은 자신의 길이 서예에 있음을 깨달았대.

"아, 나도 왕희지처럼 훌륭한 서예가가 되리라."

희한한 일이지. 영혼이 맑고 밝은 사람은 예술적 재능이 뛰어나. 그런 사람은 영감으로 자신의 일을 안대. 그런데 그 일에 힘쓰지 않으니 영혼이 꿈으로 재촉한 거지. 조선 초기부터 조맹부의 글씨가 유행이었는데, 오래된 왕희지체를 어려서부터 연습하게 된 이유도 여기에 있단다.

석봉의 집안은 매우 가난했어. 자세하지는 않으나 아버지는 일찍 여읜 듯해. 그 때문에 어머니가 떡장수를 하여 가족을 먹여 살렸어.

석봉의 기질이 뛰어났고, 점술가가 장담한 말도 있잖아. 그래서 어머니는 석봉의 교육에 성심을 다하였으나 학비를 충분히 대주지는 못했어. 더욱이 석봉은 서예를 매우 좋아하였는데, 종이와 붓을 감당할 수 없을 지경이었어. 그때는 화선지와 붓이 무척 비쌌거든.

　석봉은 어려운 집안 살림을 축내지 않기 위해 서당에서 지냈어. 집과는 50리나 떨어진 거기서 풀도 베고 나무도 해다 주며 제 앞가림을 했던 거야.

　석봉은 어머니가 그리울 때면 뒷동산에 올랐어. 그리고 멀리 아지랑이 아른거리는 고개 쪽을 바라보았어. 그때마다 자신을 공부시키느라 고생하는 어머니가 떠올라 마음이 짠했지.

　그날도 석봉은 서당을 나서서 산에 올랐어. 글쓰기를 하려는데, 화선지가 없어서 수업시간에 슬그머니 물러난 거야. 어머니에게 화선지를 보내 달라고 편지를 띄우고 싶었지만 참았어. 찢어지게 가난한 집안에서 공부만도 호강인데 그런 부담까지 지우고 싶지 않았거든.

　싱그러운 바람이 한차례 몸을 훑고 지나갔어. 참나무, 굴밤나무, 후박나무들이 푸른 잎사귀를 매달고 바람에 사분거렸지. 순간 널찍한 나뭇잎이 석봉의 눈에 화선지로 보이지 뭐야.

　"그렇지. 종이 대신 나뭇잎에다 글씨 연습을 하면 되겠구나!"

　석봉은 뛸 듯이 기뻤어. 그는 서당 공부가 끝나는 대로 뒷동산으로 가서 신나게 붓을 휘둘렀어. 아무리 글씨를 써도 동산의 나뭇잎은 남아 있었어. 이제 비싼 종이를 살 걱정은 하지 않아도 되었지.

　하지만 그것도 나뭇잎이 무성한 여름 한철뿐이었어. 가을이 되어 찬바람이 불자 나뭇잎들은 누렇게 시들어 떨어져 버렸어. 석봉은 여전히 많은 종이가 필요한데 말이야.

　"아무리 써도 닳지 않는 화선지는 없을까?"

　석봉은 시냇가에 앉아 높고 푸른 하늘을 쳐다보며 중얼거렸어. 저

넓은 하늘을 화선지로 삼아 글씨를 마음껏 써 본다면 소원이 없을 것 같았어. 하늘을 보던 석봉은 힘없이 고개를 떨어뜨렸어. 그러자 햇살에 반짝이는 너럭바위가 눈에 띄었어.

"그래. 천 년이 넘도록 변함없는 저 바위는 아무리 글씨를 써도 닳지 않겠지!"

석봉은 붓을 꺼내 너럭바위에다 글씨 연습을 했어. 그냥 물을 찍어 쓰면 되니 먹과 벼루도 필요 없었지. 바위에 물을 묻혀 쓰면 햇빛이 금세 물기를 말려 버렸어. 그 시냇가에는 너럭바위가 많았어. 바위 네댓 개에 글씨를 가득 채우고 나면, 처음 쓴 바위는 말라서 다시 시작할 수 있었어. 붓이 닳으면 손가락으로 써도 되었지. 그 후 석봉은 넓적한 돌만 보면 글씨를 써댔어. 돌판 뿐만 아니라 깨진 항아리나 질그릇은 물론이고 돌다리의 편편한 면도 빼곡하게 글씨로 채웠어. 석봉은 붓과 벼루와 먹이 없어도 마음껏 서예 연습을 할 수 있게 된 거야.

"이제 자신 있어. 난 천하제일 명필이 되고 말 거야!"

석봉의 솜씨는 날로 늘어갔어. 나뭇잎과 돌판에서 연습하니 고운 종이를 상대로 익힌 솜씨보다 훨씬 힘이 넘쳤지.

명절을 맞은 석봉이 집으로 왔어. 석봉은 그동안 공부한 것을 어머니께 뽐내고 싶었어. 이미 서당에서는 명필로 인정받았거든. 훈장 선생님도 '네가 나보다 낫다'고 했단 말이야. 어머니는 밤늦도록 대목장이 서는 내일 내다 팔 떡을 썰고 있었어. 석봉은 그 옆에서 글씨를 멋들어지게 써 내려갔지.

그런 어느 순간 한 줄기 바람이 문틈으로 들이닥쳐 촛불을 꺼뜨렸어. 석봉이 촛불을 다시 켜려 하자 어머니가 말렸어.

"관두어라. 이대로 나는 떡을 썰고 너는 글씨를 써서 누가 과연 올바르게 했는지 겨루어 보자꾸나."

석봉은 손이 떨렸어. 캄캄한 어둠 속에서 글씨를 쓰려니 붓이 제대로 놀려지지 않았거든. 그런데도 어머니는 밝을 때와 마찬가지로 경쾌한 소리를 내며 떡을 썰었어. 석봉도 용기를 내어 붓을 휘둘렀어. 캄캄한 어둠 속에서 모자간의 대결이 한동안 이어졌어.

"자, 보아라."

어머니가 촛불을 켜고 말했어.

"아!"

석봉은 떡메로 뒤통수를 맞은 듯 충격을 받았어. 자기가 쓴 글씨는 삐뚤삐뚤할 뿐만 아니라 여기저기 먹물이 뚝뚝 떨어져 지저분하기까지 했어. 반면에 어머니가 썬 떡은 크기도 똑같고 가지런했어. 누가 보아도 어머니의 승리였어.

"어머니, 제가 자만심에 빠져 있었습니다. 앞으로 더욱 열심히 공부하겠습니다."

그 후 석봉은 더욱 피눈물 나는 수련을 계속했어. 물론 나뭇잎과 바위는 여전히 그의 좋은 화선지였지. 이렇게 솜씨를 닦아 가는 동안 그의 필체는 저도 모르게 왕희지의 글씨를 닮아 가고 있었어.

일필휘지로 세상을 놀라게 하다

    명종 말년인 1576년, 석봉이 비로소 사마시에 급제하니 그의 나이 25세였어. 하지만 집안이 보잘것없고 가난한 탓에 별다른 벼슬은 받지 못했어. 그러다가 글씨를 잘 쓰는 게 알려져 사자관사신들의 말을 기록하는 가장 낮은 관리에 임용되었어.

    사자관에서 외교 문서를 작성하던 그때까지도 석봉의 진가는 제대로 알려지지 않았어. 그의 솜씨는 중국에서 먼저 알아주었어. 『대동기문』과 『청구야담』에 전하는 다음 일화를 볼까.

    석봉이 사신을 따라 명나라 연경에 갔을 때야. 당시 명나라의 재상은 서예를 무척 좋아하던 자였어. 큰 부자이기도 한 그는 종종 명필을 초대하여 잔치를 열기도 하고, 명필이 쓴 글씨는 아무리 많은 돈을 주고라도 사 모았어.

    그런 그가 조선을 비롯한 여러 나라의 사신들을 초대해 잔치를 열었어. 실은 명나라의 명필들을 자랑하고, 혹 다른 나라의 명필이 있다면 글씨를 구하려는 속셈이었지. 마침 그에게 글씨 쓰기에 좋은 검은색 비단과 이금금가루를 아교에 녹인 것으로 먹물 대신 씀이 있었거든.

"누가 이 비단 걸개에 어울리는 글씨를 써 보시겠소? 흡족한 글씨를 새겨 준다면 내가 큰 상을 주리다."

잔치 여흥이 무르익자 재상은 커다란 걸개를 자랑스레 펼치고 말했어. 최고급 비단에 금으로 테를 두른 그것은 글씨가 없어도 예술 작품 같았어. 걸개의 막대나 끈, 테두리 깃털들이 너무나 훌륭했거든.

그것은 서예가에게는 오히려 부담이야. 여간 뛰어난 글씨가 아니라면 오히려 걸개를 망치기 십상이거든. 또 이금은 어지간한 붓의 힘으로는 제대로 글씨를 쓰기조차 어려워. 그런 탓에 명나라의 명필도 선뜻 나서지를 못했어. 초청된 다른 나라의 사신들은 그저 눈치만 볼 따름이었지. 자칫했다가는 본인은 물론 나라 망신까지 살 판이거든.

"이런, 천하의 명필이 수두룩 모였는데 이 걸개를 채울 붓이 없단 말이오?"

재상이 실망한 표정으로 주위를 둘러보았어. 모두들 그의 눈길을 피하기만 했지. 그런 와중에 조선의 말단 관리가 쓱 앞으로 나섰어.

"소인이 붓을 들어 보리다."

한석봉, 바로 그였어.

"이 사람아, 참게. 자네가 글씨를 잘 쓰는 줄이야 알지만 여기는 명나라야. 자칫 실수를 했다가는 돌이킬 수 없는 망신이야. 사신단 전체가 곤란해진다고."

조선의 사신들이 허둥대며 말렸어. 모든 사람들이 자기를 쳐다보자 석봉도 짐짓 떨렸겠지. 하지만 대장부가 내뱉은 말을 주워 담을 수는

한호가 쓴 '도산서원 편액'

없잖아.

석봉은 붓을 들고 탁자 위에 펼쳐진 걸개 앞에 섰어. 어떤 내용을 어떤 필체로 써야 할지 곰곰 생각해 보았어.

"숭어도 안 뛰었는데 망둥어가 먼저 뛰네."

중국의 한 서예가가 굳은 듯 우뚝 선 채로 망설이는 석봉을 보고 빈정거렸어. 둘러선 기생들이 까르르 웃었지. 여기저기서 조롱하는 웃음이 터져 나왔어. 그 소란스러움에 석봉의 붓이 약간 흔들렸어. 그 바람에 이금이 걸개에 뚝뚝 떨어지고 말았어. 또는 석봉이 일부러 흘린 것이라고 해. 하여튼 예기치 않은 사태가 벌어지고 만 거야.

"아니, 이게 무슨 짓인가?"

귀한 걸개가 망가졌다고 생각한 재상의 얼굴이 벌겋게 상기되었어.

석봉은 조용히 눈을 감고 어머니를 떠올렸어. 촛불이 꺼진 어둠 속에서도 흔들리지 않고 똑같은 크기의 떡을 썰어 내던 어머니만큼 되려고 얼마나 피땀 어린 연습을 했던가. 또 글씨를 써서 날려 보낸 나뭇잎이 그 얼마이며, 햇살에 말라 버리는 돌판에 쓴 글씨는 얼마였던가?

석봉은 담담하게 주위를 안심시켰어.

"이금 방울이 떨어진 것은 실수가 아닙니다. 글씨를 쓸 자리를 미리 정한 것입니다. 자, 보십시오."

석봉은 다시 이금을 찍은 다음 장중하고도 빠르게 붓을 휘둘렀어.
일필휘지—筆揮之, 단 한 번도 쉬지 않고, 붓끝이 걸개에서 떨어지지도
않는 손놀림이었어. 짧은 순간 모든 글씨가 하나로 이어진 초서였어.

걸개는 순식간에 힘찬 금빛 글씨로 가득 채워졌지. 석봉이 실수로
흘렸던 먹물 방울들은 석봉의 붓이 지나가며 흔적도 없이 지워 버렸
어. 한 마리 용이 구름을 꿰뚫고 하늘로 올라가는 듯한 힘찬 필체가 비
단 걸개에 아로새겨진 거야.

"오, 이는 정녕 신필이로다!"

"이럴 수가, 왕희지의 글씨를 오늘날 다시 보다니!"

"성난 사자가 먹이를 덮치는 듯, 목마른 말이 강으로 뛰어드는 듯하
도다!"

여러 나라에서 모인 명필들이 혀를 내두르며 감탄을 멈추지 못했어.
오랜 옛날 신라의 김생이 글씨로 중국을 놀라게 한 이래 처음 있는 일
이었지.

"세찬 골바람이 돌가루를 휘날리며 골짜기를 훑고 지나간 듯, 비 온
뒤 물살이 계곡을 감고 돌듯, 그러다가 폭포를 만나 우르릉 쾅쾅 소리
를 내며 떨어지는 것 같도다!"

걸개의 주인은 크게 고마워하며 석봉에게 상을 주었어. 같이 간 사
신들이 그 덕에 일을 쉽게 처리할 수 있었지. 석봉은 조선에서는 그저
글씨를 잘 쓰는 사람이었으나 드넓은 중국에서 허다한 명필들을 제치
고 우뚝 서게 되었어. 비단에 이금으로 글씨를 그토록 힘차게 쓸 수 있
었던 건 아마도 종이가 아닌 돌판이나 나뭇잎 같은 데 많이 써 본 내공

덕분일 거야.

그 후 중국과 일본에서는 석봉의 글씨를 구하려고 돈을 싸들고 찾아
왔어. 중국의 사신들은 석봉의 글씨를 받아가는 걸 큰 영광으로 여겼
어. 임진왜란 때 도우러 온 명장 이여송도 다른 보물은 젖혀 두고 석봉
의 글씨를 달라고 할 정도였대. 명나라 사신 주지번도 와서는 석봉의
글씨를 보고 감탄을 감추지 못했어.

"왕희지나 안진경이라도 어찌 이를 훨씬 넘어서겠는가?"

조선에서 석봉을 가장 잘 알아본 이는 임금 선조였어. 선조 역시 그
림과 글씨에 조예가 깊었는데 석봉의 글씨를 최고로 쳐주었어. 『이향
견문록』에 이런 기록이 있어.

선조 대왕께서는 하늘이 낸 성인의 바탕을 가지고 계셨고, 또 글씨와 그
림에도 오묘한 경지를 이루셨는데, 매번 한호의 글씨를 보실 때마다 찬탄하
셨다.

"세상에 보기 드문 뛰어난 재주로다. 이런 구석진 작은 나라에 이처럼 기
이한 재목이 날 줄을 그 누가 알았으랴!"

중국의 명필로 이름난 사람 역시 석봉의 글씨를 보고 놀라 경탄하며 말했
다.

"목마른 고래가 골짜기를 달리는 것 같구나!"

선조는 석봉의 글씨를 좋아하여 병풍을 만들어 방에 둘러치고 살았
대. 상으로 석봉에게 집을 한 채 내리고, 의복과 술도 종종 내려 주었

어. 그리고 정4품에 해당하
는 가평 군수에 임명하며 이
렇게 명했어.

"가평은 산촌이라 일이 간
편하여 글씨를 쓸 만할 것이
다. 일부러 그대를 제수하니
가서 힘써 작품을 남기도록
하라."

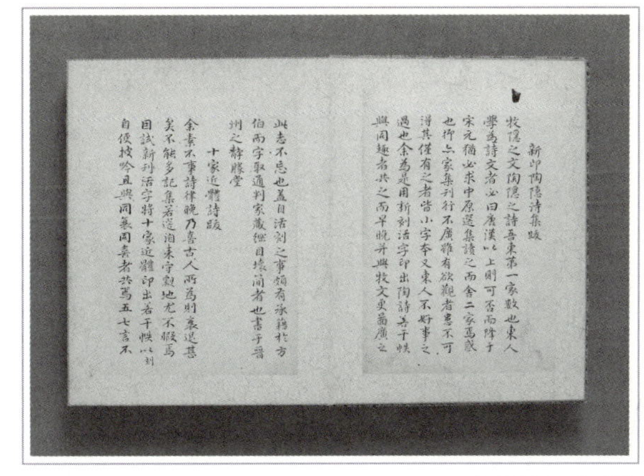

『석봉한호해서첩』

석봉은 정치에는 별 재주
가 없었나 봐. 군수 노릇을 잘 못하여 탄핵을 받았어. 사간원에서 파직
하고 벌을 주라는 주청이 이어지자 선조가 대답했어.

"국가의 법을 어디 쓸 곳이 없어서 한호 같은 사람에게 쓰려 하느
냐. 다만 조사만 하라."

선조가 이처럼 우대하자 누구도 석봉을 헐뜯지 못했지.

석봉은 별로 말이 없는 사람이었어. 변명도 하지 않고 아부도 할 줄
몰랐대. 얼굴은 근엄하게 생겼는데, 술이 취하면 노래를 부르거나 시
를 읊는 풍류가였지. 그리고 늘 이렇게 말하곤 했어.

"내가 지닌 거라고는 고작 하찮은 기예일 뿐인데, 이토록 지극한 은
혜를 입으니 분수에 넘칠까 그것이 걱정이로세."

온 세상이 나의 스승이로다

한석봉은 명실공히 천하제일 명필로 대접받았어. 중국과 일본에서도 돈을 싸들고 찾아오고, 조선에서는 임금부터 재상까지 그의 글씨를 갖고 싶어 했으니까. 게다가 군수까지 지냈으니 출세하여 집안도 일으켜 세운 셈이었지. 집 안팎에는 그의 글씨를 배우고자 하는 사람이 줄을 섰고, 산골 서당 아이들도 석봉의 이름을 알게 되었어.

이만하면 석봉은 모든 걸 다 이룬 셈이었어. 스스로 생각해도 대견할 정도였지. 경쟁자조차 마땅치 않으니 세상에 홀로 우뚝 선 명필이었지.

이런 어느 날, 석봉은 집을 나섰어. 친구 집에 가는 길에 시장통에서 이상한 광경을 보게 되었어.

시장통 끝에는 높은 누각이 있었거든. 한 장사치가 장사는 하지 않고 보따리를 들고 누각으로 올라가는 거야. 점심 먹고 졸음이 밀려오니 한숨 자려는 듯했어.

"아저씨, 기름 장수 아저씨!"

중늙은이 장사치가 막 누각에 드러누우려는 참에 한 아이가 달려와.

주막에서 심부름이나 하는 중노미 같았어.

"왜 그러냐?"

기름장수는 귀찮은 듯 누각 아래를 내려다보았어.

"참기름 좀 주세요."

"얼마나?"

"닷 냥어치요!"

"엽전을 이리 던져라."

아이는 엽전을 누각 위로 휙 던졌어.

장사치는 익숙한 솜씨로 엽전을 받아 챙겼어. 그리고도 누각 난간에 기댄 채 소리쳤어.

"그 기둥 한 발 앞에 병을 놓고 물러서거라."

대체 저 장사치가 장사를 하려는 건가 말려는 건가, 하고 석봉은 의아스러워했지.

그 다음 순간 놀라운 일이 벌어졌어. 기름장수가 누각 위에서 호리병을 기울이는 거야.

"저, 저 양반이 설마?"

의아함에 사로잡혔던 석봉의 두 눈이 튀어나올 듯 커졌어.

기름장수는 태연히 병을 들고 기름을 따랐어. 세 길이나 되는 누각 위에서 쏟아진 참기름이 아래에 놓은 작은 병으로 쪼르르 빨려들어가지 뭐야. 누각 위의 호리병과 아래에 놓은 작은 병이 한 줄로 이어진 거야. 기름 줄기는 마치 낚싯줄처럼 햇살에 반짝거렸어.

"오, 이럴 수가!"

석봉은 연방 감탄사를 흘리며 그 광경에서 눈을 떼지 못했어.

다음 순간 더욱 놀라운 일이 벌어졌어. 잠잠하던 바람이 일기 시작했거든. 그럼에도 장사치는 멈추지 않고 그저 자리를 조금 옮겨 그대로 붓는 거야. 기름 줄기는 흔들리면서도 비스듬하게 휜 채 병 속으로 잘도 빨려들어갔어.

"됐다. 다음에 또 오너라."

다섯 냥어치의 참기름을 한 방울도 흘리지 않고 따른 거야. 그러고는 벌렁 드러누워 낮잠을 청했어. 석봉은 어린 시절 캄캄한 밤 어머니와 내기에서 졌을 때처럼 충격을 받았어.

"내가 비록 명필로 이름은 높으나 저 기름 장수의 수준에 이르려면 아직 멀었다. 어려서는 어머니와 훈장님께 배우고, 또 나뭇잎과 돌판과 하늘과 구름에게 배우고, 이렇듯 시장의 기름장수에게까지 배우니 온 세상에 나의 스승 아닌 것이 없구나!"

석봉은 발길을 돌려 곧장 집으로 갔어. 『대동기문』에 전하는 이 일화를 계기로 석봉은 자만심을 털어 내고 더욱 열심히 글씨를 썼어.

'사람의 삶에 완성이란 없으며, 영원한 일등도 없는 것이다. 학문과 예술에는 최고란 없으며 오로지 한층 더 높은 곳을 향해 나아가려는 노력이 있을 뿐이다. 그것이 진정한 예술이다!'

석봉은 죽을 때까지 모든 자연을 스승 삼아 배우는 자세로 글씨를 썼다고 해. 그러던 1605년, 환갑이 지난 석봉은 병석에 누웠어. 그 소식을 들은 선조는 즉시 어의를 보내 진료하게 하였지만, 결국 그대로 숨을 거두고 말았어. 선조는 부의를 넉넉히 내리고 장례비용까지 관에서 대주게 하고는 호조참의를 추증하였어.

석봉을 존경하고 따랐던 허균은 이별의 아쉬움을 시로 달랬어.

손잡고 이별한 지 얼마 되지 않았건만

옥루신선 세계, 즉 저승에 불려 갔단 소식을 듣다니

그대 높은 이름 온누리에 남아 있고

큰 업적은 천추千秋: 오랜 역사에 새겨져 있네

통곡하니 천지가 아스라하고

애달픈 노래에 해와 달도 시름하누나

대개 사람들은 석봉의 글씨만을 치는데, 실은 인품도 넉넉하고 시를
잘 지었대. 『송도 인물지』는 그를 이렇게 평했어.

그는 사람됨이 두텁고 무거우며 과묵하고 늘 미소를 띠고 있었으며, 남의
잘잘못을 따지지 않았다. 그리고 안으로는 굳센 절개를 지녀 제 뜻이 아니
면서 말을 부드럽게 하여 영합한 적이 한번도 없었다. 시를 짓는 것은 오직
이백을 경모하여 종종 자못 운치가 있었다.

또 석봉은 술을 좋아하여 취하면 시를 읊고 풍류를 즐기는 신선과
같다고 했어. 다음 시는 그러한 그의 인품을 잘 보여 줘.

석봉 아래가 내 집이니

만 길 부용봉이 하늘로 들어갔네

구름과 소나무 사이에 높다랗게 누워

서리와 달을 낭랑히 읊조리니

속세의 생각과 인연 절로 끊어지네

숲이 깊으니 새가 날아듦이 사랑스럽고

땅이 구석지니 오히려 조용한 사람 살기 좋구나

한가로이 북창 아래서 『황정경』*을 베끼니

좋은 바람 불 때

책상 위에 책 한 권이 이루어지네

한석봉의 예술은 어떤 것이었을까?

그 맛을 조금이라도 알려면 우선 서예의 기본을 알아야겠지. 서예는 문자가 생기면서부터 시작된 예술이라고 할 수 있어. 동양에서 유행한 독특한 예술이지. 서예가 상형문자인 한자로 인해 일어났기 때문에 중국에서 크게 발전한 거야. 은나라시대의 갑골문* 유적이 있으니 적어도 3천 년 이상은 되었다고 볼 수 있지.

서예가 예술로서 체계를 갖춘 건 춘추전국시대 이후 진나라가 중국 대륙을 통일한 이후라고 할 수 있어. 이때 진나라가 문자와 서체도 통일을 시켜서 지방마다 다른 문자를 정리했거든. 그 후 한나라가 다시 한 번 문자를 정리하고서 그때부터 글씨를 쓰는 일이 예술로 대접받기 시작했고, 동진의 왕희지307~365에 이르

*『황정경』_ 도교에서 쓰는 경전으로 신선이 되는 비결을 적은 책이다.

*갑골문_ 고대 중국에서 거북의 등딱지나 짐승의 뼈에 새긴 상형문자를 말한다. 한자의 가장 오래된 형태를 보여 주는 것으로, 주로 점을 친 후 그 기록에 사용하였다.

러 한 정점을 이루었어. 그 후로 서예는 사대부들의 예술로 각광받았
는데, 당송시대를 거치면서 구양순, 안진경 등이 독특한 서체를 내세
워 더욱 다양하고 화려해졌어. 명나라에 이르러서는 조맹부가 또 새로
운 서체를 창안해서 유행시키기도 했고.

　우리나라에서도 삼국시대 초기부터 한자를 쓰기 시작했으니, 서예
역사를 2천 년 정도로 잡는단다. 하지만 예술로 승화되어 퍼진 건 통일
신라의 김생을 전후한 때라고 봐야겠지. 중국에서 왕희지 이후에 더욱
명필이 많이 나오고 서예가 퍼졌듯이 우리나라에서도 김생과 더불어
그런 상황이 전개되었어. 그리고 고려에 와서 더욱 왕성했는데, 조선의
사대부 역시 서예는 기본 필수 과목처럼 여겼어. 그 덕분에 서예는 음
악, 그림, 조각 같은 예술이 천대받는 데 비하여 높은 대우를 받았어.
단순해 보이지만 글자 낱낱에 작가의 정신과 기운을 다 쏟아 붓거든.
상형문자 특유의 생김새나 붓의 흐름과 조화도 예술적 가치가 있지.

　서예의 글씨체는 여러 가지가 있으나 널리 쓰이는 건 대략 다섯 가
지야. 갑골문이나 상형문자에 가깝게 쓴 것을 전서, 전서를 보다 규격
화한 것을 예서, 예서를 흘려서 쓴 것을 초서, 정자로 또박또박 쓴 것
을 해서, 해서를 흘려 이어 쓰면 행서가 돼.

　석봉은 왕희지체를 기본으로 하여 거의 모든 서체에 두루 뛰어났어.
필치엔 힘이 넘쳐 산을 무너뜨릴 듯하다는 평을 받았지. 그가 사자관
에서 외교 문서를 오래 쓰니 사자관 서체가 생길 정도였대. 하지만 틀
에 박힌 외교 문서를 많이 써서 예술성이 떨어진다는 평도 감수해야
했어. 그러나 유행하던 조맹부체를 누르고 왕희지체를 다시 유행시킬

만큼 영향력이 컸어. 김생 역시 왕희지체를 기본으로 했기 때문에 그를 잇는다고 볼 수 있지. 조선 초기의 명필은 안평대군*을 쳐주었는데, 석봉을 그와 견주어 이렇게 평가했어.

안평의 글씨는 아홉 가지 색을 가진 봉황의 새끼 같아 하늘의 구름 같은 품격을 가졌고, 석봉의 글씨는 천 년 된 여우 같아 조화의 자취를 지녔다.

그러나 애석하게도 오늘날 석봉의 작품은 거의 전해지지 않아. 그의 자손들이 지니고 있던 서첩이나 작품을 힘 있는 권력자들이 다투어 구해 갔는데, 임진왜란과 병자호란 같은 잇따른 전쟁 통에 거의 사라지고 말았거든.

그의 작품은 대부분 전국 각처에 흩어져 있는 비석으로 남아 있어. 경기도 고양의 행주대첩 승전비, 개성의 선죽교비, 영의정 홍섬의 비석, 판서 이몽량의 비석 등에 그의 예술혼이 담겨 있지. 석봉은 스스로 말하기를 '서화담의 비석을 가장 공들여 썼다'고 했대.

한석봉 이후로 다시 조선의 서예가 중국을 넘어설 정도가 되었어. 그리하여 조선말에 이르러서는 김정희가 추사체를 창안하여 세계 어디에도 없는 독창적인 서예 세계를 열어 가게 된단다.

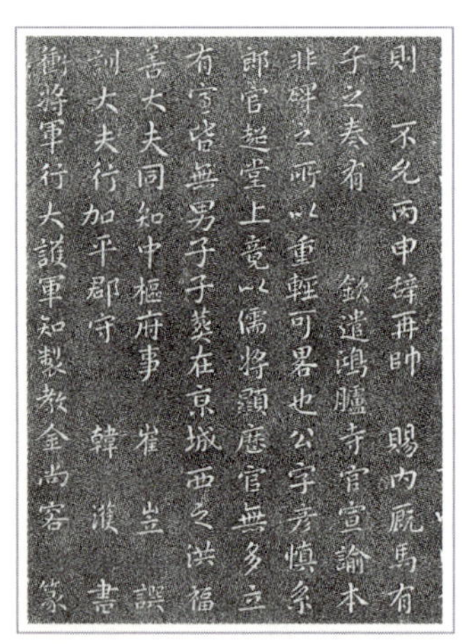

행주대첩 재각비(한석봉 글씨 부분)

제11장
승천을 꿈꾼 이무기
허균

그늘진 웅덩이 까마득히 깊은데
그윽한 물안개 주변을 둘러쌌고
그 아래 천 년 묵은 이무기가 있어
꿈틀대며 솟구칠 듯 똬리를 틀었구나
때때로 허연 기운을 토하여도
눈발과 연기로 흩어질 뿐이지만
언젠가는 천둥과 비를 일으키며
선계 옥대로 날아오르리라.

ㅡ허균 「명연」

재주 많은 **소년**이 이무기가 되기까지

허균, 하면 '동에 번쩍 서에 번쩍' 홍길동부터 떠오르지. 최초의 한글 소설을 쓴 작가라는 건 어린아이들도 죄다 알 정도로 유명해. 좀 더 자세히 아는 사람은 그가 뛰어난 비평가이며 시인이라는 것도 알겠지.

하지만 허균은 문학가로서만 보기엔 너무 다양하고 복잡한 인물이야. 그는 반역을 주도하여 역모죄로 처참한 최후를 맞은 인물이야. 그 이면을 살펴보면 단순한 반역자가 아니라 사회 개혁 사상을 품은 혁명가이기도 해. 문학적 천재인 그가 어쩌다가 반역자가 되었고, 그럼에도 오늘날 최고의 작가로 남게 되었을까?

허균은 1569년 외가인 강릉에서 태어났어. 어머니 강릉 김씨는 본부인이 죽고 들어온 후처였어. 허엽은 첫째 부인에게서 허성과 두 딸을 보았고, 김씨에게서 허봉, 허균 형제와 초희를 낳은 거야.

부친 허엽이 줄곧 서울에서 벼슬살이를 했기에 균도 주로 서울 건천동에서 살았어. 유성룡, 이순신, 원균 같은 인물과 한 동네였는데, 허균은 그들보다는 아들 뻘로 어렸어. 그렇지만 그는 어려서부터 시를

*우성전(1542~1593)_ 조선 선조 때의 문인이
자 의병장이다. 이황의 문인으로, 임진왜란 때
의병장 김천일과 함께 강화에서 왜적과 싸우다
병사하였다. 지은 책으로 『계갑일록』이 있다.

잘 짓기로 두루 유명했어. 이미 시인으로 이름을 날리고 있던 누나 초희의 가르침 덕분이었지. 그런데 큰매부 우성전*은 어린 허균의 시를 보고 불길한 예언을 내뱉었어.

"이 아이의 재주가 지나치게 빼어나니 장차 글 잘하는 선비는 되겠으나, 집안을 뒤엎을 자도 반드시 이 아이일 것이다."

허균의 성정이 어려서부터 예사롭지 않았음을 짐작하게 하는 말이지. 재주가 빼어나지만 성격은 다소 오만하고 날카롭고 거침이 없었던 듯해. 신분을 따지지는 않았으나 실력이 없는 사람을 경멸하는 편이었지. 열두 살 때 부친의 죽음을 겪으면서 더 방만하고 날카로워졌어. 허균은 스스로 '부친이 일찍 세상을 떠나는 바람에 내가 버릇없이 자랐다'고 말하기도 했어. 이런 허균의 성정을 잘 보여 주는 일화가 있어.

허균이 열네 살 된 어느 날, 허름한 선비 하나가 집으로 작은 형 허봉을 찾아왔어. 허봉은 일찍이 과거에 급제하여 명망 있는 관리였고 시인으로도 이름이 높았거든. 그런데 허름한 중년 사내가 형을 찾으니 무시하는 마음이 들었어. 그래서 특별히 예의도 차리지 않고 더불어 차를 마시며 시를 마구 떠들었어. 사실 아직 어린 소년이 시를 얼마나 알겠어. 내키는 대로 떠드니까 작은형이 넌지시 주의를 주며 말했어.

"당대의 명시인 앞에서 네 말이 지나치구나. 내 너를 위하여 이분에게 시를 한 편 부탁하겠다."

허봉이 운을 띄우자 허름한 선비는 망설임 없이 시를 뽑아냈어.

날이 맑아 굽은 난간에 오랫동안 앉아 있으면서
겹문까지 닫아걸고 시도 짓지 않았네.
담 구석의 작은 매화 바람에 다 떨어지니
봄빛이 살구꽃 가지 위로 옮겨 가는도다.

화들짝 놀란 균이 자리에서 일어나 예의를 갖추었어. 간결하고 맑은
시풍은 그에게 신선한 충격이었어. 이렇게 시 한 편으로 오만한 허균
에게 예의를 갖추게 한 이는 손곡 이달이었어. 이달은 누이의 스승이
며 형의 친구이기도 해서 시와 소문으로 알고는 있었으나 그때 처음
상면한 거야.

이달은 당대 최고의 시인이었으나, 벗어날 수 없는 슬픈 약점이 있
었어. 양반의 피를 받긴 하였으나 어머니가 노비여서 그 역시 천민의
굴레 속에 살아야 했거든. 과거를 볼 수 없음은 물론이요, 양반인 아버
지를 아버지라고 부를 수도 없었어.

그 후 허균은 이달에게 시를 배우게 돼. 이달의 주변에는 그와 비슷
한 인물들이 찾아들었고, 자연히 균도 그런 무리와 섞여 사귀었지. 그
리고 이달에게 시를 익혀 가며 아울러 그의 슬픔을 알게 되었지. 그들
을 통해 세상이 공평하지 않음을 깨닫고 견고한 신분 사회에 대한 적
대감이 싹트기 시작했을 거야.

"천상천하 유인최귀라고 하였건만 어찌 이런 차별이 있단 말인가?"

떠돌이 시인 이달에게는 자신과 똑같은 아들이 있었어. 허균의 평생
친구가 되는 이재영이야. 허균은 그의 아픔을 자신의 것처럼 받아들이

고 평생 돌보아 주게 된단다.

　일찍부터 풍류를 즐기며 다소 허랑방탕하게 살던 허균은 17세인 1585년에 결혼을 했어. 상대는 의금부도사 김대섭의 딸이었는데, 이때 스승 이달이 축시를 보내 줬어.

　　서궁의 작은딸 옥치랑께서

　　운우雲雨의 노래 훔쳐 베끼느라 동방을 닫았구나

　　엿보지 못하도록 다른 사람 오는 걸 금하고

　　아름다운 화촉 밝혀 신선 낭군을 기다리네

　부인 김씨는 참을성 많고 현숙한 여인이어서 방만한 균을 잘 내조했어. 안정된 가정을 갖게 된 균은 한성부 주최 과거에 합격해서 처음으로 실력을 인정받았어. 이때 장차 그의 강력한 경쟁자가 될 글방 동무 이이첨*도 함께 합격했어.

　그 후 허균은 학문하는 자세도 진지해져서 유배형을 받고 떠도는 작은형 허봉을 찾아 백운산으로 갔어. 거기서 허균은 또 한 명의 중요한 인물을 만나. 머리를 깎았으나 대장부의 표시로 수염은 깎지 않은 사명당 유정*이야. 유정도 허봉의 글벗이었는데, 형을 찾아온 그와 만난 거야.

　유정은 우람한 풍모를 가졌고, 유학과 불교를 두루 섭렵한 실력에 시문도 빼어났어. 원

*이이첨(1560~1623)_ 조선시대의 문신이다. 광해군 즉위 후 예조 판서에 올랐고, 영창대군을 죽게 하였다. 1623년 인조반정 뒤 참형되었다.

*유정(1544~1610)_ 조선시대의 승려이다. 임진왜란 때는 승병을 이끌고 왜군과 싸워 공을 세웠다. 1604년에 사신으로 일본에 건너가 전란 때 잡혀간 조선인 포로 3,000여 명을 구해서 돌아왔다.

대한 포부와 힘찬 시들은 균을 사로잡았지. 균은 얽매임 없이 자유로
운 그에게 깊은 매력을 느꼈어. 그를 통해 불교에 관해서도 열린 마음
을 갖게 되었지.

얼마 뒤, 허봉은 균에게 새로운 명을 내렸어.

"균아, 서울로 가서 유성룡 대감을 찾아뵙고 거기서 배우거라."

당시 유성룡은 도승지, 대사성을 거친 조정의 핵심이며 이황을 이은
조선 성리학의 한 축으로 성장했어. 그의 온화하고 부드럽고 깊이 있
는 성품과 학문을 배우라는 지시였어. 서울로 돌아온 균은 이달에게
꾸준히 시를 익히는 한편, 형의 말대로 유성룡의 제자가 되었어.

작은형의 배려로 차분히 학문을 닦아 가던 허균의 삶에 시련이 닥쳐
오기 시작했어. 1588년 가을, 작은형의 부음이 들려왔어. 작은형은 일
찍 부친을 여읜 그에겐 스승이며 아버지와도 같았는데, 그의 덧없는
객사는 허균의 어린 마음에 크나큰 상처로 남았어.

허봉의 죄는 실은 괘씸죄나 다름없었어. 선조가 자신의 외할머니 사
당을 궁궐 내에 지으려는 것을 반대했거든. 외할머니 창빈 안씨는 중
종의 정비가 아니라 첩이었어. 그 때문에 대궐 안에 사당을 지을 수 없
다고 간언을 하니 선조의 미움을 산 거야. 그 후 허봉은 선조가 존경하
던 이이를 탄핵했는데, 병조의 중급 관리의 잘못을 그 책임자인 병조
판서 이이도 져야 한다고 주장했거든. 그러자 선조는 오히려 간관인
허봉을 유배시킨 거야. 얼마 뒤 모두들 간관이 간언을 한 일로 너무 오
래 벌을 주었다며 그만 용서해 줄 것을 청했어. 허봉은 동인이었는데
서인들까지 한마음으로 아뢰었지. 그래도 화가 덜 풀린 선조는 유배를

풀어주면서도 서울에는 들어오지 말라는 명을 내렸어. 그 때문에 허봉은 강원도 일대를 떠돌다가 병에 걸려 죽고 만 거야.

"간관이 바른 말을 한 죄로 이런 죽음에 이른다면, 과연 이 나라는 올바로 된 나라인가?"

허균은 분노했어. 임금에 대해 크게 실망도 했지.

분노를 채 삭이기도 전에 또 다른 비보가 날아들었어. 그토록 사랑했던 누이 난설헌 허초희*의 죽음이었어. 누이의 죽음 역시 조선 사회가 만들어 낸 비극이었어. 뛰어난 재질을 가진 누이가 사대부가의 담장 안에서 옥살이하듯 살다 간 것이 허균에게도 깊은 한이 되었지.

"조선에서는 어찌하여 여인이 시를 짓는 것이 흉이 되며, 여인은 평생 짐승처럼 우리에 갇혀 살아야 한단 말인가!"

조선 사회에 대한 균의 한은 점점 깊어만 갔어. 그런 균이 조선에 대해 더욱 절망하고 반발하게 된 건 전쟁 때문이었어. 1592년 발발한 임진왜란은 그의 인생을 뒤바꾸기에 충분했지.

전쟁이 터지자 조선의 전선은 여지없이 무너졌어. 선조는 아무런 대책도 세우지 못하고 허둥대다가 피난을 갔지. 임금이 떠나니 도성의 백성들도 다투어 빠져나갔어. 허균도 노모와 어린 딸과 만삭이 된 아내를 데리고 서울을 떠났어. 이미 남쪽으로는 갈 수 없으니 강원도를 통해 북쪽으로 가야 했지.

피난길의 고생은 이루 말할 수가 없었어. 쫓기다가 좀 쉴 만하면 금세 왜군이 뒤를 따르니 잠 한숨 편히 잘 수 없었지. 만삭인 아내는 칠

월칠석날 함경도 단천 역에서 아들을 낳았어. 하지만 몸을 돌볼 겨를
도 없이 다시 왜군에게 쫓겨 떠났는데, 그 사흘 만에 아내는 결국 죽고
말았어. 고작 22세밖에 되지 않은 아내의 죽음은 그를 깊은 절망으로
밀어넣었어. 그러나 슬퍼할 겨를도 없이 균은 아내를 급히 가매장을
하고는 노모와 어린 딸과 핏덩이 아들을 안고 다시 달음질을 쳤어. 그
와중에 어미를 잃은 갓난아이는 결국 먹을 젖이 없어 죽고 말았어.

"누가, 누가 나라를 이 지경으로 만들었나!"

전쟁에 아무런 대비도 하지 못한 조정과 임금에 대한 분노에 치를
떨었어. 누구도 책임을 지려 하지 않았고, 백성들이 짐승처럼 쫓기면
서 죽어 가는 광경은 참혹하기 짝이 없었지. 허균은 임금이 다스리는
나라에서 궁극적으로 이 책임은 임금에게 있다고 보았어. 그는 국경
문제를 지적한 「병론」이란 글에서 이렇게 주장했어.

장수를 고를 때에는 반드시 백성을 잘 다스리는 자를 써야만 한다. 백성
을 다스리는 법과 병사를 다스리는 법도 참으로 같지 않거든, 하물며 백성
도 제대로 다스리지 못하면서 윗사람이나 섬기는 사람을 장수로 뽑아서 무
엇 하랴.

이로써 본다면 정사를 잘 다스리고 장수들을 잘 거느려서 그 나라를 강하
게 할 수 있는 자는 오로지 임금뿐이다.

임진왜란의 난리를 당한 것도, 처참한 패배로 인해 백성들이 고통을
당하는 것도 결국 임금의 잘못에서 비롯되었다는 생각이야. 이러하니

장차 허균이 임금을 바꿀 생각을 하게 되는 것도 자연스러운 일이지.

국경 끝까지 간 허균은 더 갈 데가 없었어. 그래서 궁리 끝에 작은 배 하나를 구해 거꾸로 내려왔어. 육지로는 함경도 끝까지 왜군이 점령하여 더 움직일 수 없었거든.

허균이 탄 배가 도착한 곳은 강릉이었어. 이미 왜군이 거쳐 간 그곳은 전쟁의 참상은 있었지만 왜군은 보이지 않았어.

"애일당愛日堂!"

허균의 가족들은 반가운 탄성을 내질렀어. 어머니 김씨는 자신이 태어난 집에 돌아오자 기어이 울음을 터뜨렸어. 반갑기도 하지만, 쓰러져 가는 애일당이 너무 초라했거든. 균은 종들을 재촉하여 애일당을 정리한 다음에야 비로소 안도의 한숨을 내쉬었어.

이때 허균의 나이 24세, 벌써 너무 많은 아픔과 전쟁을 겪은 그는 사뭇 달라져 있었어. 그는 애일당에서 안정을 찾은 듯했지만, 한편 새로운 삶의 싹을 키우고 있었어.

강릉 산촌에는 백두대간 줄기에서 떨어져 나온 작은 산줄기 하나가 있었어. 바다를 향해 길게 뻗은 야트막한 산의 이름은 교산이었어. 교산에는 바다와 만나는 즈음에 교문암이란 큰 바위가 있었거든.

교문암에는 오랜 전설이 있어. 교문암 아래에 교룡, 즉 이무기가 살았는데, 천 년을 수도하여 용이 되려고 했어. 그런 어느 날 이무기가 바위를 깨뜨리고 하늘로 올라갔다고 해. 딴은 하늘로 오르다가 떨어져 바위가 되었다고도 해. 하여튼 그 바위는 깨지고 구멍이 나서 교문암蛟門巖으로 불리게 되었는데, 오늘날도 여전히 바닷가의 파도와 바람을 맞고 있단다. 그 바위 앞에서 허균은 작정했어.

"이무기가 사라진 교문암, 이제 내가 이무기가 되어야겠다. 뜨거운 불덩이를 품은 이무기가 되리라."

허균은 교산을 자신의 호로 삼았어.

금강산에서 승천을 꿈꾸다

전쟁 초기에 파죽지세로 조선을 점령했던 일본군은 그해 여름 한산도 해전을 분수령으로 해서 밀리기 시작했어. 명나라 원군까지 참전하자 평양성을 빼앗기고 후퇴하였고, 다시 서울 인근 행주산성에서 권율의 군대에 패함으로써 쫓기기 시작했지.

그 이듬해 의주로 피난 갔던 선조와 조정이 서울로 돌아왔어. 경복궁은 불에 타 버렸지만 다시 나라를 재건하기 위해 과거를 베풀었지. 1594년, 허균은 그 정시 문과에 급제하여 조정에 출사했어.

"이제 내 뜻을 펼쳐 보리라."

조정은 허균을 왕명을 담당하는 승문원과 외교문서를 담당하는 예문관에 배치하는 것으로 실력을 인정해 주었어. 하지만 모친상을 당해 벼슬을 내려놓았다가 다시 돌아와서는 세자 시강원 설서로 임명되었어. 세자의 공부를 돕는 일이었지.

허균은 설레었어. 세자는 다음 임금이 될 사람이었고, 그에게 인정받는 건 출세를 보장받는 길이었지. 하지만 그보다는 세자를 보다 나은 임금으로 만들 수 있다는 기대감이 더 컸어.

세자 광해군은 총명하고 대담한 사람이었어. 학문도 깊고 현실 감각이 뛰어난 서자이며 차남임에도 형 임해군을 젖히고 세자로 책봉되었거든. 세자 광해군 역시 허균의 뛰어난 문장과 예리한 통찰력을 높이 사 주었어. 하지만 그는 이 직책에 오래 머물지 못하고 파직되고 말았어. 그 이유는 분명하지 않지만, 그를 시기하던 이들의 험담으로 그렇게 되었을 가능성이 커.

허균이 파직이 되었을 때마침 중시가 베풀어졌어. 중시는 10년에 한 번씩 치르는데, 관원 중에서 당하관 이하만 응시할 수 있었어. 중급 관리들은 중시를 기다리며 10년을 준비하겠지. 중시에 급제하면 벼슬도 높아지고 앞길도 탄탄해지거든.

1597년 4월 9일 중시에서 허균은 당당히 장원을 차지했어. 그 전까지 조선 제일 문장으로 쳐주던 차천로*가 2등이었으니 허균의 실력이 조선 제일임이 증명된 셈이었지.

허균은 단숨에 조정의 주목을 받으며 중요한 외교 직책인 예조좌랑정6품이 되었어. 이 무렵 전쟁은 막바지에 치달았는데, 정유재란으로 다시 명나라 군대의 도움을 받을 때였어. 외교 관계가 무엇보다도 중요한 때 허균은 사신을 접대하는 외교관으로서 눈부신 활약을 펼쳤어.

이때 명나라 사신 오명제는 조선의 시들을 소개해 달라고 했어. 허균은 이 책 저 책 내밀 것도 없이 아득히 신라의 최치원부터 백결 선

*차천로(1556~1615)_ 조선 선조 때의 문신이다. 명나라에 보내는 외교문서를 담당하였고, 명나라에까지 문명을 떨쳐 '동방문사(東方文士)'라는 칭호를 받았다. 한시에 뛰어나 한호의 글씨, 최립의 문장과 함께 송도삼절(松都三絕)로 불리었다. 지은 책으로 『오산집』, 가사 작품에 「강촌별곡」이 있다.

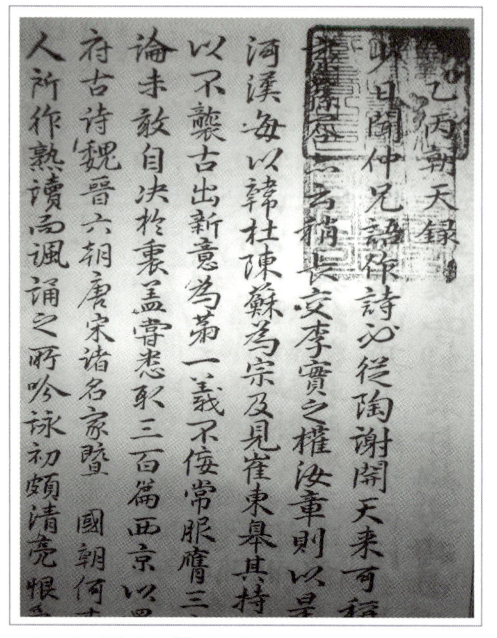

허균의 기행시집 『을병조천록』

생, 고려의 이규보, 이색을 거쳐 조선 당대의 시까지 주르르 꿰어 읊어 주었어. 같이 접대를 하던 조선 사신들조차 '사람이 아니다'라며 놀라워 했으니 오명제와 중국 사신들이야 오죽했을까.

"나는 장차 연경으로 돌아가 조선의 시들을 책으로 묶고 싶어졌소. 더 고민할 것도 없이 허공께서 뽑아 주신 걸로 하면 충분하겠소."

허균은 역대 조선의 시인 108명과 332편의 시를 소개해 주었어. 그 중에 특별히 누이 난설헌의 시와 스승 이달의 시를 많이 추천했어. 그리고 자신의 시에는 한글로 음을 다는 독특함을 보였어. 허균의 주체성과 자긍심이 가득한 행동이었지.

"조선에도 조선 문자가 있다니 참으로 놀랍소!"

중국으로 돌아간 오명제는 2년 후 『조선시선』을 출간했어. 허균의 시에 한글 음을 단 채 말이야. 이 책에서 오명제는 허균의 천재성에 대해 이렇게 적었어.

허균은 형제들 가운데 가장 영민해서 시를 한 번 보면 잊지 않았다. 그는 동방의 시를 수백 편이나 외어 주었다.

훗날 중국에서는 이 시집을 바탕으로 해서 『열조시집』을 엮었어. 중국과 그들이 교류하는 여러 나라의 시들을 묶은 큰 작업이었지. 이때 조선 편에서 허균의 시에 딸린 한글을 그대로 살렸거든. 『열조시집』은 세계 여러 나라로 소개되니, 한글이 처음으로 세계에 소개된 사건이기도 하지. 이만하면 허균의 최초의 한글 소설 『홍길동전』을 지은 것도 우연한 일이 아니겠지.

허균은 사신이 되어 중국에도 다녀왔어. 그는 넓은 중국을 살피며 역사와 문헌에 나오는 인물과 장소를 확인하고는 감격에 젖기도 했어. 그러면서 많은 책들을 사들여 지식의 평야를 넓혀 갔어. 유교와 불교를 배운 그가 연경에 가서 천주교까지 접하고는 더욱 자유롭고 다양한 생각을 하기에 이르렀지.

전쟁이 끝나자 허균은 병조좌랑을 잠시 맡은 다음 황해도 도사가 되어 해주로 갔어. 도사는 지방의 관리를 감독하고 지방 과거를 책임진 직책이야. 지방의 군수나 관찰사도 품계가 낮은 도사에게 잘 보이려고 야단이지.

허균은 중앙 조정보다 유람을 하며 직접 백성들을 대할 수 있는 지방관을 더 좋아했어. 타고난 예술가의 기질은 답답하게 갇혀 있거나 예의를 중시하는 서울이 성에 차지 않았거든. 그는 아름다운 산과 강을 찾아다니며 시를 짓고 즐기는 풍류남아였던 거야. 그 때문에 서울에서부터 그를 좋아하던 기생이나 서얼들이 늘 따라다녔어. 물론 그림자와 같던 이재영은 언제나 함께였지. 당시 이재영은 과거에 합격했으나 서얼임이 드러나 합격이 취소되었거든. 허균은 그런 친구의 아픔을 늘 함께 겪으며 위로했어.

허균의 이런 행동을 세상은 곱지 않은 시선으로 보았어. 미천한 자들과 어울리고 관리가 절간에 드나든다는 탄핵을 받고는 파직되고 말았어. 이를 시작으로 허균은 벼슬살이 내내 탄핵과 파직이 따라다니게 돼.

허균은 천성적으로 자유롭고 평등한 인본주의자였어. 학문과 종교도 구애받지 않았지. 유교든 불교든 한가지라고 보았고, 중국을 드나들며 천주교까지 접해 보았어. 게다가 예술가적 기질이 더해져 거침없이 행동한단 말이야. 하지만 당시 조선의 지도층은 유교가 깊이 뿌리내린 사대부 사회였거든. 그들이 보기엔 허균이 해괴한 망나니였던 거지.

그럼에도 그의 빼어난 실력 탓에 조정은 거듭 파직시키면서도 다시 중용하였어. 병조정랑정5품, 성균관 사예정4품를 거쳐 사복시정정3품을 역임했고, 1603년에는 춘추 편수관과 지제교를 맡았어.

이 무렵 허균은 가장 황당한 탄핵을 받았어. 큰형 허성의 딸이 선조의 8남 의창군과 혼인을 하는데, 허균이 화려한 옷차림에 귀고리까지 하고 나타난 거야. 검소한 유교주의자가 볼 때는 나무랄 수도 있겠지만, 평소 화려한 풍류를 즐기던 그에겐 대수롭지 않은 일이었거든. 그런데 그걸 빌미 삼아 대간에서 탄핵을 퍼붓는 거야.

"이런 세상에, 옷 하나도 내 맘대로 못 입게 간섭하다니. 조정에서 할 일이 그렇게 없는가."

허균은 스스로 벼슬을 내던지고 금강산으로 떠나 버렸어. 그리고 금강산 망고봉을 넘어 명연이라는 늪의 여울에 그는 자신의 삶을 비추어 보았어. 거기엔 용이 되기 위해 수도하는 이무기가 산다는 전설이 있었거든.

"아, 교산이여, 길 잃은 이무기여, 여기서 무얼 하고 있는가?"

그는 타오르는 갈증을 달래며 시 「명연」을 읊었어.

그늘진 웅덩이 까마득히 깊은데

그윽한 물안개 주변을 둘러쌌고

그 아래 천 년 묵은 이무기가 있어

꿈틀대며 솟구칠 듯 또아리를 틀었구나

때때로 허연 기운을 토하여도

눈발과 연기로 흩어질 뿐이지만

언젠가는 천둥과 비를 일으키며

선계 옥대로 날아오르리라.

언젠가는 천둥과 비를 일으키며 용이 되어 날아오르겠다는 허균의 다짐, 그동안 쌓아온 한과 분노가 응어리져 불덩이가 되었어. 이때부터 허균은 본격적으로 세상을 바꿔 볼 생각을 하게 되지 않았을까 싶어. 이무기가 용이 되기 위해서는 오랜 세월 도를 닦아야 하고, 자신도 그런 준비를 해야 한다는 것도 알았겠지. 승천의 날을 위하여……

장차 하남 대장군이 올 것이다

　　1604년 성균관 전적정6품으로 조정에 돌아온 그는 다시 활발한 활동을 시작했어. 곧 수원 군수가 되어 지방관 경험을 하며 작은형 허봉의 시집 『하곡집』을 펴냈지.

　　그 이듬해인 1605년에는 명나라 사신 주지번의 접반사가 되었어. 주지번은 유교, 불교, 도교에 두루 능통한 학자여서 조선에서 그를 상대할 사람이 허균밖에 없었어. 허균은 능숙한 중국말과 문장으로 주지번과 막힘없이 대화를 이끌어 갔지. 허균의 실력에 반한 주지번은 오명제처럼 조선의 시들을 뽑아 달라고 부탁했어. 그는 주지번에게 조선의 시 8백여 편을 뽑아 주고, 『난설헌집』을 건네주었어.

　　『난설헌집』은 허균이 자신의 기억을 되살려 지극 정성으로 엮은 누이 초희의 시집이야. 시에 관한 한 허균보다 한결 뛰어난 성취를 보여 준 이 시집을 두고 스승 유성룡은 발문에서 이렇게 평가했어.

　　나의 벗 허봉은 세상에서 보기 드문 재주를 지녔는데, 불행히 일찍 죽었

다. 나는 그가 남긴 글을 보고 무릎을 치면서 칭찬하기
를 마지않았다. 그런데 하루는 그의 아우 허균이 죽은
누이가 지은 『난설헌집』을 가지고 와서 보여 주었다.
나는 놀라서 이렇게 말했다.

　"이상하구나. 이건 여자의 글이 아니다. 어떻게 허씨
의 집안에만 뛰어난 재주를 가진 사람이 이토록 많단
말인가."

　(……)

『난설헌집』

　경지가 높은 시는 한나라, 위나라 시인보다 뛰어나고 나머지도 당나라 시
와 견줄 만하다. 사물을 보고 정감을 불러일으키며, 세태를 염려하고 풍속
을 근심하는 마음은 열사의 기풍과도 같다. 조금도 세속에 물든 흔적이 없
도다.

　조선을 통틀어 가장 예리한 시 비평가인 허균은 『성소부부고』에서
초희의 시와 삶을 다음과 같이 평했단다.

　누님의 시문은 모두 천성에서 나온 것이다. 신선의 시를 즐겨 지었는데
시어가 모두 맑고 깨끗하여 음식을 익혀 먹는 속세 사람으로서는 미칠 수가
없었다.

　주지번 역시 뛰어난 시인이어서 이 시집의 가치를 단박 알아보았어.
그는 중국으로 돌아가 즉시 『난설헌집』을 새로 출간했지. 시집은 선풍

적인 인기를 끌었어. 여자를 가두어만 두는 조선에 비해 한결 개방적 이었던 중국은 조선 여류 시인의 시에 찬탄을 금치 못했지. 중국에서 는 초희를 조선의 여도사 혹은 여신선이라 높였고, 그의 시를 읊조리 며 삶을 애도하는 시인들이 줄을 이었어. 그리고 훗날 일본에서 출간 되어 인기를 끌었으니 이 시집이야말로 최초의 국제적 베스트셀러라 할 수 있겠지. 이처럼 허균은 우리 문학을 중국과 여러 나라에 두루 소 개하는 공을 세웠어.

하지만 허균에 대한 세상의 태도는 여전히 싸늘했어. 수원 부사를 맡았을 적에는 부처를 모시고 불교를 공부한다는 탄핵을 받고는 스스 로 벼슬을 내놓았거든. 그런데 1607년에는 삼척 부사로 간 지 13일 만 에 역시 부처를 모신다는 대간의 상소 때문에 파직되고 말았어. 서울 로 돌아온 그는 마치 복수라도 하듯 관리들을 대상으로 한 시험에서 세 차례 내리 장원을 차지했어. 그리고 연말에는 바라던 공주 목사로 부임하였으니 참으로 파란이 많은 한 해였지.

1608년, 공주 목사 허균은 나름대로 열심히 지방관 일을 보았어. 그 런 한편 친구들을 불러서 선심을 베풀기도 했어. 서양갑 심우영을 비 롯한 서얼 친구들이 자주 모였고, 이재영은 가족까지 데리고 와서 살 았어. 서얼과 천민들이 관가에 드나드는 일도 잦아졌지. 그 결과 허균 은 또 다시 9개월 만에 파직이 되고 말았어.

이번에는 탄핵 사유에 다른 명목이 추가되 었어. 한동안 불교를 공부하던 허균이 신선술 에 마음을 기울였거든. 공주에서 멀지 않은

부안에 남궁두*라는 도인이
살았는데, 그를 만나 신선술
에 대해 배웠다는 게 탄핵
사유였어.

파직이 된 허균은 서울로
돌아가지 않고 변산 인근에
머무르며 여전히 남궁두와
교제했어. 그리하여 나중에

『홍길동전』

「남궁 선생전」이란 전기 소설을 쓰게 돼. 바로 이 무렵, 허균이 새로운
세상을 본격적으로 그려 가기 시작했다고 봐. 공주와 변산은 장차 허
균의 분신이 되는 홍길동과 관련이 아주 많거든.

공주 무성산에는 홍길동이 도를 닦았다는 전설이 있고, 홍길동산성
도 오늘날까지 남아 있어. 게다가 변산에서 산채를 지어 놓고 활동했
다는 전설도 있거든. 이런 소재를 만났으니 전쟁 통에도 붓을 멈추지
않던 허균의 창작열이 용암처럼 끓어올랐겠지. 게다가 남궁두에게 신
선과 도술에 관해 듣고 배웠으니 도인 홍길동을 구상하기 안성맞춤이
잖아. 때마침 부안 출신인 부사 김청택의 아들이 찾아와 멋진 선물까
지 주었어.

"변산 남쪽 우반 골짜기에 부친께서 지은 정사암靜思庵이 있습니다.
아버님께서 돌아가신 후 오래 사용하지 않았으나 조금만 손을 보시면
쓸 만할 겁니다. 선생께서 사용해 주신다면 영광이겠습니다."

허균의 재주를 높이 본 지방 양반의 청이었어. 허균은 기꺼이 청을

받아들였고, 정사암을 수리하여 홀로 살았어. 바로 여기서 『홍길동전』을 썼을 거라고 많은 사람들이 추측해.

『홍길동전』은 아무도 모르게 은밀히 쓰여졌어. 도적을 주인공으로 한 데다, 양반과 천민의 신분 제도를 없애자는 주장이 담겼으니 나라를 뒤집으려는 수작이나 다름없거든. 소설을 쓴 사람이 밝혀진다면 역적으로 몰려 죽을 게 불을 보듯 뻔한 일이었지. 그 때문에 소설이 완성되고 나서도 지은이는 숨겨진 채 베껴서 널리 퍼뜨리곤 했어. 만일 허균의 제자인 이식*이 『홍길동전』의 지은이가 허균이라는 기록을 남기지 않았다면 『춘향전』이나 『흥부전』처럼 지은이가 영원히 묻힐 게 뻔했지. 이식은 저서 『택당지』에 이렇게 적었어.

허균, 박엽 등은 『수호지』*를 좋아했으며, 그 도적 두목들의 별명을 각각 따서 별호를 삼고는 서로 놀렸다. 균은 또한 『수호지』를 모방하여 『홍길동전』을 지었다.

소설의 반응은 뜨거웠어. 한글로 되어 읽기도 쉬우니 양반보다는 민간들이 찾아 읽고는 소문에 소문을 더했지. 민중들과 서얼들은 새 세상을 꿈꾸며 홍길동 같은 영웅이 나타나기를 기다렸어. 허균은 홍길동을 통해서 자신의 사상을 퍼뜨리고 민중의 지지를 모으려고 했다면 그건 아주 성공적이었지.

시나브로 홍길동의 사상이 퍼져 갈 때 심각한 사건이 터졌어. 1613년, '칠서의 반란 음모 사건'이 덜미를 잡힌 거야.

칠서七庶란 서양갑, 심우영을 비롯한 일곱 명의 서출인데, 모두 허균의 오랜 친구였어. 그들은 여주 남한강에서 자주 모여 강변칠우로 불리기도 했는데, 그들 모임인 무륜당의 정신적 지도자는 허균이었어. 무륜당은 은밀히 군사를 기르기로 하고 그 군자금을 마련하고자 문경새재에서 세금 운반 수레를 털었는데, 그게 발각되어 잡힌 거야.

"기회다. 이참에 눈엣가시를 제거하자."

이때 이런 생각을 떠올린 이는 이이첨이었어. 이이첨은 대북파*의 수장으로서 광해군을 임금으로 등극시킨 공신이야. 당시 임금 광해군은 선조의 서자여서 적통인 영창대군이 늘 거슬렸거든. 어린 영창대군을 둘러싼 모친 인목대비와 외조부 김제남은 광해군의 권력을 뿌리째 흔들 수 있는 세력이었어. 이에 불안을 느낀 이이첨을 비롯한 대북파는 칠서의 음모를 정적을 없애는 구실로 만들었어.

대북파는 작당한 대로 기어이 칠서의 반란 예비 음모를 영창대군과 연계시켰어. 칠서의 무리가 영창대군을 옹립하려고 일을 꾸몄다는 허위 자백을 받아 낸 거야. 영창대군의 외조부인 김제남이 모든 걸 지시한 걸로 말이야. 그리하여 대북파는 김제남과 영창대군을 사사시키고 정권을 장악했어. 1613년에 벌어진 이 사건을 계축옥사라고 한단다.

허균은 섬뜩했어. 어릴 적부터 한동네에서 공부했고, 한성시에도 같이 급제했던 친구 이이첨이 무서운 권력의 화신으로 변해 있었거든. 이이첨이 마음만 먹으면 언제든지 허균을 처단할 수 있는 상황이었지.

다급한 위기감을 느낀 허균은 이이첨을 찾아갔어. 자신은 칠서와 관련이 없으며 대북파와 광해군을 위해 충성하겠다고 약속까지 했어. 약삭빠른 이이첨은 허균을 이용하기로 했어. 허균을 앞세워 폐모론을 일으킨 거야. 허균은 기꺼이 동조하여 인목대비의 작위를 없애고 궁궐에서 내치라고 상소하였어. 자기 집에서 유생들을 먹이고 재우며 설득하여 상소에 힘을 보탰지. 결국 광해군은 서모인 인목대비를 서궁에 가두는 걸로 일을 마무리했어.

이렇게 광해군의 기반을 안정시킨 공로로 허균은 예조참의로 정계에 복귀했어. 원래 허균을 좋아했던 광해군은 그를 외교에 활용했어. 여러 차례 사신이 되어 중국을 오가며 잘못된 역사 기록을 바로잡는 공을 세워 광해군의 두터운 신임을 받았지. 그렇게 위기를 벗어난 그는 정2품 좌참찬까지 올랐어. 하지만 세상의 삿대질과 욕은 홀로 먹어야 했지. 예법을 중시하는 유교 국가에서 어머니를 감금하는 건 용서할 수 없는 일이었거든. 그 일에 앞장선 허균이 욕을 다 먹게 된 거지.

왜 허균은 오랜 동지인 칠서를 보내고 그렇게 욕을 먹어 가면서도 살아남았을까?

그는 결코 의리를 저버리거나 남에게 아부하는 사람이 아니었거든. 그럼에도 구차하게 살아남은 것은 뭔가 할 일이 있기 때문이었어. 칠

서를 잃은 그는 다시 동지를 모아 칠서의 꿈을 실현시킬 책임이 있었
어. 신분 차별이 없는 자유로운 세상을 기획하고 있었던 거지.

처음엔 서자 출신인 광해군이 새 세상을 열어 줄 걸로 기대했어. 광
해군이 세자 시절에 허균이 세자시강원 설서로서 공부를 도운 적이 있
다고 했지. 그때 광해군도 허균의 실력과 충성심을 보고 믿고 있었어.
그래서 각종 탄핵에도 광해군은 허균을 지켜 주었어. 그러나 그뿐 새
로운 세상을 열어 주지는 못했어. 시간이 갈수록 광해군도 중심을 잃
고 대북파에게 휘둘리며 권력을 지키기에 급급한 모습을 보였어. 이에
칠서와 더불어 그를 없애고 새 세상을 만들기로 결의했을 가능성이
커. 겉으로는 광해군에게 충성하고 대북파에 협조하는 듯했으나 암암
리에 거사를 준비하고 있었던 거지.

민심은 이미 광해군을 떠나고 있었어. 북방에서는 여진족이 소란을
일으키며 명나라를 위협하는 대국으로 성장하고 있었고, 백성은 어머
니를 가둔 임금을 비판하기 시작했어. 허균은 소란스러운 틈을 타서
더욱 도성을 혼란스럽게 만들었어.

"여진족이 압록강을 건넜다!"

"유구일본 남쪽 오키나와에서 쳐들어왔다!"

이런 노래도 퍼뜨렸어.

성 안이 들판보다 못하고

들판은 강을 건너는 것보다 못하네

도성은 극도의 혼란에 빠졌어. 피난을 떠나는 사람도 생기고 소문에 소문이 꼬리를 물어 사람들은 정상적인 생활을 하지 못할 지경이었어. 서울에서 도망치려는 사람을 잡아 목을 매달 정도였으니 그 혼란이 대단했겠지.

"드디어 때가 무르익었구나."

허균은 자신을 따르던 서얼과 서민들, 그리고 승려들을 군사로 준비해 두었어. 젊은 성균관 유생들도 상당수 포섭해 두었어. 이제 결정적인 순간이 오면 대궐을 공격하여 조정을 장악하면 혁명이 완수되는 거야. 이런 때 남대문 앞에 커다란 벽보가 붙었어.

백성들을 불쌍히 여겨 죄인을 벌주고자 장차 하남대장군이 올 것이다.

죄인광해군을 몰아내려 하남대장군허균이 거사를 할 것이라는 말이나 다름없지. 이 격서를 붙인 사람은 허균의 심복 하인준이었거든. 새벽에 벽서를 붙인 그는 소문을 대궐 안팎에 빨리 내고자 사헌부 장령을 찾아가 자신이 그런 격서를 보았다고 신고했어. 이때 사헌부 장령은 즉각 그를 잡아서는 문초했어.

"아직 날이 밝지 않았는데 네가 그것을 보았다면 그건 곧 네가 붙였다는 뜻이렷다!"

사헌부는 사간원과 더불어 하인준을 구속하고 허균을 심문하도록 해 달라는 재가를 청했어. 이미 그 전에 허균이 역모를 꾸미고 있다는 기준격의 상소가 있었기에 광해군도 어쩔 수 없이 허락했지.

심복이 잡혔다는 말을 듣고 허균은 즉시 동지들한테 숨을 것을 지시하고 자신도 주변을 정리했어. 가족들을 내보내고 그동안 쓴 책을 모은 『성소부부고』 원고를 외손자의 집으로 보냈어. 이튿날 의금부 장졸들이 들이닥쳤어.

"죄인 허균은 오라를 받으라!"

허균이 잡혀가자 서울은 소동이 일어났어. 성균관 유생들이 방면하라고 시위를 했고, 아전과 하급무사와 서민들이 의금부 앞에 몰려와 돌을 던지는 등 민란을 일으킬 태세였어.

허균을 잡아들인 책임자는 이이첨이었어. 그는 허균이 딴마음을 품고 있음을 눈치 채고 제거할 기회만 노리고 있었거든. 자신도 허균과 함께 폐모론을 일으켰고 같이 활동한 게 많아서 자칫 한패로 엮어질 것을 걱정한 거지.

이이첨은 허균은 곧 풀어 주겠다며 안심시키고는 허균의 종과 심복들을 고문하여 기어이 역모죄 자백을 받아 냈어. 허균의 부하 집에서 군사 행동 계획서까지 찾아낸 이이첨은 즉시 허균을 처형할 것을 주청했어. 아직 죄상이 다 밝혀지기도 전이고 판결문조차 만들지 않았는데 말이야. 허균을 아끼던 광해군은 머뭇거렸지만 결국 이이첨의 압박에 밀려 허락하고 말았지.

이를 보면 역모는 어쩌면 이이첨과 광해군도 어느 정도 알고 있던 작전이 아닌가 싶어. 『조선왕조실록』 「광해군 일기」에는 그날의 상황을 사관이 해석한 글이 실려 있는데 그런 정황이 있어.

이때 허균은 무사들을 많이 모아 놓고, 몰래 승군까지 청하여 두었다. 대비의 궁을 직접 쳐들어가서 먼저 폐하고 나중에 아뢰려고 했는데, 왕도 이미 허락했다.

정적인 인목대비와 그 일파를 제거하기 위해 광해군과 짰다는 얘기야. 그런데 허균은 이미 칠서의 난 이전부터 역모를 준비해 왔거든. 그러니까 이 기회에 인목대비를 치는 척하고 궁으로 군사를 이끌고 들어와서는 왕과 대북파 무리를 모두 몰아내고 정권을 장악하려고 했을 가능성이 있지. 이이첨과 광해군은 그걸 알고는 다급히 허균을 죽이기로 했을 걸로 추측할 수 있고.

"죄인을 끌어내라!"

변명할 틈도 주지 않고 이이첨은 허균과 그의 부하들을 곧장 처형시켰어. 허균이 형장으로 끌려가면서 '할 말이 있다!'고 소리쳤지만 기회조차 주지 않고 말이야.

1618년 8월 24일, 허균의 머리는 '역적 허균'이란 팻말을 단 채 서대문 네거리에 매달렸어. 역적이라 무덤조차 없고, 그가 살던 집은 허물어져 연못이 되었어. 승천을 꿈꾸던 이무기가 깊은 한만 남기고 아주 사라진 것이지.

불사의 영웅 홍길동

　허균이 죽고 나서 누구도 그의 이름을 입에 담는 것조차 꺼렸어. 그를 두고 유교 반도라거나 부도덕하고 기괴한 요물이라며 침을 뱉기도 했어. 훗날에도 허균의 문장은 인정하면서도 그의 행동에 대해서는 부정적이었어. 『조선왕조실록』에 이렇게 평가되어 있을 정도니까.

　그는 천지간 괴물이다. 그의 일생을 보면 악이란 악은 모두 갖추어져 있다.

　물론 조선 왕조는 그를 역적으로 처단했기에 악평을 할 수 있지만, 세간의 선비들도 그를 좋게 보지 않았어. 『하담파적록』에서 김시양은 말했어.

　허균의 문장은 세상에 견줄 사람이 없다. 그러나 사람됨이 가볍고 행동이 바르지 못하여 선비들에게 버림을 받았고, 하급 관료에 머물러 있었다.

그러나 이는 당시 유교 사회의 인식이고 또한 사대부들의 생각일 뿐이야. 한때 제자였던 기준격이 허균의 죄를 고자질하며 어떤 말을 했는지 보렴.

허균의 성품이 경솔하고 위엄이 없어서 미천한 자까지도 자기와 대등한 자처럼 대우했다.

만인을 평등하게 대한 이것이 죄가 되는 세상이었어. 지배층이 볼 때 그것은 죄가 되지만 서민 백성들의 입장에서는 존경의 대상이었어. 그래서 허균이 역모 혐의로 의금부에 구속되었을 때 많은 아전들과 하급 관리와 무사들이 풀어 주라고 소동을 일으킨 거야. 허균은 실상 본성이 악한 것이 아니라 시대적 사고방식을 거부한 개혁적 사상가였던 거지. 그가 끈질기게 반대한 건 실은 불평등하고 숨 막힐 듯한 유교적 질서와 차별이 심한 신분제였어. 근본적으로 그는 인본주의자에 가까웠어. 그가 얼마나 깊은 정을 가진 따뜻한 사람인지는 공주 목사가 되자마자 벗 이재영에게 보낸 편지에 잘 드러나.

내 마땅히 녹봉의 절반을 덜어서 자네를 부양하겠네. 자네의 재주는 나의 10배나 뛰어나지만 세상에서 버림받음이 나보다 심하네. 빨리 오게. 자네가 와서 비방을 받는다 해도 내 걱정하지 않겠네.

허균은 늘 지식에 목이 마른 학자이기도 했어. 그는 배움이라면 경계를 두지 않았어. 사명당을 만나서는 불교를 배우고, 남궁두를 만나서는 신선술을 익혔어. 무당도 꺼리지 않고 그의 삶을 존중해 주었어. 그리고 여러 차례 사신으로 중국을 드나들며 언제나 수레 가득 책을 사 와서 소개했어. 중국에 가서 성당도 보고 『천주실의』도 보았지. 그는 늘 좁은 조선보다는 넓은 세상을 그리워했어. 하지만 유교 사회에서는 그런 그를 이단이요 반도라고 몰아세웠지. 실상 허균이 싸운 상대는 그러한 유교 사회의 뿌리 깊은 편견이었어.

허균은 사상가이면서 혁명가인 점도 뺄 수 없는 사항이야. 그는 뛰어난 문학적 재능과 유교적 실력 외에 자신만의 주체성과 사상을 갖고 있었어. 무조건 나라와 임금에 충성하려는 게 아니라 잘못된 것은 비판하고 고치려 했지. 『성소부부고』에는 그러한 그의 사상이 여러 논설로 실려 있어. 그 가운데 「유재론」에 그의 사상이 잘 표현되어 있단다.

나라를 다스리려면 인재가 있어야 한다, 우리나라는 작아서 인재가 드물다. 그런데도 대대로 벼슬하던 집안 아니면 아무리 훌륭한 사람이라도 높은 벼슬에 오를 수 없다. 한 사람의 재주와 능력은 하늘이 준 것이므로 귀한 집 자식이라고 해서 재능을 많이 주는 것도 아니며 천한 집 자식이라고 해서 인색하게 주는 것도 아니다.

신분이나 집안을 따지지 않고 실력에 따라 인재를 선발해야 한다는 주장이지. 「호민론」에서는 임금의 중요성을 강조했는데, '나라를 잘 다스리는 것은 임금의 굳은 의지와 결단뿐이며', '임금이 백성을 위하지 않고 자기 욕심이나 채우면 나라가 망하는 건 당연한 일'이라고 했어. 그것을 막기 위해서는 백성들이 일어나 행동해야 한다고 했으니, 현대의 민중혁명 사상과도 통하는 아주 급진적이고 근대적인 사상이지. 이러한 사상으로 혁명을 하려고 했으나 그 꿈을 이루지 못하고 역적이 되어 사라진 거야.

그러나 이러한 사상과 실력을 갖고도 당대에 지나치게 비판을 받은 건 분명 문제가 있어. 그는 예술가로서 이성보다는 감정이 앞선 적이 많았고, 당대의 현실을 인정하면서 비판해야 하는데 그 점이 부족했던 듯해. 그러므로 정치가보다는 예술가에 더 적합한 인물이라고 볼 수 있지. 그러므로 그의 실패는 예견된 일인지도 몰라. 정치가로서는 실패했지만 작가로서는 오늘날 더욱 크게 부활하는 것도 그것을 증명하잖아.

그래, 허균은 죽지 않았어. 조선 왕조와 유교 사회는 그를 괴물로 혹평하며 죽였으나, 오늘날 사회는 그를 뛰어난 작가이며 비평가이고 근대적 사상을 가진 혁명가로 새롭게 인식하고 있거든. 그리고 그가 낳은 홍길동은 영화와 소설과 애니메이션으로 끝없이 되살아나고 있잖아. 이참에 홍길동에 대해 좀 더 자세히 알아보는 것이 허균의 사상을 이해하는 데 도움이 될 거야.

구름을 타고 다니며 도술을 부리는 홍길동, 그는 막연히 허균이 만들어 낸 허구의 인물일까?

그렇지는 않아. 홍길동이란 인물은 연산조 때 살았던 사람이야. 당시의 『조선왕조실록』엔 그에 관한 기록도 나와.

영의정 한치형, 좌의정 성준, 우의정 이극균이 아뢰기를, "듣건대, 강도 홍길동을 잡았다 하니 기쁨을 견딜 수 없습니다. 백성을 위하여 해독을 제거하는 일이 이보다 큰 것이 없으니, 청컨대 이참에 그 무리들을 다 잡도록 하소서." 하니, 그대로 쫓았다.

홍길동이 나라에 매우 큰 소란을 일으켜 고민거리였음을 알려 주지. 하지만 그건 지배자 입장에서 본 상황이고, 백성들의 입장은 다를 수도 있잖아. 홍길동의 활약을 짐작해 볼 수 있는 기록을 볼까.

의금부 위관 한치형이 아뢰기를 "강도 홍길동이 옥정자와 홍대 차림으로 첨지라 칭하며 대낮에 때를 지어 무기를 가지고 관가에 드나들며 거침없는 행동을 자행하였는데, 유향소 품관들이 이를 알았을 터인데, 체포하여 고발하지 않음을 징계하소서."

홍길동이 부하들을 이끌고 관가를 습격하였는데 백성들이 신고도 하지 않았다는 내용이야. 홍길동이 단순한 강도 도적이 아니라 의적이라는 반증이지. 이익*의 『성호사설』에도 백성들이 홍길동을 존경한 듯한 내용이 실려 있어.

*이익(1681~1763)_ 조선 영조 때의 학자로, 유형원의 학풍을 이어받아 실학의 대가가 되었다. 특히 천문, 지리, 의학에 업적을 남겼으며, 저술과 후진 양성에 전력하였다. 지은 책으로 『성호사설』, 『성호문집』이 있다.

옛날부터 서도에는 큰 도적이 많았다. 그 가운데 홍길동이란 자가 있었는데, 오래 되었으므로 그 실정이 어떠했는지 알 수 없으나 지금까지 거리의 아이들의 입에 맹세하는 말로 오르내리고 있다.

이익이 살던 조선 후기까지 홍길동을 걸고 맹세를 할 정도였다면 분명 홍길동은 의적이었겠지. 허균은 이러한 홍길동에게 자신의 사상을 불어넣어 자신의 분신으로 탄생시켜 영원히 죽지 않는 영웅으로 만들었던 거야.

시대의 반항아 허균, 그는 뛰어난 사상가요 혁명가라고도 할 수 있지만 역시 그는 타고난 작가였어. 허균은 자신이 낳은 영웅 홍길동을 통해 오늘날에도 살아 있으니까. 홍길동은 결국 율도국을 찾아가 자신의 왕국을 만들고 기어이 신선이 되거든. 역사 속에서는 역적으로 처형되었지만 문학 속에서 자신의 꿈을 이룬 셈이지. 조선 왕조가 끝나도록 이무기로 지내다가 현대에 이르러 그 사상과 작품이 가치를 인정받았으니, 기어이 용이 되어 하늘로 올라간 셈이지.

제12장
조선을 그린 신선의 붓
김홍도

그가 내관에게 짙은 먹물 몇 되를 바쳐 들게 하고,
갓을 벗고 옷을 걷어붙인 채 서서 비바람이 몰아치듯
붓을 휘둘러 몇 시간이 안 되어 다 그렸다.
물결은 용솟음쳐 집채를 무너뜨릴 듯하였고,
신선들은 훨훨 구름 속으로 날아 들어가는 것 같았다.
옛날 대동전의 벽화도 이보다 낫지 않았으리라.

—「이향견문록」

정조 **이산**과 만나다

단원 김홍도!

그가 조선을 대표하는 화가라는 건 잘 알지. 그는 조선뿐만 아니라 한국사를 통틀어도 대표 화가로 손색이 없어. 그의 작품들은 대부분 국보나 보물로 지정되어 있을 정도니까.

그런데 김홍도의 고향이 어디인지, 언제 나고 언제 죽었는지는 분명하지 않아. 그의 탄생 연도조차 1745년이라는 설과 1760년이라는 설로 나누어져 있을 정도야. 최근에야 환갑 때 남긴 글을 통해 1745년이라는 게 밝혀졌지만, 아직도 고향과 죽은 해도 분명하지 않아.

그럼에도 김홍도가 안산 출신이라는 걸 추측할 수는 있어. 그가 태어났을 당시 조선 제일 화가는 강세황*으로 쳐주었는데, 그가 안산에 살았거든. 김홍도는 어려서부터 강세황의 눈에 띄어 그의 집을 드나들며 가르침을 받았다는 기록이 있고 말이야.

김홍도가 처음 그림을 배울 때가 열 살 전

*강세황(1713~1791)_ 조선 정조 때의 문신이자 서화가이다. 그림 제작과 화평(畵評) 활동을 주로 했으며, 산수화와 사군자에 뛰어났고, 풍속화와 인물화를 유행시켰다. 지은 책으로 『표암집』, 작품에 〈산수도〉, 〈난죽도〉 등이 있다.

후한 때이므로 그의 고향도 안산일 가능성이 커. 그의 집안은 매우 가난했고, 또 양반가가 아니었기 때문에 아이를 고향을 벗어나 남의 집에 맡겨 교육시킬 만한 사정이 안 되었을 거거든.

강세황은 매우 신중하고 학문이 깊기 때문에 그림만 가르치지는 않았을 거야. 김홍도의 그림이 워낙 유명해서 상대적으로 잘 알려지지 않았지만, 실은 그의 실력도 대단했어. 시, 서예, 그림에 두루 뛰어나 삼절 선생으로 불리었지. 스승이 삼절 선생이니 제자 역시 그림뿐 아니라 시와 서예도 익혔을 거야. 물론 그림은 강세황이 '솔거 이후 최고의 신필'로 평가했으니 스승을 능가하였다고 볼 수 있지만, 그가 품격 높은 그림을 그릴 수 있었던 건 그만한 공부가 바탕이 되었기 때문으로 봐.

"누가 세자의 영정을 그리면 좋겠는가?"

1770년, 영조의 물음에 신하들은 선뜻 대답하지 않았어. 영정을 그린다는 건 왕위 계승자로 확정하며 힘을 실어 주는 셈이었거든. 당시 대다수 신하는 노론 벽파였고, 그들은 세손정조의 부친인 사도세자를 음해하여 죽음에 이르게 했어. 그 때문에 세손을 왕위에 올리고 싶지 않았던 거야. 세손이 왕이 되면 부친의 복수를 할 것이 두려웠던 거지.

"나라에 그토록 인재가 없는가?"

영조가 거듭 묻자 도화서 제조감독인 예조판서가 입을 열었어.

"도화서 화원들 가운데는 딱히 빼어난 화가가 없으니 안산의 강세황에게 문의하는 것이 좋겠습니다."

가급적 일을 늦추게 할 요량으로 신하들은 벼슬에도 있지 않은 강세황을 추천했어. 영조는 강세황을 부르도록 했고, 도화서 화원 김응환이 안산으로 달려갔어.

이때 강세황은 김홍도를 추천했어.

김홍도

"선생님의 제자가 실력이 높다는 말은 들었지만 이는 어진화사입니다. 어찌 경험도 없는 젊은이에게 맡기려 하십니까."

김응환은 의아한 표정을 감추지 않았어. 어진화사를 하는 건 화원으로서 최고의 영예이고 가문의 영광이야. 모든 도화서 화원이 간절히 바라는 일이라 가장 실력 있는 화원이 맡게 되어 있거든. 그런데 도화서에 이름조차 올리지 못한 지방의 화원을 추천하니 놀랠 수밖에.

"이 그림을 보고 판단하시게."

강세황은 김홍도의 그림 몇 폭을 보여 주었어. 김응환은 깜짝 놀라 입을 다물지 못했어. 김홍도보다 세 살 위인 그는 이미 십대에 도화서에 들어간 중견 화원이었는데, 김홍도의 그림에 충격을 받은 거야.

"과연 선생님의 감식안은 따를 수가 없겠습니다."

강세황은 추천서를 써 주었고, 그길로 김홍도는 도화서 화원이 되었어.

김홍도는 이미 강세황 아래서 착실한 수업을 받았지만 도화서에서 다시 기본기부터 배웠어. 선배인 김응환은 도화서에 전해 오는 선배들의 그림을 보여 주며 적극적으로 가르침을 주었지. 그 후로 두 사람은 절친한 선후배가 되어 늘 같이 작업을 하게 된단다. 산수화를 잘 그렸던 김응환은 특히 정선의 그림으로 김홍도에게 많은 영향을 끼쳤어.

정선은 진경산수화의 대가로 조선 그림의 한 경지를 개척한 화가야. 그가 남긴 작품은 1984년에 국보로 지정되기까지 했는데, 대표작 「인왕제색도」국보216호와 「금강전도」국보217호가 바로 그것이지. 조선의 그림은 중국 그림의 영향을 많이 받았거든. 그러다가 정선에게 와서야 비로소 개성적인 조선 그림이 나왔는데 그게 바로 진경산수화란다.

아, 이참에 공부를 조금 더 해야겠네.

우리 전통 그림은 크게 남종화와 북종화로 나뉘거든. 이런 분류는 중국 명나라에서 생긴 것인데, 조선의 그림이 중국 영향을 많이 받았다는 증거이기도 하지.

남종화는 유교적 철학을 먹을 주로 한 옅은 색채로 표현하는데, 문인들이 주로 그려 문인화라고도 해. 정선이나 강세황 같은 이가 대표적인 문인화가지. 북종화는 문인화가에 비해 전문적인 화가들의 그림인데, 보다 섬세하고 색채도 화려해. 그리고 자신의 철학보다는 사실적인 묘사에 중점을 둔 그림이야. 안견 같은 이가 대표적인데, 주로 도화서 출신 화가들이나 직업적인 화가들이라고 보면 돼. 우리나라에서는 학자를 우대하는 풍조여서 남종화가 우세한 편이었지.

진경산수와 실경산수도 구분할 필요가 있어. 그림이 중국 영향을 받다 보니 중국 그림을 보고 베끼거나, 상상의 세계나 무릉도원 같은 이상 세계를 그리는 경우가 많았거든. 그러다 보니 사실과 거리가 먼 관념적인 그림이 많았어. 정선은 그걸 거부하고 실제 무대로 가서 실제 풍경을 그리기 시작한 거야. 그것을 진경산수라고 하는데, 훗날에는 다시 조금 구분할 필요가 생겼어.

진경산수는 실제 그림을 그리되 자신의 철학을 담아 재구성한 그림을 뜻하게 되고, 실경산수는 있는 그대로 사실적인 묘사를 한 그림을 일컫는 말로 굳어졌어. 정선의 「금강전도」는 실제 금강산을 그렸지만 자세히 보면 봉우리의 원형적 구성과 음양이 다른 좌우 배치 등이 매우 의도적이어서 실경산수와는 다른 진경산수라고 하는 거란다.

1771년 봄, 마침내 김홍도는 세손 이산과 마주쳤어. 그의 영정을 그리게 된 거야. 약관 20세의 세손은 김홍도보다 일곱 살이 적었지만 깊은 학문과 품격으로 차세대 임금의 위엄을 드리우고 있었지. 그런 한편 부친 사도세자를 잃고 외롭게 성장한 그늘까지 김홍도의 깊고 예리한 눈은 간파하고 있었어.

'아, 저분이 보위를 이어받으실 분이구나!'

김홍도가 절을 하자 세손은 엷은 웃음을 머금고 다정하게 말했어.

"김홍도라고? 표암강세황의 그림과 글은 기백과 기품이 뛰어나니 그 제자 또한 마찬가지겠지."

이렇게 처음 만난 두 사람은 조선 후기의 문화적 황금기를 이끌어 가게 된단다. 사도세자도 매화를 잘 그렸고 세손 역시 그림을 보는 밝

*『홍재전서』_ 조선 정조 23년(1799)에 규장각에서 정조의 시문, 윤음(임금이 신하나 백성에게 내리는 말) 등을 모아 엮은 전집이다. 184권 100책.

은 눈과 그리는 재주까지 있었는데 김홍도의 영향이 있었을 거야. 훗날 정조는 『홍재전서』*에서 그날을 이렇게 기록했어.

김홍도는 그림에 솜씨 있는 자로서 그 이름을 안 지가 오래다. 삼십 년쯤 전에 나의 초상을 그렸는데, 이로부터 무릇 그림에 관한 일은 모두 홍도를 시켜 주관케 하였다.

27세의 청년 김홍도는 어진화사를 시작으로 조선 화단에 혜성처럼 등장했어. 그리고 1773년에 다시 영조와 세손의 영정을 그리는 어진화사를 맡아 완전히 입지를 굳혔어. 이때 영조는 김홍도를 도화서 별제종6품로 임명하고, 그를 추천한 강세황에게도 벼슬을 내렸단다.

서민과 함께한 신선의 붓

김홍도는 도화서의 대표 화가로서 모든 그림 작업을 이끌었어. 정조가 등극하자 그의 정치적 기반이 되는 규장각 그림을 그려 바쳤고, 다시 어진화사를 했어. 영조의 장례식을 비롯한 대궐의 모든 행사의 그림 작업을 주도했어.

김홍도는 이러한 의례적인 그림뿐만 아니라 거의 모든 분야에 두각을 나타냈어. 조희룡*의 『호산외기』를 볼까.

김홍도는 풍채가 아름답고 성격이 쾌활하고 얽매임이 없어서 사람들이 신선과 같다고 하였다. 그는 산수, 인물, 화훼꽃, 영모동물를 그리면 모두 오묘한 경지에 이르지 않음이 없었고, 특히 신선도에 뛰어난 솜씨를 보였다.

홍도는 자신의 성격이나 생김새도 신선과 같았고, 그래서 신선도를 특별히 잘 그렸다는 얘기야. 『호산외기』에는 1776년 무렵 그가

*조희룡(1789~1866)_ 조선시대의 서화가이다. 김정희의 문인으로 글씨는 추사체를 잘 썼고, 그림은 매화를 잘 그렸으며 시문에도 뛰어났다. 지은 책으로 『호산외기』, 작품에 〈매화대병〉, 〈홍매도〉 등이 있다.

대궐의 벽에 신선도를 그린 이야기를 소개했어.

어느 날 정조는 새로 하얗게 회칠을 한 벽 앞에서 홍도에게 말했어.

"단원, 우리나라가 예로부터 신선의 나라라는 말이 있는 건 누구나 아는 말일세. 나는 신선에 대한 이야기는 많이 듣고 책으로 읽었으나 신선을 본 적은 없네. 사람들은 그대를 전생에 신선이었다고도 하니 이 벽에 신선들의 모습을 그려 보게."

임금의 명을 받으면 화가들은 한동안 고심한 다음에야 붓을 들었고, 그림을 완성하는 시간도 꽤나 길었어. 그런데 홍도는 대답한 즉시 정조가 보는 앞에서 붓을 들었어.

"그대들은 물감통과 붓통을 들고 나의 움직임에 맞추어 따라다니도록 하시오."

내관들에게 당부한 홍도는 거추장스러운 윗도리를 벗어 놓고는 벽 앞에 섰어. 그리고 아무런 망설임 없이 붓을 휘둘러 그림을 그리기 시작했어. 그저 하얀 종이 같던 벽은 순식간에 바다로 변했고, 하나 둘 신선들이 자리를 잡기 시작했어.

정조를 비롯한 모든 구경꾼은 놀라 입을 점점 더 크게 벌렸지. 홍도의 날랜 손놀림이 지나간 곳에는 신비한 세계가 열려갔어. 그에게 구도 잡기나 밑그림도 따로 없었어. 붓이 한 번 움직이면 한 부분을 완성해 그려지는 게 아니라 순간순간 창조되는 것만 같았지.

커다란 벽면이 그림으로 가득 차는데 채 한나절이 걸리지 않았어. 바다 위에서 모여 있는 신선들을 그린 「해상 군선도」였어. 그가 그린 바다에서는 파도 소리가 나고, 바닷바람에 신선들의 옷자락이 나부끼는 듯했어. 얘기를 나누는 신선들의 이야기도 들리는 듯했지.

"오, 과연 신필이로다. 벽에서 신선들이 걸어 나올 것만 같구나!"

정조는 감탄하여 칭찬을 아끼지 않았어.

"단원은 정말 신선 세계에서 왔나 보군. 그렇지 않았다면 어찌 이토록 빠른 시간에 저토록 생생한 신선들을 그려 낼 수 있단 말인가?"

이에 대해 『호산외기』는 다음과 같이 평했어.

그가 내관에게 짙은 먹물 몇 되를 바쳐 들게 하고, 갓을 벗고 옷을 걷어붙인 채 서서 비바람이 몰아치듯 붓을 휘둘러 몇 시간이 안 되어 다 그렸다.

물결은 용솟음쳐 집채를 무너뜨릴 듯하였고, 신선들은 훨훨 구름 속으로 날아 들어가는 것 같았다. 옛날 대동전중국 운강의 석굴의 벽화도 이보다 낫지 않았으리라.

정조는 김홍도에게 새로운 명을 내렸어.

"그대는 거리로 나가라. 과인이 궁궐에서도 백성들의 삶을 소상히 알 수 있도록 그들의 삶을 그려 오라."

그 후로 거의 10년간 김홍도는 집중적으로 풍속화를 그렸어. 이때 탄생한 작품들이 그의 대표작으로 남게 되었지. 김홍도가 오늘날 조선 풍속화의 대가로 꼽히는 것도 이 시기의 활동이 만들어 낸 결과야. 대표작을 감상해 볼까.

김홍도 그림의 특징은 단숨에 그 본질을 잡아채는 데 있어. 아기자기하고 꼼꼼한 중국풍의 그림을 완전히 벗어난 거지. 활달하고 단순한

〈서당〉

선으로 힘차게 사실적인 묘사를 하는 그의 그림은 단원법이라 불리었어.

김홍도의 그림은 우선 재미있어.

〈서당〉을 보렴. 다소 무섭게 생긴 훈장 선생님이 나오잖아. 그 옆에는 낭창낭창한 회초리가 있지. 바로 그 회초리에 맞은 듯한 아이가 징징 울어. 틀림없이 숙제를 안 해 왔거나 책을 잘못 읽었을 거야. 『천자문』이나 『명심보감』인 듯한 책을 펼쳐 놓은 친구들은 고소하다는 듯 소리죽여 웃고 있지. 더벅머리, 갈래머리도 있고 벌써 장가를 갔는지 상투를 틀고 갓을 쓴 학동도 있어. 모두들 표정이 살아 있지. 더욱 재미난 건 종아리를 때린 선생님의 표정이야. 때리고 나니 영 마음이 편치 않은 듯하지. 사랑의 매를 때리고서도 짠한 스승의 마음이 그대로 읽히잖아.

〈씨름〉에는 신명이 있어. 맞잡이를 한 두 장정이 혼신을 다해 힘을 겨루는데, 씨름꾼을 응원하는 사람들의 표정은 제각각이야. 잔뜩 웅크리고 긴장한 사람, 소리 높여 응원을 하는 사람, 씨름꾼이 자기한테로

넘어질까 봐 놀라 쳐다보
는 사람, 모래가 튈까 봐
부채로 얼굴을 가린 점잖
은 양반, 여기에 엿장수
소년이 끼여 엿을 사라 외
치고. 모두들 호기심과 긴
장감이 가득한데, 전체적
으로 흥겨움이 넘실거리
지.

　춤추는 아이 〈무동〉은
휘날리는 그림의 선이 제
맛이야. 아이의 춤사위가
붓의 선으로 고스란히 살
아나잖아. 심지어 신발까
지 춤을 추는 듯 곡선을

〈씨름〉

제대로 드러냈어. 연주하는 악사들은 볼을 실룩거리며 제 나름의 악기
에 몰입하여 흥을 돋우고, 전체적으로 둥근 구도가 회오리를 그리며
춤을 살아나게 하잖아.

　그밖에 〈대장간〉, 〈기와이기〉, 〈벼타작〉, 〈베짜기〉, 〈말 편자 박기〉,
〈석수장이 돌 깨기〉 등 실생활을 그대로 옮긴 그림은 오늘날에도 조상
들의 건강한 삶을 그대로 느끼게 해 준단다. 이런 그림을 모은 『단원화
첩』은 보물 527호로 보존되고 있어.

〈무동〉

이 시기에 그린 또 하나의 대표작인 〈송하맹호도〉와 〈죽하맹호도〉도 잊어서는 안 돼. 이는 세계 그 어느 호랑이 그림도 따르지 못하는 섬세함과 힘과 정기를 고스란히 보여 주거든. 단원의 색다른 그림 세계와 그의 당찬 호연지기가 드러나는데, 대체 그의 한계가 어디인지 짐작조차 못하도록 만든단다.

김홍도 같은 천재 화가가 정조 같은 성군의 시절에 태어나 활약했다는 건 대단한 행운이야. 많은 천재들이 때를 잘못 만나 고생만 했는데, 그는 정조의 적극적인 후원으로 안정된 벼슬살이까지 하며 마음껏 그림을 그렸거든.

정조는 세손 시절에 만난 김홍도를 줄곧 측근 신하처럼 대우하며 재주를 발휘할 기회를 만들어 주었으니 인재를 제대로 활용한 거지.

"단원, 금강산과 관동의 명소를 화폭에 담아 오라."

1788년 단풍도 고운 9월, 경상도에서 찰방 벼슬을 하다 도화서로 돌아온 김홍도에게 정조는 새로운 명을 내렸어. 임금의 후원으로 모든 사람들의 소망인 금강산 기행을 하고 그림을 그릴 수 있게 된 거야.

김홍도는 김응환과 더불어 설레는 마음으로 금강산으로 떠났어. 정조는 미리 기별을 넣어 금강산 주변의 군수들에게 김홍도를 자신의 측근 신하로 대우하라고 명하기도 했어.

김홍도 일행은 금강산 근처에서 반가운 사람을 만났어. 스승 강세황이 먼저 와서 기다리고 있지 뭐야. 환갑에 조정에 출사한 강세황은 노익장의 기염을 보여 주었어. 66세의 나이로 중시에서 장원을 차지하는 기염을 토한 거야. 그가 그림 실력만 아니라 학문도 한 경지에 올랐음을 여실히 증명한 거지. 그 후 짧은 시간에 호조 참의를 거쳐 한성부 판윤오늘날의 서울 시장에 올랐고, 사신이 되어 북경에 다녀온 다음 쉬고 있었어. 이때 강세황의 아들이 금강산 근처 고을 수령을 맡고 있었는데, 강세황이 미리 와서 아들과 함께 기다리고 있었던 거야. 이 모든 게 정조의 배려임을 두말할 필요도 없겠지.

"아, 스승님과 금강산을 가게 되다니, 전하의 보살핌에 감읍할 따름입니다."

"정선 선생과 같은 명작으로 보답하게."

이는 강세황에게는 생의 마지막 그림 여행이 되었는데, 그는 짬짬이 여행기까지 써서 남겼어.

14일, 길을 떠나니 산길에는 단풍잎이 울긋불긋 비단처럼 고왔다. 바람이 갑자기 차가워지더니 간혹 눈발이 날려 옷소매를 스쳤다. 아들 신과 김홍도는 말 위에서 퉁소를 불기도 하고 생황을 불기도 하면서 서로 어울렸다.

단풍이 한껏 오른 금강산에 눈발이 날리는데 퉁소와 생황을 연주하며 여행을 하는 김홍도 일행을 상상해 보렴. 그들이 바로 신선이나 다름없지. 그리고 김홍도는 타고난 신선의 붓을 휘둘러 금강산 명소를 잇달아 그려 냈어. 〈명경대〉, 〈청심대〉, 〈총석정〉, 〈삼일포〉, 〈영랑호〉, 〈구룡폭포〉 등을 그린 후에 강릉 쪽으로 나와서 관동팔경의 명소를 그렸어.

스승과 함께 행복한 여행을 마친 김홍도는 작품집 《금강사군첩》을 정조에게 바쳤어. 정조는 흡족한 표정으로 칭찬을 아끼지 않았어.

"오호라, 오늘에야 정선과 견줄 만한 보배를 얻었다!"

금강산 그림 여행을 다녀온 이듬해인 1789년, 정조는 김홍도에게 일본에 다녀오라는 명을 내렸어. 김홍도는 단짝 김응환과 일본으로 가면서 경상도 일대의 경치를 화폭에 담았지. 그런데 부산에 도착한 김응환이 병으로 죽고 말았어.

조선 산수화의 대가 김응환, 도화서 선배이며 스승이기도 했던 그의 죽음은 김홍도에게는 신체 일부가 떨어진 것과 같았지. 김홍도는 슬픔을 품은 채 홀로 쓰시마로 가서 일본의 그림을 연구하고 일본 지도를 구해 돌아와 정조에게 바쳤어.

잇달아 떨어진 임무는 중국에 다녀오는 것이었어. 김홍도는 동료 이명기*와 더불어 사신의 일행이 되어 청나라 수도 북경으로 간

거야. 거기서 중국 문화와 밀려드는 서구 문
물과 서구의 그림도 보았겠지. 이렇게 정조는
김홍도가 시야를 넓히고 경험을 쌓을 수 있도
록 배려했어. 김홍도가 타고난 천재 화가이긴 했지만 그를 대가로 키
운 데는 정조의 역할도 스승 못지 않았던 거지.

　1790년, 정조는 부친 사도세자의 묘를 수원으로 옮겼어. 그리고 그
근처에 용주사란 절을 크게 고쳐 짓고는 부친의 명복을 빌도록 했는
데, 그 절에 필요한 불화를 그리라는 명을 내렸어 김홍도는 이명기, 김
득신*과 함께 〈삼세여래체〉와 〈칠성여래사방칠성〉을 그렸어.

　이 가운데 〈삼세여래체〉는 비단에 그린 큰 걸개 그림인데, 화려한
색채와 원근법과 명암법을 사용했거든. 이는 조선에 전에 없던 화풍이
고 김홍도도 사용하지 않던 서양화 기법이었어. 아마도 이것이 북경에
서 서구의 그림을 보고 연구한 결과가 아닐까 짐작한단다.

　이 작업 후에 김홍도는 한동안 병석에서 지냈어. 일본, 중국으로 바
삐 돌아다니며 그림을 그리고 용주사 작업까지 끝내고서는 지친 거지.
두어 달 만에 병석에서 일어난 김홍도는 다시 정조의 어진화사를 진행
했어. 그리고 〈십로도상첩〉이란 그림을 스승 강세황과 함께 했는데,
이 작업 후에 스승은 병석에 누웠다가 이듬해 초에 눈을 감았단다.

　강세황의 죽음은 김홍도에게 부모의 죽음 이상으로 슬펐어. 그를 낳
아 준 분은 부모지만 화가로 키워 준 분은 강세황이었거든. 하지만 슬
픔에 빠져 지낼 겨를도 없이 김홍도는 새로운 명령을 받아. 충청도 연
풍의 현감이 된 거야.

중인 출신인 화가가 지방 수령인 현감이 되다니, 획기적인 일이었지. 그동안 주로 도화서에서 벼슬을 했고, 경상도 안기의 찰방역참의 책임자을 지낸 적은 있지만, 양반들의 자리인 지방 수령을 지낸 화가는 김홍도가 유일하단다.

희양산과 백화산 얼품에 있는 연풍은 멀지 않은 곳에 속리산과 월악산 소백산 같은 명산이 있어. 당연히 빼어난 경치가 많지. 그가 다스린 주변의 명승지는 고스란히 그림으로 남았어. 조령산의 〈수옥정 폭포〉, 월악산과 남한강의 경치를 그린 〈옥순봉〉, 〈사인암〉, 〈도담삼봉〉 같은 명화를 그려 엮은 작품집이 《절세보첩》보물 782호이란다.

현감을 지내는 동안 김홍도는 줄곧 가뭄에 시달렸어. 그 때문에 여러 번 기우제를 지내기도 했는데, 이때 절에서 불공을 드려 아들을 기원했어. 그리고 응답처럼 아들을 얻었으니 그의 나이 마흔여덟 살의 경사였지. 그 아들 김양기가 나중에 화가가 되어 산수화의 대가로 인정받아 아버지의 화법을 계승했다는 평가를 받게 돼.

김홍도의 현감 노릇은 썩 순탄하지 않았어. 신분제 사회라 양반과 중인이 같은 상에 앉지도 않았거든. 마찬가지로 중인이 수령을 지낸 자리엔 양반이 후임으로 안 오려고 해. 그 때문에 보통 2년 정도 하게 되어 있는 현감을 김홍도는 5년이나 하게 되었지. 그리고 끝내 죄를 덮어쓰고 체포되는 것으로 마감했어. 1795년 위유사[*] 홍대협은 그 죄목을 이렇게 나열했어.

"연풍 현감 김홍도는 중매를 일삼으며 부하와 백성을 등치고, 사냥을 빌미 삼아 세금

을 더 거두는 등 기근에 시달리는 백성을 혹독하게 다루었으니 파직하
소서.”

죄목이 좀 황당하지. 중매를 일삼았다는 건 아마도 부하나 백성들
가운데 혼례를 못 치르는 사람을 도와준 것 같고, 가뭄이 심하니 우물
을 파고 수로를 개발하기 위한 작업을 할 수밖에 없었겠지. 또 김홍도
가 사냥을 가끔 즐기기는 했으나 그림 그리기도 바쁜데 자주할 수나
있었겠어. 향반들이 위유사와 짜고 과장했을 가능성이 커 보이지. 과
연 그것이 밝혀져 김홍도는 11일 만에 무죄로 석방되어 도화서로 복귀
하여 새로운 명령을 수행하게 돼.

“화성*에서 부모님의 회갑연을 열 것이다. 도화서는 모든 역량을 모
아 의궤를 제작하라!”

치세 20년을 맞은 정조의 명이었어.

김홍도를 위시한 이인문*, 김득신 등 도화서의 대표적 화가들이 죄
다 나섰지. 이렇게 해서 탄생한 그림이 《원행을묘 정리의궤》야.

의궤란 국가의 행사를 그림으로 그려 실록
처럼 제작되고 보관되는 책이야. 그림과 더불
어 설명까지 있어서 카메라가 없던 당시에 다
큐멘터리를 제작했다고 보면 돼. 《원행을묘
정리의궤》는 서울의 왕궁을 나서서 한강을
건너 화성으로 가서 회갑연을 하고 돌아오는
8일간의 일정이야. 그 과정의 중요한 대목을
즉시 스케치하였다가 채색하여 책으로 묶어

*화성_ 조선 정조 때에, 경기도 수원시에 쌓은
성이다. 1794년(정조 18)부터 1796년 사이에
좌의정 채제공의 주관하에 축성하였는데, 근대
적 성곽 구조를 갖추고 거중기 등의 기계를 활
용하여 우리나라 성곽 건축 기술사상 중요한
위치를 차지한다. 1996년에 유네스코 세계 문
화유산으로 지정되었다.

*이인문(1745~1821)_ 조선시대의 화가이다. 벼
슬은 도화서 화원을 거쳐 첨절제사에 이르렀
다. 김홍도와 기량이나 격조 면에서는 쌍벽을
이루었던 화가로 조선 후기의 회화 발전에 크
게 이바지하였다. 작품에 〈강산무진도〉, 〈포도
도〉 등이 있다.

*정약용(1762~1836)_ 문장과 경학(經學)에 뛰어난 학자로, 유형원과 이익 등의 실학을 계승하고 집대성하였다. 서학을 통해 서양의 과학 지식을 도입했다. 지은 책으로 『목민심서』, 『흠흠신서』, 『경세유표』 등이 있다.

내기까지 무려 2년이나 걸렸어.

이는 우리가 오늘날 조선 왕조의 실상을 가장 사실적으로 알 수 있는 자료야. 여기에는 왕을 위시하여 수행인원 1779명, 말 779필을 포함하여 지방의 관원과 구경꾼인 백성까지 무려 6천여 명이 그려져 있는 극사실적인 그림이야. 장면 장면의 전체를 담으려니 하늘에서 내려다본 부감법으로 아주 세밀하게 그렸어. 이를 통해 당시의 복장이나 행사, 잔치상, 군사 배치 등과 조선 산수의 모습을 알 수 있지. 또 질서 정연하고 웅장한 왕의 행렬, 화성 축조의 일등공신인 정약용*이 만든 배다리를 건너는 풍경 등은 조선 왕실의 위엄을 고스란히 살려 낸 명작이 되었어. 이 가치는 세계가 인정하여 2007년에 유네스코 기록 유산으로 등재되었단다.

영원한 매화 향기

화성에서 의욕적인 후반기 치세를 펼치려던 정조의 계획은 물거품이 되었어. 오랜 격무와 당파싸움의 회오리로 인해 고통 받던 그는 결국 앓아누웠고, 1800년 초에 치세 24년 만에 승하하고 만 거야.

김홍도의 절대적인 후원자 정조의 죽음은 곧 김홍도의 죽음과도 같았어. 왕위를 이어받은 어린 순조는 정치를 몰랐고, 노론의 중심인 정순대비가 수렴청정을 단행했어. 당연히 정권은 늘 정조에게 비판적 입장이던 노론이 움켜쥐었어.

정조는 남인 학자들을 우대하였고 당파 없이 고루 등용했는데, 노론은 가차없이 남인 계열을 축출했어. 남인인 강세황의 제자인 김홍도도 중심에서 밀려났지. 김홍도를 존경하여 후원해 주던 상인 김현태의 갑작스런 죽음도 그를 가난의 수렁으로 밀어넣었어. 1802년에 김홍도는 자신을 일컬어 농사짓는 늙은이라고 했으니 화가가 붓을 내려놓고 농사를 지었다는 말이잖아.

병까지 앓고 있던 김홍도는 간간이 아들 김양기에게 그림을 가르치며 〈추성부도〉란 그림을 완성했어. 송나라 시인 구양수*의 「추성부」란 글에 걸맞는 그림인데, 인생의 쓸쓸함과 노년의 외로움을 아주 잘 표현한 작품이야.

김홍도는 임금의 총애를 받는 궁중 화가였고 현감까지 지냈지만 늘 가난했어. 노년에는 늦둥이 아들 양기의 학자금을 댈 돈도 없을 정도였대. 이 무렵 아들에게 보낸 편지를 볼까.

(……)

내 병의 상태는 모친에게 부친 편지에 이미 자세하므로 다시 말할 필요가 없겠다.

그리고 김동지가 가서 직접 이야기하였으리라 생각한다.

너의 훈장 선생 댁에 갈 월사금을 찾아보내지 못하는 것이 한탄스럽다.

정신이 어지러워 더 쓰지 않는다.

조선 최고의 화가가 아들 교육비를 못 댈 정도로 가난하다는 건 참 이해하기 힘든 부분이지. 그가 그림을 그리면 집 한 채 값이 되었다고 하거든. 하지만 명분 없는 그림은 그리지 않았지. 예술을 돈에 팔지 않는 고집이 있었던 거야. 그리고 돈이 있으면 아끼지 않고 써 버렸어. 『대동기문』에 전하는 이야기는 그런 김홍도의 성품을 잘 보여 줘.

노년의 어느 날, 김홍도가 시장통을 거닐다가 문득 걸음을 멈추었어. 기묘하게도 잘생긴 매화 분재가 그의 눈길을 사로잡은 거야.

"하, 참 아름다운 매화로다. 그거 얼마요?"

"아, 귀한 물건을 한눈에 알아보시는구료. 2천 푼만 주슈. 분재 좋아하는 양반 댁에 가져가면 5천 푼도 받을 수 있는 거라오."

매화분은 꼭 갖고 싶었지만 김홍도에겐 돈이 없었어.

"좋소. 내가 꼭 사 갈 테니 그거 절대로 팔지 말고 놔두시오."

김홍도는 일전에 자신에게 그림을 부탁한 사람을 불렀어.

"우선적으로 댁이 원하는 그림을 그려 줄 테니 3천 푼만 내시오."

그림을 부탁했다가 퇴짜를 맞았던 양반은 얼른 3천 푼을 마련해 왔어. 김홍도는 즉시 그 돈 가운데 2천 푼으로 매화를 사고 술을 8백 푼어치나 사서 잔치를 열었어.

"내 마음에 쏙 드는 귀한 매화를 샀으니 모두 와서 한잔 하시오."

덕분에 친구들은 매화를 감상하며 잔치를 즐겼지만 가족들은 끼니가 걱정이었어.

"그 매화만 쳐다보면 배가 불러요."

아내의 지청구에 홍도는 주머니를 털어 주면서 말했어.

"아, 나는 매화만 봐도 배가 부르니 이것으로 쌀과 땔감을 사시오."

남은 돈은 겨우 2백 푼이었고, 그것으로는 사흘 치 양식도 되지 않았대. 하지만 홍도는 아무 걱정 없이 가난을 즐기며 살았다니, 마치 신라의 백결 선생과도 같았지.

김홍도의 출생이 그러하듯이 그의 죽음에 대해서도 알려지지 않았어. 1805년 〈추성부도〉 이후로는 남긴 작품이 없어 그 무렵 죽은 게 아닌가 추측하기도 해. 하지만 1815년에 남의 그림에 그림평을 실은 게 발견되어 그 이후에 죽은 걸로 추정하니 70세는 넘게 살았겠지. 주로 아들의 그림을 지도하며 살았을 걸로 짐작해. 조희룡의 『호산외기』에 따르면 그는 김양기와 매우 친했는데, 산수도에서는 양기의 그림이 부친을 능가할 정도였다고 해.

조선 그림의 대부 단원 김홍도, 그를 빼고는 그림을 말할 수가 없어. 조선의 3대 화가라고 하면 안견, 김홍도, 장승업＊을 드는데, 단연 김홍도가 빼어나. 그 이유는 그는 거의 모든 분야에서 최고의 실력을 보여 주었기 때문이야. 그가 활약한 분야는 산수도에서부터 어진화사를 비롯한 초상화, 화조도, 동물, 불화, 판화까지 있어. 그리고 국가 행사를 그린 의궤까지 주도했지.

김홍도는 우리 역사를 통틀어도 대표할 만한 화가지만 자화상 한 폭 남기지 않았어. '벼슬을 하지 않고 풍류나 즐기며 살련다.' 하고 쓴 글이 있는 〈포의 풍류도〉가 그의 모습을 짐작하게 하는 정도지. 그가 그린 그림은 소탈하고 친밀하며 익살스럽고 천진하면서도 힘이 넘치고 정이 흘러. 바로 그런 조선을 그린 거야. 신선과도 같다던 그의 얼굴이 바로 조선의 모습이라고 할 수 있겠지.

오늘날 김홍도의 고향으로 추정되는 안산에서는 그를 기념하는 미술 축제를 해마다 열어. 안산시의 단원구는 바로 그의 호 단원에서 따온 거란다.

제13장
삿갓 쓴 방랑시인
김병연

새도 짐승도 집이 있는데
나 홀로 나그네 신세
짚신과 지팡이로
걷고 또 걷고
흐르는 물처럼
떠도는 구름처럼
발길 닿은 곳이 다 내 집이었네

— 「난고평생시」

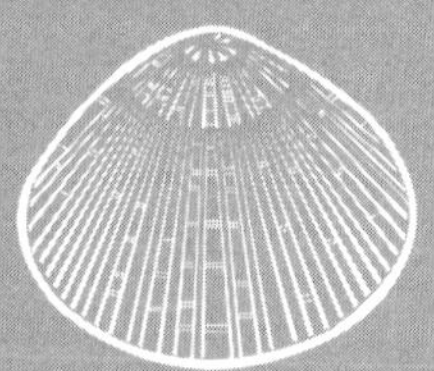

나는 **밝은 해**를 볼 수 없다

때는 19세기 초, 조선 순조 임금 시절이야.

단종 임금이 귀양 와서 죽은 강원도 영월에 백일장이 열렸거든. 지방 과거나 다름없는 백일장이라 군내에서 글줄이나 읽은 선비들은 거의 다 모여 문장 실력을 겨루었어.

서쪽 하늘에 놀이 불그레하니 물들 무렵, 향교의 교수가 입상자를 호명했어.

"장원에 김병연!"

발표에 귀를 기울이던 사람들은 서로를 돌아보았어.

"김병연이 누구야?"

대부분 향교가 있는 영월 중심지에 사는 양반들이라 산골 청년의 이름을 몰랐던 거야. 이때 아담한 체구의 사내가 노을빛을 받아 더욱 환한 얼굴로 웃음을 지며 앞으로 성큼성큼 나갔어.

시상을 하러 나온 학장이 물었어.

"그대는 어느 명문가의 자손인고?"

"별 이름 없는 집안의 자손이옵니다."

김병연은 어머니에게서 배운 대로 대답했어.

"오호, 산골에 이런 수재가 있다니 반갑고도 놀랍도다. 오늘 그대의 시는 근래 보기 드물게 힘찬 명문이었네. 더욱 학문에 정진해 반드시 대과에 급제하여 고을의 이름을 빛내 주게."

학장이 병연의 손을 잡고 당부했어.

"야, 우리 마을에서 장원이 났다!"

향교 밖에서 기다리던 마을 서당 친구들은 자기 일처럼 기뻐했어. 병연은 친구들이 태워 주는 목말을 타고 개선장군처럼 의기양양하게 마을로 돌아왔지.

"우리 마을에서 장원이 나오다니, 마을이 생긴 이래 첫 경사로세."

동민들은 하나같이 기뻐하며 잔치를 벌이자고 수선을 떨었어.

병연은 친구들이 잔치 준비를 하는 동안 부리나케 집으로 달려갔어.

"어머니, 제가 장원을 했습니다."

이태 전 결혼한 아내 장수 황씨가 갓난아이를 안고 나와 웃음으로 반겼어. 대놓고 말하지는 않았지만 아이에게 '네 아빠가 장원을 하셨단다!' 자랑하는 얼굴이었지. 그런데 어머니 함평 이씨는 방에서 바느질 손을 멈추지 않은 채 힐끗 쳐다보기만 할 뿐이었어. 병연이 방으로 들어가 절을 하고 장원을 표시한 상장과 상품으로 탄 붓과 벼루를 내려놓았어. 그래도 어머니는 달가워하지 않는 표정으로 물었어.

"그래, 애썼구나. 그런데 오늘 백일장 시제가 무엇이더냐?"

"시제는 〈논정가산충절사 탄김익순죄통우천〉, 즉 지난 홍경래의 난

때 목숨을 바쳐 싸운 가산 군수 정시의 공을 기리고, 비겁하게 싸우지도 않고 항복한 선천 부사 김익순의 죄를 꾸짖는 것이었습니다.”

순간 어머니의 표정이 백짓장처럼 하얗게 변했어.

“그, 그래서, 너, 너는 어떻게 썼느냐?”

병연의 입에서는 낮에 쓴 문장이 유창하게 흘러나왔어.

“명문 태생으로서 성은을 입은 사람이 뛰어난 군사와 무기를 갖고도 흉악한 역적에게 무릎을 꿇었으니, 그 혼은 저승에도 가지 못하리라. 또한 임금을 거역하여 조상까지 더럽혔으니 한 번이 아니라 만 번 죽어야 마땅…….”

하얗게 질린 얼굴로 파르르 입술을 떨던 어머니는 황급히 손사래를 치더니 바늘과 옷감을 툭 떨어뜨렸어.

“그만, 그만 하거라!”

자랑스레 문장을 외던 병연은 어리둥절했지.

어머니는 갑자기 방바닥을 내리치며 통곡을 하기 시작했어.

“아니, 어머니. 왜 그러십니까?”

울음 끝에 어머니가 사연을 털어놓았어.

“이놈아, 네가 지탄한 선천 군수가 바로 너의 할아버지야!”

병연은 멍한 표정으로 할 말을 잃었어. 곁에 앉았던 아내도 아이를 안은 채 바르르 떨었어. 병연은 하늘이 우르르 무너져 내리는 걸 느꼈어. 그의 머리와 가슴에는 수없이 번개가 치고 천둥이 울었어.

김병연의 사연을 이해하려면 당시의 정치와 사회 분위기를 먼저 알아야 해. 1800년, 정조 임금이 죽은 이후 어린 순조는 정순대비의 그늘에서 허수아비 임금 노릇만 했어. 사도세자와 정조의 반대편이던 노론 벽파의 세상이 되고 말았지. 5년 뒤 정순대비가 수렴청정을 거두었지만, 권력은 순조의 장인 김조순의 손아귀에 들어갔어. 이때부터 안동 김씨의 세도정치가 시작되었고, 사회는 점점 혼란스러워졌어. 벼슬을 뇌물로 사고파는 일이 점차 상식처럼 되었고, 세금은 가혹해지고, 아무리 실력이 있는 사람도 능력을 발휘할 길이 없게 되었지.

백성들의 불만은 쌓여 갔고, 그 중에서도 오래도록 관직 진출이 막혀 있던 관서철령관 서쪽, 평안도 지역와 관북철령관 북쪽, 함경도 지역의 민심이 가장 좋지 않았어. 이런 때 평안도 용강 출신인 홍경래가 난을 일으켰어. 그는 양반 출신으로 문무를 겸비한 실력자였지만 번번이 과거에 떨어졌어. 오래 지속된 관서북 지역 차별과 뇌물로 벼슬을 사는 세상 탓이었지.

1811년 겨울, 홍경래는 자신을 평서대원수로 칭하며 난을 일으켰어. 서북인에 대한 차별을 없애고 안동 김씨의 세도정권을 몰아내고, 새 나라를 세우겠다는 뜻을 공표했지. 압박 받던 서북의 민중들은 열렬히 환영했고, 하급 관리와 상인들, 서얼과 지식인들도 동참했어. 급격히 세력을 불린 반란군은 열흘 만에 가산, 곽산, 정주, 선천, 철산 등 서북의 열 개 성을 차지하는 기세를 올렸어.

이때 김병연의 조부 김익순은 선천부사였거든. 그도 안동 김씨이니 뒷배도 탄탄한 명문이었지. 홍경래의 반란군은 밤에 몰래 성으로 들어와 소동을 일으켰어. 반란군이 들어온 걸 알아챈 가산의 군민들은 대부분 동조하여 난에 가담했어. 그러자 김익순은 싸울 뜻을 버리고 항복해 버렸어.

들불처럼 타오르던 홍경래의 난은 그 이듬해 정주성 전투를 마지막으로 어렵사리 진압되었어. 김익순은 역적으로 몰려 처형되었고, 자식과 손자들까지 죽게 된 거야. 이때 김성수라는 집안의 종이 병연과 그의 형 병하를 데리고 도망가 자기 자식처럼 길렀어.

할아버지의 항복만 아니었다면 당시 영의정 김좌근과 같은 항렬인 아버지 안근도 쉽게 벼슬을 받았을 거야. 또 아들들 역시 대를 이어 높은 자리에 올라 세상을 호령했겠지. 하지만 병연의 아버지 안근은 먼 남해도로 도망가 숨어 살다가 화병으로 죽고 말았어.

그 후에야 김익순의 죄가 멸족_{자손들을 모조리 죽임}에서 폐족_{자손들이 벼슬에 오르지 못함}으로 낮춰졌거든. 그때부터 병연 형제는 다시 어머니와 같이 살게 되었지.

어머니는 아들들이 조상의 일을 알까 두려워 낯선 강원도 영월로 이사를 했어. 그리고 자식들에게 까막눈이나 면하게 해 주려고 서당에 보냈어. 아무리 공부를 잘해도 벼슬에 오를 수 없는 것을 잘 알고 있었으나 차마 자식들에게 그 얘기는 해 주지 못했겠지.

하지만 병연의 타고난 글재주는 까막눈이나 면하고 그만둘 정도가 아니었어. 그는 하나를 가르치면 열을 알고, 글자만 터득하면 곧 시를 꿰어냈거든. 시골 서당의 훈장이 더 가르칠 게 없을 정도였어. 그런데 그 뛰어난 글재주로 자기 할아버지를 욕되게 할 줄 누가 알았으랴!

"오, 하늘이시여!"

사실을 알게 된 병연은 집 안에 틀어박혀 꼼짝도 하지 않았어. 밤낮 없이 자기의 머리카락을 쥐어뜯으며 한탄하고 고민하였어. 때로는 미치광이처럼 울기도 했대. 그렇게 몇 달이 지난 어느 날, 병연은 느닷없이 금강산에 다녀오겠다며 나섰어.

"그래, 그게 좋겠다. 잘 다녀오너라."

어머니와 아내는 핼쑥해진 병연이 건강해지기를 바라며 허락했어.

"그런데 선비가 갓을 쓰지 않고 점잖지 못하게 웬 삿갓이냐? 게다가 상주처럼 대나무 지팡이까지 들고서?"

어머니가 길을 떠나는 아들의 소매를 붙잡고 물었어.

"조상을 욕되게 한 자손이 어찌 밝은 해를 보고 살겠습니까. 저는 평생 엎드려 울어도 죄를 다 못 씻을 것입니다."

병연은 평생 하늘을 보지 않으리라 다짐하며 금강산으로 떠났어.

그 후로 김병연은 자기 이름을 버리고 김립金笠:김삿갓이란 필명으로 살았어.

그런데 전혀 다른 주장을 하는 사람도 있어. 김병연 집안이 화를 당한 건 그가 여섯 살 때였거든. 총명한 그가 조부의 이름과 사건의 진상을 아주 몰랐을 리는 없다는 거지. 그러니까 스스로 조부를 지탄하는 시를 짓지는 않았을 것이고, 그 시는 딴 사람이 쓴 것이라고 해. 이는 김삿갓 연구서인 『길 위의 시』양동식, 동학사, 2007의 주장인데, 아마도 『대동기문』에 전하는 기록에 근거를 둔 것 같아.

『대동기문』에 따르면, 관서에 노진이란 사람이 시를 잘 지었으나 김삿갓을 따라갈 수 없었대. 그래서 그가 김삿갓을 관서에 못 오도록 김익순을 비웃는 시를 지어 세상에 명성을 알렸다는 거야. 그 시가 바로 「논정가산충절사 탄김익순죄통우천」인데, 김삿갓이 이 시를 보고는 피를 토하고 다시는 관서 지역에 걸음을 하지 않았대.

　김삿갓은 일생 동안 스스로 시집을 묶어 본 적이 없는 시인이거든. 그저 떠돌이 시인으로 여기저기에 시를 흘리고 다녔어. 그러다 보니 여러 가지 이야기가 만들어지고, 그의 인기가 치솟자 삿갓을 쓰고 그를 흉내 내는 사람까지 생겼어. 이런 상황을 종합해 보면 양동식의 주장이 옳은 듯도 해. 굳이 영월에서 가산과 선천의 일을 백일장 주제로 삼을 필요는 없으니까 말이야.

　하지만 김병연이 영월에서 다른 주제로 백일장 장원을 했을 가능성은 충분해. 그런 실력을 갖고도 폐족이 된 까닭에 출세의 길이 막혀 있으니 견딜 수 없어 스스로 삿갓을 쓰고 방랑에 나선 것이고. 이런 사정과 노진의 시가 결합되어 세간에서 더 비극적인 이야기로 꾸며진 게 아닌가 싶어. 그런데 오늘날 대부분 「논정가산충절사 탄김익순죄통우천」을 김병연이 백일장에서 써낸 것으로 알려져 있으니 그의 생애가 더욱 애달프게 느껴지지.

삿갓에 죽장 짚고 방랑 삼천리

김삿갓은 특별히 어느 한곳에 머물러 공부를 하거나 시를 짓지는 않았어. 그저 물 흐르는 대로 바람 부는 대로 떠돌면서 상황에 따라 시를 읊어서는 툭 던져 두고 보관도 하지 않았어. 때로는 시 짓기 모임에 슬쩍 끼여 한 수 읊기도 하고, 시 짓기 시합을 하기도 했대. 입만 열면 빛나는 시가 옥구슬 꿰미처럼 줄줄이 나오는 그의 천재적인 재주는 가는 곳마다 감탄을 자아냈어. 하지만 한 번도 삿갓을 벗지 않고 자기소개를 그저 김삿갓으로 해 유명해진 거야.

그는 굳이 시의 율격이나 형식을 따지지 않았어. 아마도 우리 역사상 시를 가장 자유롭게 지은 사람일 거야. 아니, 그는 시를 짓는 게 아니라 그냥 읊는다고 해야 옳아. 이런 시인을 즉흥시인이라고 해.

김삿갓은 이 집 저 집을 떠돌며 동냥아치 생활을 했어. 하루는 어떤 고갯마루에 사는 가난한 집에서 점심을 얻어먹게 되었거든.

"죄송합니다, 손님. 끼니가 여의치 않아 죽을 대접하니 용서하십시오."

주인이 송구스런 표정으로 말했
어. 죽이래야 멀건 국물에 보리알
몇 개 떠돌아 하늘이 비칠 정도야.
김삿갓은 그 죽 그릇을 앞에 두고
시를 읊었어.

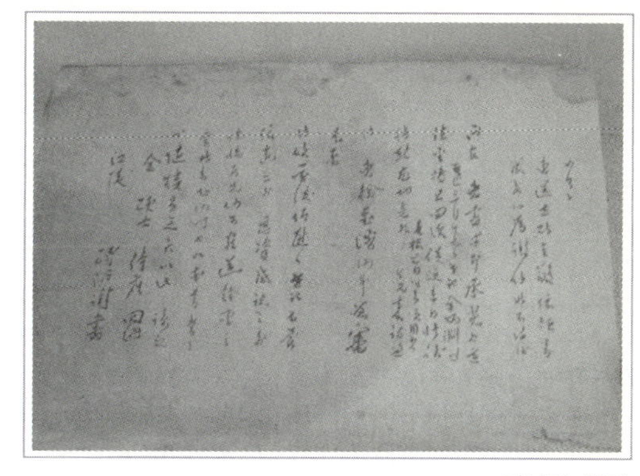

김삿갓 친필

　　소나무 소반에 한 그릇 죽

　　하늘과 구름이 함께 떠도네

　　주인장이여, 미안해 마오

　　나는 물속의 청산을 사랑한다오

멀건 죽에 담긴 주인의 정성과 거기 비친 산수의 풍경을 아름답다고
노래한 거야. 자연을 사랑하고 가난한 이웃을 동정하는 그의 진심이
잘 드러난 명작이지. 집주인은 그 시를 받아 가보로 삼았대.
　김삿갓의 시는 해학과 풍자가 가득해. 그는 늘 가난한 이웃의 친구
였고, 권세를 부리는 벼슬아치들을 야유했어. 글줄깨나 읽었다는 양반
을 비꼰 시를 볼까.

　　해 돋으면 까부는 원숭이는 원생원

　　저물면 달려드는 모기는 문첨지

　　고양이 뜨면 죽는 쥐는 서진사

　　밤마다 쏘아 대는 벼룩은 조석사

원猿은 원숭이, 문蚊은 모기, 서鼠는 쥐, 조蚤는 벼룩을 뜻하는데, 우리 말과 한자어를 기막히게 결합해서 엮었지. 또 나그네의 설움을 토해 낸 「스무나무 아래서」란 시는 숫자를 교묘하게 활용한 기발한 작품이야.

　　스무(20) 나무 아래서

　　설운(30) 나그네에게

　　망할(40) 놈의 마을에서

　　쉰(50) 밥을 주다니

　　사람 세상에 어찌 이런(70) 일이 있는가

　　내 집에 돌아가

　　설은(30) 밥을 먹느니만 못하구나

김삿갓은 시로써 힘없는 사람들의 어려움을 해결해 주기도 했어. 가난한 농부가 송아지를 기르는데 부잣집 황소가 들이받아 죽어 버렸거든. 짐승이 한 일이고 양반의 소라 대놓고 따지지도 못하는 송아지 주인한테 김삿갓은 시를 한 편 적어 주어 관가에 내라고 했어.

　　네 냥 칠 전짜리 송아지

　　청산녹수에 놓아 길렀는데

　　풀 뜯는 송아지를

　　콩 먹은 황소가 뿔로 받아 죽였구나.

하, 이 노릇을 어찌 하오리.

이 시를 본 사또는 황소 주인을 불러 송아지 주인에게 네 냥 칠 전을
무르도록 했대.

「묘지 싸움」이란 시도 재미있어. 어떤 양반의 딸이 죽었는데, 아마도
별로 자랑스럽지 못한 일로 죽었나 봐. 창피하니까 슬쩍 남의 집안 묘
사이에다 묻어 버렸거든. 그것을 안 묘 주인이 뭐라고 해도 콧방귀도
안 뀌어. 그 소문을 듣고 김삿갓이 시를 한 편 써서 양반에게 주었어.

남의 집 여인네를
우리 할아버지와 아버지 사이에 눕혔으니
할아버지에게 붙여야 하나
아버지에게 붙여야 하나

자기 딸이 죽어서 남의 집 아버지와 아들 양쪽의 여자가 되었다고
소문이 나면 유교 사회에서 망신이거든. 그 양반이 얼굴이 벌겋게 되
어 얼른 묘를 옮겨 갔대.

김삿갓 시의 특징은 이런 재치와 익살과 해학에 있어. 그리고 무엇
보다도 반전의 묘미가 백미라고 할 수 있어.

어느 지방의 쟁쟁한 양반이 환갑을 맞았거든. 일곱이나 되는 아들들
이 크게 잔치를 열고 사람들을 두루 초대했지. 그런 자리에 김삿갓이
빠질 수 있나. 양반들 틈에 척 끼어들어 술과 밥을 넉넉히 먹었는데,

삿갓조차 벗지 않고 인사도 하지 않는 그가 괘씸했겠지. 옆에 앉은 양반이 아니꼬운 투로 윽박질렀어.

"축의금도 없이 대접을 받았으니 무슨 재주라도 부려야지?"

김삿갓이 허허 웃고는 대답했어.

"풍성하게 대접을 받았으니 응당 축시라도 읊지요. 운자를 띄워 보시구려."

사람들은 '저 거지가 술값이라도 하려나 보다' 하며 비웃음 반 호기심 반으로 쳐다보았지.

"오늘이 환갑잔치이니 늙을 노자가 마땅하겠군. 자, 늙을 노!"

운자가 뜨자 삿갓으로 가려져 보이지 않는 김삿갓의 입에서 튀어나온 말은 엉뚱하기 짝이 없었어.

"저기 앉은 저 노인, 사람 같지 않구나!"

그날의 주인공인 환갑 노인이 허연 수염을 부르르 떨었지. 잔치에 참석한 사람들도 '뭐 저런 버르장머리 없는 놈이 있냐'며 욕을 해대고. 일곱 아들들의 표정이 험악하게 굳어졌어. 하지만 다음 한 구절이 나오자 사람들은 감탄하여 입을 쩍 벌렸어.

"아마도 하늘에서 내려온 신선이 아니신지?"

그런데 그 다음 구절이 다시 분위기를 싸늘하게 만들었어.

"눈앞에 앉은 칠 형제는 모두 도둑놈이로구나!"

이 말에 일곱 아들이 주먹을 불끈 움켜쥐고 일어섰어.

"저놈이 기필코 우리를 희롱하여 잔치를 뒤엎으려 하는구나!"

성질 급한 형제 몇이 팔을 걷어붙이고 달려올 기세야. 그러나 김삿갓은 느긋한 목소리로 다음 구절을 토해 냈어.

"하늘의 왕 복숭아를 훔쳐 오늘 잔치에 바쳤구나!"

하늘의 보물까지 훔쳐 올 정도로 효성이 지극하다는 표현에 칠 형제는 찾아와 고개를 조아리고 인사를 했어. 기막힌 거듭된 반전에 모두들 혀를 내두르며 손뼉을 쳐 댔지. 그제야 누군가 조심스레 물었어.

"저, 혹시 그대는 천하제일 시인 김삿갓이 아니신지요?"

김삿갓은 아무 대답도 않고 자리를 박차고 일어났어.

"나 같은 비렁뱅이가 그런 시인을 어찌 알겠소. 술 잘 마셨소이다!"

삿갓을 푹 눌러쓴 채로 그는 휘적휘적 그 마을을 떠나 버렸지.

재미난 얘기를 하나 더 해 줄까.

김삿갓은 금강산을 좋아해서 젊을 때도 나이 들어서도 자주 찾아갔어. 한때 금강산의 어느 암자에 시를 아주 잘 짓는 스님이 있었거든. 그런데 성질이 아주 괴팍해서 자기랑 시 짓기 내기를 해서 지면 생니를 하나씩 뽑는다는 거야. 역시 괴팍하기로는 둘째가라면 서러운 김삿갓이 찾아갔지.

"시큰거리는 이가 있는데 대사께서 이를 잘 뽑는다기에 왔소이다."

김삿갓의 말에 주지는 큰 주머니 내밀고 흔들었어.

"이게 내가 그동안 모은 이빨들이오. 그대의 이빨도 곧 하나 더 보태지겠지. 하지만 나와 겨룰 만한지 시험부터 해 봐야겠소. 내가 운을 띄울 테니 읊어 보시오."

짓궂은 주지가 시로 읊기 아주 곤란한 운자를 띄우지 뭐야.

광주 무등산에 있는 '김삿갓 시비'

“첫 번째 운은 ‘타’요.”

그렇다고 막힐 김삿갓이 아니지.

“이 절의 사방 기둥은 벌겋타.”

뜻밖에도 한자가 아닌 우리말로 받으니까 주지가 어리둥절하더니 다시 운을 띄워.

“또 ‘타’요.”

“석양의 나그네는 시장타.”

“어쭈, 제법인데. 이번에도 ‘타’요.”

“네 절 인심 한번 고약타!”

김삿갓이 말끝에 힘을 주어 톡 쏘았어.

주지는 깜짝 놀라 허리 굽혀 절을 했어.

“이런, 내가 고매한 시인을 몰라 뵀었군요. 그대는 틀림없이 그 유명한 김삿갓이 아니시오?”

김삿갓이 대답했지.

“내가 아무개면 어떻소. 어서 이빨 뽑기 내기나 하면 될 것을.”

“반갑소이다. 내 꼭 그대와 한 수 겨루어 보고 싶었다오.”

이리하여 김삿갓은 주지와 내기를 하게 되었거든. 주지가 먼저 읊으면 병연이 대구를 읊기로 한 거야. 대구가 막히면 바로 지는 것이고, 그러면 멀쩡한 이빨을 뽑힐 수밖에 없었지. 자, 두 시인의 대결을 보렴.

주지 : 절벽은 위태로우나 꽃은 웃으며 서 있고

삿갓 : 봄은 가장 좋은 시절이나 새는 울면서 돌아가네

주지 : 옷 그림자 푸른 물에 잠겼으나 옷은 젖지 않고

삿갓 : 꿈속에서 청산 걸었으나 다리가 아프지 않도다

주지 : 청산을 얻고 보니 구름이 공짜로 생기고

삿갓 : 백수 물가에 이르니 고기가 저절로 따라오더라

주지 : 가죽나무 가지 부러지니 달 그림자 난간에 어리고

삿갓 : 참미나리 맛나니 산이 봄을 잉태했구나

주지 : 달도 희고 눈도 희고 천지도 희고

삿갓 : 산도 깊고 밤도 깊고 나그네 수심도 깊도다

(……)

이렇듯 밤새 시를 주고받아도 끝나지 않았어. 경험 많은 주지가 아무리 곤란한 운자를 사용하거나 기발한 시를 읊어도 김삿갓은 메아리처럼 술술 시를 풀어냈어. 그러다가 그만 주지가 더 띄울 운자도 없고 시를 엮어 낼 소재도 없어지자 두 손을 들고 말았어.

"삿갓 양반, 내가 졌소이다."

그리하여 두 사람은 친형제라도 만난 듯 술을 주고받았는데, 주지의 이빨은 어찌 되었을까. 김삿갓도 짓궂기라면 천하제일이거든. 대접 잘 받은 다음에 기어코 주지의 이빨을 하나 뽑아 버렸어. 그 후 주지는 다시는 이빨 뽑기 내기는 하지 않았대.

방랑의 끝, 긴 안식

김삿갓은 무려 35년간이나 세상을 떠돌았어. 그런 떠돌이 생활 중에 딱 두 번 집에 들렀거든. 금강산을 유람하고는 서울로 가서 폐족에서 벗어날 길을 찾아보다가 2년 만에 돌아온 게 처음이야. 이때 부인 황씨는 둘째 익균을 낳았어.

장성한 익균은 천하에 둘도 없는 효자였어. 그는 생과부가 된 어머니를 지극하게 모셨어. 그리고 1838년에 어머니가 돌아가시자 아버지를 찾아 전국을 떠돌았어. 하지만 바람처럼 떠도는 부친이라 소문을 듣고 찾아가면 이미 떠나고 없는 거야.

그런데 어느 날, 드디어 처음으로 딱 만나게 돼. 이때 김삿갓은 안동 어느 시골 마을에서 잠시 훈장 노릇을 하고 있었거든.

"제가 차남 익균입니다, 아버지."

낯선 청년이 불쑥 찾아와 절을 하니 어리둥절하던 김삿갓은 별안간 크게 웃음을 터뜨렸어.

"아버님, 이제 그만 집으로 돌아가시지요."

실은 자신을 찾아온 아들이 고맙고 대견했겠지. 그러나 그는 한곳에 머물 사람이 못 되었어. 게다가 뻔뻔하지도 못했어. 자신이 가족을 버리고 떠도는 중에 모친도 돌아가시고 아내마저 갔는데, 무슨 낯짝으로 아들과 며느리, 손자들을 대한단 말인가.

"그래. 오늘 밤 같이 자고 내일 가자꾸나."

김삿갓은 익균을 이렇게 안심시키고는 한밤에 몰래 달아나 버렸대.

익균은 포기하지 않았어. 다시 강원도 평강에서 김삿갓을 찾아낸 거야. 김삿갓은 아들의 정성에 그만 포기한 듯이 말했어.

"고개 너머 김초시 집에 꼭 받아야 할 물건이 있는데, 네가 좀 찾아주렴."

이번엔 이렇게 심부름을 시켜놓고는 다시 달아났어.

세 번째로 익균이 아버지를 찾아낸 곳은 전라도 여산이었어.

"이번엔 절대로 놓치지 않을 겁니다."

익균은 아버지를 체포해 가듯이 꼭 팔짱을 끼고는 놓아주지 않았어. 말없이 따라가던 김삿갓이 수수밭에 이르러서 다시 수작을 부렸어.

"애야, 내가 큰일을 좀 보려는데, 그래도 잡고 있을 테냐?"

익균은 팔을 풀고는 가까이서 감시를 했어.

수수밭으로 들어간 김삿갓은 주저앉아 일을 보느라 삿갓만 보였지. 그런데 한참이 지나도 나올 생각을 않는 거야. 익균이 아차 싶어서 가 보니, 아버지는 없고 삿갓만 수숫대에 척 걸려 있지 뭐야. 정말 못 말리는 김삿갓이지.

이렇게 떠돌던 김삿갓은 전라도 화순에서 경주 최씨와 재혼을 해 잠시 안정을 찾고 아들 영규를 낳기도 했어. 그러나 방랑 기질을 못 버리고 다시 충청도로 제주도로 떠돌았어.

1863년, 57세가 된 김삿갓은 더 이상 방랑을 할 체력이 되지 않았어. 병까지 들어서 그만 생을 정리하려고 최씨와 아들이 있는 화순으로 발길을 잡았어. 이 무렵 자신의 생을 정리한 「난고평생시」란 시를 지었어. 난고蘭皐는 곧 자신의 호야. 개울가나 늪 혹은 높은 언덕의 난초란 뜻이니 비비람에 시달리며 외롭게 핀 자신의 삶을 상징하지.

새도 짐승도 집이 있는데
나 홀로 나그네 신세
짚신과 지팡이로
걷고 또 걷고
흐르는 물처럼
떠도는 구름처럼
발길 닿은 곳이 다 내 집이었네.
(후략)

1863년 3월 29일, 결국 김삿갓은 화순의 가족을 만나지도 못하고 화순군 동북면 구암리 고개의 주막에서 숨을 거두고 말았어. 그가 남긴 것은 삿갓과 대나무 지팡이와 붓이 든 괴나리봇짐밖에 없었어.

소식을 들은 익균은 부랴부랴 달려와서 아버지를 영월로 모시고 갔어. 그토록 찾아 헤매던 끝에 주검이나마 모시게 된 거지. 이렇게 조선

팔도를 바람처럼 누비
던 방랑시인 김삿갓은
영월군 와석리에서 비
로소 긴 안식을 찾게 되
었단다.

그러니 김삿갓은 죽
어도 죽은 게 아니었어.
글줄이나 하는 떠돌이
들은 유행처럼 삿갓을

강원도 영월군에 있는 ‘김삿갓 사당’

쓰고 다녔고, 잔칫집에 들어가 시인으로 대접받으며 허수룸한 시를 읊
조리기도 했지. 허다한 시를 썼지만 스스로 시집 한 권 엮지 않은 그의
삶은 이미 전설이 되었고, 민담으로 잊히고 있었어.

그런 김삿갓이 부활한 건 그가 죽고 난 67년 뒤인 1939년이었어. 이
응수가 전국에 떠도는 김삿갓의 시를 모아 『김립 시집』을 펴낸 거야.
이를 계기로 전설이 되었던 그의 시와 이야기도 되살아났지. 지금까지
김삿갓에 관한 책이 30여 종이나 나왔어.

현대에 와서는 김삿갓에 대한 연구가 더욱 활발해졌어. 그의 시와
생애를 연구하는 모임이나 학자도 생겨났지. 북한에서도 민중 시인으
로 많이 연구하고 있대. 그뿐만 아니라 방송에서도 드라마로 만들고,
대중가요에서도 그의 낭만적인 삶을 노래로 만들었어. ‘죽장에 삿갓
쓰고 방랑 삼천리’ 하고 시작되는 「방랑시인 김삿갓」이란 노래는 민

요처럼 애창되었고, 그의 무덤이 있는 영월 와석리는 이제 김삿갓 마을로 통해. 그가 살았던 집이 복원되었고 동상과 시비가 세워졌지. 그리고 해마다 김삿갓 문화제를 열어 그를 추모해. 전국 규모의 백일장이 열리고, 김삿갓 문학상을 제정해 그의 시 정신을 잇는 시인들에게 주고 있단다.

방랑시인 김삿갓 병연은 과거에 급제하지 않고도 오늘날 이렇게 큰 영광을 누리게 된 거야. 이렇듯 진실한 예술은 생명력이 있어서 세월이 흐를수록 그 빛이 더욱 별처럼 빛나게 된단다.

김삿갓과 평생 함께한 그의 벗은 아무래도 삿갓이었겠지. 그는 말년에 「삿갓을 노래함」이란 시에 이렇게 적었어.

떠돌이 나에게 삿갓은 정처 없는 빈 배

한 번 쓰기 시작한 것이 사십 평생을 지냈구나

소치는 아이가 들판에서 송아지를 몰 때

늙은 어부가 갈매기와 고기잡이할 때 쓰는 것인데

술에 취한 나는 벗어 꽃나무에 걸기도 하고

흥이 오르면 들고 다락에 올라 달구경도 하였네

세상 사람들 의관이야 모두 겉치레지만

나의 삿갓은 비바람 근심 외로움 막아 주는 벗이라네.

제14장
판소리의 아버지
신재효

스물네 번 바람 불어 만화방창 봄이 되니
구경가세 구경가 도리화 구경가세
복사꽃은 곱게 붉고 희기도 흰 오얏꽃
범나비는 너풀너풀 날아든다

－「도리화가」

부자가 되는 노래

부엉이가 울어 대는 겨울밤, 달도 없는 하늘엔 별들만 반짝거렸어. 그런 어둠 속에 한 사내가 어느 부잣집 담을 넘었어. 얼굴을 검은 수건으로 감싸고 눈만 빠끔 내놓은 사내는 도둑이 틀림없었어.

도둑은 곧장 마당을 가로질러 사랑채로 스며들었어. 문설주에 기대 낌새를 재 보던 도둑은 칼을 곧추세우고는 조심스럽게 방문을 잡아 당겼어.

고양이 걸음으로 방에 들어온 도둑은 서랍장을 뒤지기 시작했어. 아랫목에서 곤하게 자는 주인이 깰까 봐 조심하였지만 달각거리는 소리는 어쩔 수 없었어. 간신히 열어 본 서랍장에는 몇 가지 서류와 책과 벼루, 붓, 종이 따위뿐이었어.

도둑은 앉은걸음으로 문갑에 다가섰어. 문갑은 자물통이 채워져 있었어. 그는 칼로 자물통을 매단 장식을 떼 보려 안간힘을 썼어. 그게 안 되자 칼을 문갑 틈새에 넣고 비틀었어. 뻑뻑대는 소리만 커질 뿐 문갑은 열릴 낌새가 없었어. 도둑은 땀만 삐질삐질 흘렸지.

그때 어둠 속에서 담담한 음성이 들려왔어.

"돈은 거기 없소. 그 옆에 있는 조그만 반닫이에 있다오."

도둑은 털썩 엉덩방아를 찧었어.

"꼬, 꼼짝 마라. 주, 죽인다."

도둑이 엉거주춤한 자세로 칼을 겨누었지.

주인은 태연하게 말을 이었어.

"자, 열쇠 여기 있네. 필요한 만큼 돈을 꺼내 가시게."

아랫목에서 '철렁' 소리가 나더니 열쇠가 도둑 앞으로 날아왔어.

도둑은 떨리는 손으로 열쇠를 거머쥐었어. 하지만 한 손으로는 칼을 겨누고 한 손으로 자물통을 따려니 제대로 되지 않았어. 어설픈 초보 도둑이 분명했어.

"쯧쯧, 내가 해 줄 테니 잠시 기다리시오."

주인이 다가와 자물통을 따고는 돈을 꺼냈어.

"자, 백 냥이오. 장사를 하든 농사를 짓든 올바르게 쓰시오."

주인은 엽전 꾸러미를 도둑의 손에 쥐어 주었어.

돈을 받아 든 도둑은 어쩔 줄 몰라 하며 주인을 바라보기만 했어. 주인이 나가라고 손짓을 하자 그제야 도둑은 방문을 열고는 마당으로 내려갔어. 주인이 도둑을 향해 배웅하듯 손짓을 했지. 도둑은 차마 떠나지 못하고 칼을 떨어뜨리며 무릎을 꿇었어.

"이러다가 남의 눈에 띄면 어쩌려고……."

마당으로 내려온 주인은 그를 일으켜 대문간까지 바래다 주었어.

"잘 가시오. 다시는 남의 담을 넘지 마시오. 돈이야 있다가도 없고 없다가도 생기는 것이지만, 사람이라도 상하게 하면 영원히 벗어날 수 없는 수렁에 빠진다오.”

“예, 명심하겠습니다.”

다시 한 번 목례를 하고 돌아서는 도둑의 눈에서 별빛이 반짝 빛났지. 주인은 도둑이 떨어뜨린 칼을 집어 변소에 던져 넣었어.

그리고 몇 년이 지난 어느 날, 한 상인이 그 부잣집으로 찾아와 주인을 뵙자고 청했어. 주인이 맞아들이자 상인은 다짜고짜 큰절을 하고는 눈물을 흘렸어.

“어르신 덕에 새사람이 되었습니다. 그때 주신 돈으로 장사를 해서 이제야 갚을 돈을 마련하였습니다. 받아 주십시오.”

주인은 흐뭇하게 웃을 뿐 돈을 받지 않았어.

“사람은 천하보다 귀하고, 돈이란 사람을 위하여 쓰여야 하오. 그런데 단 돈 백 냥으로 새사람이 되었다니 내가 오히려 고맙소. 그 돈으로 더 많은 돈을 벌어 널리 착한 일을 하시오.”

상인은 주인의 넓은 아량에 감동하여 눈물만 흘릴 뿐이었지.

이 아름다운 이야기의 주인공인 부자가 바로 신재효란다.

동리桐里 신재효申在孝는 1812년 전라도 고창에서 태어났어. 아버지는 고창 관아에서 약방을 하는 중인이었는데, 마흔이 넘어서야 간절한 기도 끝에 귀한 아들을 얻었지. 부모는 그가 태어난 것만으로도 기뻐서 이미 효도를 했다며 재효라고 이름 지었어.

재효는 이름처럼 효성도 지극하고 총명했어. 아버지는 재효의 비상함을 알아보고 선암사란 절로 보내 공부에 전념하게 했어. 중인이라서 향교나 서원에서 배울 수는 없었거든. 이때 이미 재효는 조선 사회를 지배하는 신분제의 고통을 깨닫기 시작했어. 아무리 학문이 뛰어나도 대과에 도전할 수도 없고 그저 잡술과나 보아 낮은 기술 계통의 관리밖에 될 수 없는 한계에 가슴을 쳤지.

그럼에도 불구하고 그는 학문을 포기하지 않았어. 출세의 수단으로가 아닌 진정한 인격을 닦는 마음으로 학문에 전념했어. 유교 경전과 불교도 환히 꿰고 시도 썩 잘 지었어. 어느 양반이나 유학자와 견주어 뒤지지 않을 만큼 학문을 쌓은 거야.

다행히 약방을 하는 집안 덕에 살림은 넉넉했어. 어느 정도 공부를 마친 재효는 결혼을 하고 사업을 벌였어. 약재와 특산물을 거래하고 농사도 점차 늘려 천석꾼이 되었어. 그러나 그의 목적은 돈이나 사치스런 삶이 아니었어.

"돈이란 버는 것보다 쓰는 것이 중요하다. 돈만 많이 버는 사람은 욕을 먹지만 돈을 올바르게 쓰는 사람은 돈보다 귀한 것을 얻는다."

그는 정당하게 돈 버는 법을 본으로 보

신재효가 살던 집

여 주고 싶었어. 그래서 훗날 「치산가」란 노래를 지어 퍼뜨리기도 했
어. 그 노래를 보면 신재효의 사상이 잘 나타나 있단다. 아주 긴 노랜
데 아주 구체적으로 부자 되는 법을 들려주고 있어.

이보오 소년들아 부자 노래 들어 보소

젊어서 방탕하면 부자 되기 어렵고야

부지런 검소하면 집안 재물 절로 쌓고

사치 허랑 방탕하면 패가망신 절로 되네

창업하기 어렵건만 수성하기 더 어렵네

어렵다고 포기 마소 쉬운 것이 집에 있네

구석 빈 땅 채소 심어 반찬값 아끼고

메마르고 높은 논도 거름하면 곡식 되네

오줌 똥이 밥이 되고 밥이 도로 똥이 되니

부자가 되는 건 집안부터 부지런하고 검소한 자세로 알뜰하게 챙기
면 저절로 된다는 얘기야.

신재효는 고창에서 가장 큰 부자가 되었어. 어떤 양반이나 권세가도
함부로 못할 정도였지. 그러나 그는 언제나 겸손하고 힘없고 가난한
사람도 존중해 주었어. 아이와 여자도 차별하지 않고 인간의 평등과
고귀함을 진실로 깨닫고 실천했어.

심지어 그는 천민들에게까지 존댓말을 썼어. 하루는 신재효가 양반
친구와 길을 가다가 갓을 만드는 장인을 만났거든.

"안녕하십니까, 어르신?"

"오랜만이오. 잘 지내셨소?"

갓쟁이와 재효는 죽마고우처럼 허물없이 손을 잡고 이야기를 나누었어. 이를 못마땅한 눈초리로 바라보던 양반 친구가 말했어.

"자네는 어찌 그리 천한 사람하고 살붙이처럼 트고 지낸단 말인가? 체통을 좀 생각하게."

이에 신재효가 따끔하게 충고하였어.

"양반네들은 머리를 소중히 여겨 갓으로 신분을 자랑하고 다니면서 어찌 갓을 만드는 사람을 업신여긴단 말인가?"

친구는 그만 부끄러움에 말문이 닫히고 말았지.

체통을 내세우며 잰 체하는 양반들의 허리를 굽히게 만들기도 했어. 그의 집에선 종종 광대나 소리꾼을 불러 크게 잔치를 열기도 했는데, 그러면 인근의 한다하는 양반이 죄다 모여들었거든. 그런데 집 입구에 나무를 우거지게 가꾸어 양반들이 들어올 때 허리를 숙이게끔 해 놓은 거야. 양반이 중인에게 절을 하게 만든 거지. 그때 신재효는 손님 맞을 준비를 하는 척하며 높은 정자 위에 있었거든.

신재효는 몸소 실천하여 재산을 불린 부자였지만, 내면으로는 마음의 수양을 깊이 하였고 풍류를 즐길 줄 아는 선비였지. 어쩌면 그는 재물보다 마음이 더 부자인 진정한 부자였을 거야.

판소리의 고향 동리정사

신재효가 판소리와 인연을 맺게 된 건 아전 노릇을 한 덕분이었어. 이방을 맡은 그는 고을의 잔치나 관아의 행사를 늘 도맡았거든. 이때 광대패를 자주 초청하면서 판소리에 귀가 열린 거야. 물론 그도 노래를 잘했지만 소리꾼은 아니었어. 그럼에도 노래의 느낌이나 흐름, 의미를 아주 잘 이해하는 귀명창이었어.

중년으로 접어들 무렵, 신재효는 고민이 생겼어. 노래와 풍류를 좋아해서 두루 즐기기는 하는데, 불만이 쌓여 가는 거야. 노래나 소리에 대한 이해가 높아진 만큼 광대들이 그에 따라오지 못했거든. 어떤 광대는 어떤 부분만 잘하고, 다른 건 통 몰라. 또 어떤 부분은 이해되지도 않는 엉뚱한 소리를 내지른단 말이야.

"노래란 좋은 것이다. 사람살이를 흥겹게 하고 착하게 살도록 교화한다. 이는 어떤 성인의 가르침보다도 중요한 삶의 일부이다. 그런데 어찌 노래들이 한결같지 않고 체계도 없고 기준도 없는 것인가?"

게다가 소리꾼들의 삶도 말이 아니었어. 대부분 양반들의 잔칫집에 불려가 노래를 불러 주고, 돈을 받아 생활했거든. 돈을 못 받고 쫓겨날 때도 아무런 대꾸조차 하지 못했어. 가난은 언제나 그림자와 같았지. 신재효는 비로소 자신의 많은 재산을 어디에 써야 할지 깨달았어.

"예술은 사람으로서 좀 더 완전해지기 위한 노력이다. 그런데 밥을 굶고 자존심을 다치면 어떻게 온전한 예술이 나오겠는가. 돈은 바로 저런 사람들을 위해서 써야 하는 것이다."

1850년, 신재효는 고창에 3천 평이나 되는 땅을 마련하여 큰 집을 지어 자신의 호를 따서 '동리정사'라고 했어. 그리고 전국의 광대들에게 광고했어.

"판소리꾼들은 누구든지 여기 모여 소리를 배우고 연구해도 좋다!"

물론 먹고 자는 모든 돈은 자신이 대기로 한 거지. 소리꾼들은 다른 광대패와 어울려 거처도 없이 떠도는 신세가 대부분이었거든. 그들은

전라북도 고창에 있는 동리국악당　신재효의 문화적 공로를 기념하고, 판소리 전승의 맥을 이어가기 위해 설립된 국악공연장이다.

환호하며 모여들었고, 판소리를 배우고 싶은 사람도 몰려들었어. 재효
는 그 모두를 기꺼이 접대하며 함께 연구하고 가르쳤어. 많은 광대들
이 그의 인덕과 정확한 가르침에 고개를 숙이며 제자가 되기를 청했
지.

신재효는 팔도에서 모여든 광대들을 가르치기 위해 특별한 노래를
하나 만들었어. 바로 「광대가」야. 여기에는 그의 예술 철학이 고스란
히 담겨 있고, 명창이 되는 방법이나 판소리에 대해서도 자세히 설명
하고 있어. 좀 어렵고 길지만 한번 들어 보렴.

거려천지 우리 행락 광대 행세 좋을시고
그러하나 광대 행세 어렵고 또 어렵다
광대라고 하는 것이
제일은 인물치레요 둘째는 사설치레
그 다음은 득음이요 그 다음은 너름새라

너름새라 하는 것이 구성지고 맵시 있고
경각에 천태만상 위선위귀 천변만화
좌중의 풍류호걸 구경하는 노소남녀
울게 하고 웃게 하는 이 귀성 이 맵시가
어찌 아니 어려우며

득음이라 하는 것은

오음을 분별하고 육률을 변화하여

오장에서 나는 소리 농락하여 자아낼 제

그도 또한 어렵구나

사설이라 하는 것은 정금미옥 좋은 말로

분명하고 완연하게 색색이 금상첨화

칠보단장 미부인이 병풍 뒤에 나서는 듯

보름날 밝은 달이 구름 밖에 나오는 듯

새눈 뜨고 웃게 하기 대단히 어렵구나

인물은 천생이라 변통할 수 없거니와

깊디깊은 이 속판은 소리하는 법례로다

어려운 말이 너무 많지? 거려란 여관을 뜻하니 천지가 여관이란 말인데, 광대의 일생은 떠돌이란 뜻이야. 광대의 제일이 인물치레라고 하는 건, 광대는 인물이 우선 번듯해야 한다는 뜻도 있지만 표정 연기가 중요하다는 뜻도 있어. 사설치레가 좋아야 한다는 건 이야기를 술술 잘 풀어 가야 한다는 뜻이고, 득음은 목청이 탁 트여야 한다는 얘기, 너름새는 몸동작이니 발림이라고 해. 이런 하나하나가 다 어렵지만 명창이 되기 위해서는 꼭 터득해야 한다는 걸 노래로 가르치고 있지.

그럼 이왕 판소리가 나왔으니 이쯤에서 판소리의 기본을 공부해 두는 게 좋겠어.

가장 한국적이고 가장 독창적인 예술로 무엇을 들 수 있을까?

나는 주저하지 않고 무형문화제 5호인 판소리를 꼽겠어.

물론 아무런 무대 장치 없이 즉석에서 펼치는 마당극도 있지만, 이와 비슷한 연극은 다른 나라에도 더러 있거든. 그런데 판소리는 민요나 창이나 가곡정가하고는 달라. 이야기와 노래가 어우러져 있고, 거기에 춤사위도 들어가고, 북장단과 고수와 관중의 추임새가 더해지니 공연자와 관객과 무대가 완전히 하나가 되는 독특한 예술이거든. 그것을 한 사람이 하니 1인 종합예술이라고 할 수 있지.

판소리가 언제부터 불리어졌는지는 알 수 없어. 다만 우리 민족은 삼국시대 그 이전부터 노래하고 춤추기를 좋아한다고 했으니 노래는 늘 우리 삶과 함께했겠지. 민요나 마당극에 서사적인 요소가 강화되면서 판소리가 되었을 거라고 짐작은 해. 여기에다 우리 민족 특유의 굿판에서 부른 무가도 섞였고 말이야. 그러니까 판소리는 우리의 전통문화가 복합적으로 만들어 낸 예술이라고 보면 돼. 이렇게 판소리가 형식을 갖춘 때는 조선 중기 이후부터로 짐작되는데, 영·정조시대를 거치면서 성행하다가 신재효가 중흥시키면서 크게 유행하게 되었어.

판소리는 크게 서편제와 동편제로 나뉘는데, 그 경계선은 지리산과 섬진강이야. 그 동쪽을 동편제, 서쪽을 서편제라고 하지. 동편제는 단호하고 씩씩하고 힘찬 특징이 있고, 서편제는 구성지고 섬세한 편이야. 지금은 동편제는 약화되었고 서편제가 주류가 되었지. 그리고 아주 특이하게 개성적으로 부르는 명창이 있으면, 명창의 이름을 붙여 아무개제라고도 한단다.

판소리는 주요 노래인 소리창와 이야기를 사설조로 풀어 가는 아니리, 그리고 몸동작인 발림너름새, 거기에다 고수의 북 장단과 추임새로 이루어져. 특이한 건 공연 중에 관객도 추임새를 던지며 동참할 수 있다는 거야.

추임새는 소리꾼의 장단을 맞춰 주고 힘을 북돋워 주기도 하며 공연장의 흥을 배가시킨단다. 주로 '좋지!' '어허!' '그렇지!' '얼씨구' '저런, 쯧쯧' 하며 이야기와 노래의 내용과 분위기에 따라 적절하게 던져 넣는 거야. 소리꾼이 노래를 잘할 때는 '잘한다!' 하고 박수를 치기도 하지. 엄숙하게 숨을 죽이며 관람하다가 끝에서야 박수를 치는 서양 오페라하고는 너무나 다르지. 공연자와 관객이 하나로 동화되는 그 특성에 외국인들도 무척 신기해하며 감동한단다.

소리꾼이 노래하는 분위기를 창조라고 하는데, 대략 세 가지로 나뉘어. 보통 음정으로 부르는 걸 평조, 매우 힘차고 씩씩하게 부르면 우조, 가녀리고 애절하게 부르는 걸 계면조라고 해.

노래의 빠르기는 북의 장단과 같거든. 가장 느린 진양조부터 중모리, 중중모리, 자진모리, 휘모리 순이야. 대개 박력이 넘치는 우조는 자진모리이나 휘모리로 부르겠지.

신재효가 동리정사를 열 때만 해도 팔도의 소리꾼들도 아는 게 죄다 달라서 같은 「춘향가」를 불러도 서로 완전 딴판이기 일쑤였어. 게다가 광대들은 주로 천민 출신이라 문자속이 없어서 정확한 발음은 물론 내용도 제대로 이해하지 못하는 이가 수두룩했어. 대략 이야기 얼개만 알고 불러대는 대목이 곳곳에 있었어. 그 때문에 양반네들로부터 무식하다는 핀잔을 듣기 일쑤였지.

"모든 소리는 뜻이 있다. 학문을 하지 않더라도 적어도 자신이 부르는 노래의 말뜻은 정확하게 알아야 한다. 그래야만 그 뜻에 적합한 감정으로 소리를 할 수 있기 때문이다."

학문이 깊었던 신재효는 세상에 떠도는 판소리를 죄다 모았어. 그런 다음 틀린 문장을 바로잡고 통일된 얼개를 세웠어. 이렇게 정리하여 판소리 체계를 온전하게 세우니 마침내 판소리 여섯 마당이 정리가 된 거야. 「춘향가」, 「심청가」, 「흥보가」, 「수궁가」, 「적벽가」, 「변강쇠가」 여섯 마당이야. 이 가운데 「변강쇠가」는 사설만 전해오고 창법은 사라져서 오늘날 대개 다섯 마당이라고 해.

신재효는 그 밖에 짧은 판소리인 단가도 많이 지었어. 「치산가」, 「광대가」, 「성조가」, 「도리화가」, 「방아타령」, 「괘씸한 양국놈가」 등 10여 곡이나 된단다. 귀명창인 그는 판소리의 후원자이면서 작사, 작곡까지 한 셈이지.

애달픈 도리화가여!

　　1869년 7월, 흥선대원군*은 임진왜란 때 불탄 경복궁을 재건하고는 크게 잔치를 열었어. 이때 신재효도 조선에서 내로라하는 광대들과 함께 신재효도 초청되었어.

　　신재효는 경복궁의 재건과 낙성식을 축하하는 노래 「성조가」를 지어서 대궐로 들어갔어. 이때 데리고 간 제자가 진채선이란 여제자였어.

　　채선 역시 고창 바닷가 사람이야. 인물도 곱고 야무진 여자아이가 당돌하게 찾아와 소리꾼이 되겠다고 했을 때, 신재효는 놀랐어. 당시 소리꾼은 남자만 할 수 있었거든. 하지만 신재효의 생각은 달랐어. 실상 「춘향가」나 「심청가」의 주인공은 여자이니 여자가 더 잘 표현할 수 있거든. 그런데 판소리는 민요나 창보다는 힘들어서 주로 남자들이 했는데, 신재효가 이를 깬 거야. 그는 제자에게 채선彩仙:빛나는 선녀이란 이름까지 지어 주며 특별한 애정을 품고 가르쳤어. 채선은 기대 이상으로 잘했어. 오늘날 대부분의 명창이 여자이니 그의 판단이 얼마나 정확했는지 알 수 있지.

경복궁 경회루에는 대원군과 임금과 조정 대신들과 초청된 사람들로 꽉 찼어. 마침내 채선의 차례가 되었지. 채선이 무대에 등장하자 모두들 아담하게 생긴 남자인 줄 알았지. 그의 입에서는 남성 소리꾼에서 들을 수 없는 맑고 깊은 소리가 뿜어져 나왔어. 제비가 솔씨를 물고 와 뿌려서 그게 자라 낙락장송이 되고, 그 나무를 베서 경복궁을 짓는 과정이 흥겹고 힘찬 노래로 불리어진 거야.

"햐, 아주 특이한 목청을 가진 명창이로군!"

"맑고 청아하기가 태풍 지나간 가을 하늘 같지 않은가!"

그때까지도 관객들은 채선이 여자인 줄은 몰랐어. 대원군이 노래를 잘한다며 다시 한 곡을 신청했어. 채선은 자신의 장기인 「춘향가」를 부르기 시작했어. 그제야 그가 여자임을 알아보았으나 놀랄 겨를도 없이 노래 속으로 빠져들고 말았지.

이리 오너라 업고 놀자 이리 오너라 업고 놀자

사랑 사랑 사랑 내 사랑이야

사랑이로구나 내 사랑이지 어허이히 내 사랑이로다

네가 무엇을 먹으려나 둥글둥글 수박 웃봉지 떼뜨리고

강릉 백청을 따르르르 부어 반간 진수로 먹으려느냐

아니 그것도 나는 싫소 그러면 무엇을 먹으려느냐

앵도를 주랴 포도를 주랴 귤병 사탕의 혜화당을 주랴

(……)

채선의 공연은 충격과 감동 그 자체였어. 채선의 등장은 편견을 깬 거사였고, 여자도 소리꾼이 될 수 있다는 걸 보여 준 일대 사건이었지. 신재효처럼 열린 마음과 평등한 사상을 갖지 않았다면 있을 수 없는 일이었어. 대원군과 고종 임금은 크게 칭찬하며 상을 내렸어. 신재효에게는 정3품에 해당하는 오위장 벼슬을 내렸어. 물론 명예직이긴 했으나 중인에게 대단한 영광이었지. 그날의 일을 『판소리소사』는 이렇게 적어 놓았어.

1869년 7월 대원군의 부름을 받고 상경하여 경복궁 경회루의 낙성연에 참석하여 뭇 남자 가운데서 홍일점으로 장기인 「춘향가」를 불러서 그 명성이 일세를 진동하였다.

최초의 여류 명창이 된 채선은 슈퍼스타가 되었어. 채선의 소리를 들으려고 전국에서 고창으로 몰려들었어. 여자들도 명창을 꿈꾸며 동리정사로 찾아와 배우기를 청했지.

하지만 찬란한 성공도 오위장의 명예도 신재효는 허무해졌어. 얼마 뒤 채선의 노래를 아낀 고종과 대원군이 채선을 대궐에 머물도록 해 버린 거야. 궁중 가수가 된 채선은 곧 돌아오겠다며 동리정사를 떠났으나 대원군은 쉽게 놓아주지 않았어. 여자는 한 번 궁에 들어가면 죽어서야 나오는 법이거든.

　1870년 무렵, 신재효는 깊은 좌절에 빠졌어. 그의 젊은 아내가 훌쩍 떠난 터에 채선마저 가 버리니 외롭고 울적해졌어. 신재효는 아내 덕이 부족한 편이었어. 첫 번째 아내는 아이도 못 낳고서 일찍 죽었고, 둘째 부인은 아이를 하나 낳고 죽었어. 세 번째 부인은 1남 3녀를 낳았으나 고작 36세에 눈을 감고 말았어. 그리고 채선이 곁에 있는 것이 큰 위안이었는데, 그마저 대궐로 떠나 버린 거야. 그제야 비로소 그는 채선을 사랑했다는 걸 깨달았어. 노래를 가르치고 배우고 할 때 그저 애틋하고 좋기만 했는데, 보내고 나니 사무친 그리움이 된 거야. 신재효는 채선을 그리며 단가 한 수를 지었는데, 바로 「도리화가」란다.

　스물네 번 바람 불어 만화방창 봄이 되니
　구경가세 구경가 도리화 구경가세
　복사꽃은 곱게 붉고 희기도 흰 오얏꽃
　범나비는 너풀너풀 날아든다

　채선의 아름답고 사랑스런 모습을 꽃에 비유하여 노래한 판소리 「도리화가」를 그는 채선에게 보냈어. 하지만 곧 온다던 채선은 오래도록 소식이 없었어. 그리고 기다림을 포기한 어느 날 소식이 날아들었어. 채선이 고창 관아의 초청으로 공연을 하러 온다는 거야.

　그날 채선은 「심청가」를 불렀어. 심청이 제삿밥이 되어 용궁으로 갔다가 연꽃을 타고 돌아와 왕후가 되었지. 그리고 내내 아버지를 그리워하다가 맹인잔치를 열어 마침내 만나게 되는 그런 대목이었어.

절절한 그리움과 상봉의 반가움을 읊어대는 그 공연을 신재효는 멀찍이서 지켜보았대. 자신이 심 봉사가 된 기분이었겠지. 속으로는 북받치고 반가웠지만 그는 나서지 않았어. 그렇게나마 채선을 다시 본 걸로 만족하며 동리정사로 돌아왔대. 아무것도 바라지 않고, 소유하려 하지도 않고, 주장하지도 않은 채, 진실로 채선의 성공과 행복을 비는 그 마음이야말로 순수하고 아름다운 사랑이 아니겠니.

동리정사에는 여전히 광대들로 넘쳤고, 신재효는 다시 힘을 내 그들을 가르치고 판소리를 연구했어. 김해 부사인 정현석*과 꾸준히 편지를 왕래하며 판소리를 정리하는 데 애썼지. 정현석은 음악의 여러 분야에 관심과 지식이 많아 『교방가요』라는 책을 쓰기까지 했어. 그의 해박한 지식과 날카로운 비평의 도움으로 신재효는 마침내 판소리의 체계를 완성하고 기준을 세울 수 있었던 거야.

1876년은 조선 전체에 큰 흉년이 들었어. 이때 다시 한 번 신재효의 넉넉한 마음씨는 모든 조선인에게 깊은 감동을 주었어. 그는 자신의 창고를 활짝 열고 말했어.

"누구든지 곡식을 가져가되 빈손으로는 안 되고 아무거나 갖고 오시오!"

사람들은 부러진 호미나 깨진 그릇 심지어 걸레 같은 것까지 갖고 와서 쌀을 받아갔어. 왜 그런 쓸데없는 걸 받고 쌀을 주느냐고 하자 신재효는 이렇게 대답했어.

"그저 무료로 주면 나만 뽐내는 것 같고, 이런 거라도 받아야 그들이 조금이라도 덜 미안하지 않겠나."

도움 받는 사람의 자존심까지 생각한 거지.

그는 이런 덕행을 자랑하지도 않았어. 나라에서는 십 년이나 뒤늦게 이 사실을 알고 그를 크게 표창했어. 1877년에 통정대부 절충장군의 명예를 주었고, 후에 다시 가선대부 호조참판 겸 동지중추부사직첩을 내렸어.

신재효

신재효는 이런 명예보다는 그저 동리정사에서 판소리를 듣고 가르치며 제자들과 함께 지내는 걸 낙으로 삼았어. 그러다가 1884년 11월 6일 조용히 눈을 감으니 향년 73세였어.

그의 죽음이 알려지자 고창 현감은 조시를 지었어.

만 권의 책을 쌓고
한몸 편안히 지내면서

남은 재물 아낌없이

주린 백성에게 나누어 주었네

그윽한 향기 감도는 꽃밭에

난초를 기르니

나날이 태수현감의 삶도

그대를 배우기 어렵겠네

신재효의 삶은 여러모로 감동적이지. 그의 인격과 덕망, 이웃에 대한 사랑, 판소리에 대한 애정과 열정, 그리고 제자 채선과의 사랑. 그는 예술적 열정과 재능보다도 인간적인 사랑과 덕망이 군자에 가까운 전인적인 사람이었어.

판소리가 오늘날 한국을 대표할 만한 공연 예술이 된 건 신재효의 공로가 절대적이었어. 그는 소리꾼은 아니었으나 작사가이자 작곡자이며, 연출자요 연구자였어. 그가 엉망으로 흩어진 소리들을 정리하고 이론을 확립하지 않았더라면 일제강점기를 거치는 동안 서서히 사라졌을지도 몰라. 그는 명창 진채선, 김세종, 정춘풍*, 허금 등 많은 제자들을 길러 냈고, 송만갑, 이동백 등이 그의 이론을 바탕으로 판소리의 맥을 이었어. 그리고 김소희* 같은 현대의 명창도 고창 출신이란다.

그가 살던 시기는 정치적으로 사회적으로

매우 어렵고 혼란스러웠지만 그의 삶은 매우 안정되었어. 이는 그가 깊은 학문과 실력을 갖고도 겸손하였고, 고창 제일의 부자임에도 검소한 덕분이었을 거야. 그는 부귀영화와 권력을 떨치고 애오라지 백성들의 삶을 위한 예술에 자신의 모든 것을 내던진 진정한 부자요 예술가이며 군자였던 거지.

그의 노력은 헛되지 않아 판소리는 일찍이 무형문화제 5호로 지정되었어. 그런데 우리는 실상 잘 모르지. 서양 음악이나 오페라보다도 잘 몰라. 나도 학창 시절엔 전혀 배운 적도 들은 적도 없어. 마흔이 넘어서야 그 맛을 알고 조금 배워 봤는데, 그 어떤 예술에도 없는 독특한 매력이 있었어. 글을 쓰는 데도 무척 큰 도움이 되었지.

다들 판소리가 점점 사라진다고 생각하지만, 그렇지 않아. 오히려 2000년대가 되면서 더욱 널리 알려지고 있어. 젊은 소리꾼들이 새로운 창작 판소리를 발표하기도 하고, 무대를 세계로 넓혀 가는 중이거든. 2001년 6월에는 동리정사가 복원되고 거기에 '고창 판소리 박물관'이 세워졌어. 해외의 전통 음악제에서 종종 초청되기도 하지. 그 결과 2003엔 유네스코가 판소리를 '세계무형유산걸작'으로 선정했어. 세계 어디에도 없는 판소리를 세계가 인정한 거지.

이제 길은 하나야. 신재효가 그랬듯이 판소리를 다시 오늘날 실정에 맞게 정리하고, 한층 대중과 친숙하게 만들어야 해. 그리고 새로운 창작으로 세계인에게 다가가야 하겠지. 그러자면 무엇부터 해야 할까?

우리 판소리 공연 보러 갈래?

가서 '얼씨구, 잘한다!' 추임새도 넣고 말이야.

찾아보기

ㄱ

가실왕_23
가야_22~27
강세황_247~252, 259, 261, 265
개경파_97~100
거칠부_18, 26
견훤_71
경대승_117
경덕왕_39, 43~44, 47, 62
계고_26~27
계유정난_135, 143
고구려_16, 18, 22, 24, 26, 34~35, 95, 97~98, 103~104, 115, 141
고려사_81, 95, 98, 102
고려사절요_81, 102
고조선_35, 103, 141
공목장기_81
공무도하가_35
광대가_301~302
광종_75~81, 84
광해군_216, 223, 233~238
괘씸한 양국놈가_305
교방가요_310
교분기석_81
구룡폭포_160, 260
구양수_266
구양순_209
국사_26
권율_222
귀법사_81, 83
균여_71~86
균여전_75, 84, 86
금강사군첩_260
금관가야_22~23
금나라_97~98, 103
금오신화_139~141, 144, 146
기와이기_257
길 위의 시_276

김극기_117
김대성_55, 57, 60, 62~63, 66~67
김득신_261, 263
김문량_55~56
김병연_269, 271~274, 276~277, 284
김부식_85, 96~97, 101~103, 115
김생_28~34, 201, 209~210
김세종_312
김소희_312
김수로 왕_22
김시습_127, 129~130, 134, 136~139, 141~146, 169
김시습전_145
김응환_249~250, 258, 260
김정희_33, 210, 253
김춘추_19
김홍도_245, 247~253, 255~256, 258~263, 265~268

ㄴ

낙천악_17
난고평생시_269, 288
남궁 선생전_231
남궁두_230~231, 241
내직옥당_111
노송도_19~21
노수신_28
논어_130, 134
농사꾼의 노래_124
능준대사_41, 44~45

ㄷ

다보탑_62~63, 66
단군_22, 141
대가야_23~24
대동기문_194, 198, 206, 266, 276
대북파_233~235, 238
대악_16

대장간_257
대장부_134
대학_131, 159
대화궁_98~99
도리화가_291, 305~306, 309
도솔가_46, 48
동국이상국집_109, 114, 120, 126
동리정사_299~300, 304, 308, 310~311, 313
동명왕편_115~116, 125
동문선_80, 87, 92
동북공정_104
동사강목_116

ㅁ

만덕_26~27
만복사저포기_140
말 편자 박기_257
맹자_134
명경대_260
명심보감_181, 256
명연_211, 227
몽골_45, 66, 103, 120
묘지 싸움_281
묘청_45, 96, 98~101, 103
묘청의 난_97, 100, 102~103
무동_257~258
무량수경_65
무신정권_112~113, 117, 119~122, 124

ㅂ

박문량_16~17
박이창_132
박제상_16
방아타령_16, 305
배달국_22
백결_13~14, 16~17, 34, 223, 267
백광훈_155

찾아보기

백운소설_102, 126
백제_22~24, 26, 63
범계도기_81
법지_26
법화경_27, 65
법흥왕_18, 23, 60~61
베짜기_257
벼타작_257
벽계수_155~157
변강쇠가_305
병론_219
보개회향가_86
보한집_126
보현십종원앙가_86
부여_22
부흥사_75
불교_18~19, 34, 41~42, 45, 65~66, 75, 80~81, 84, 86, 94, 96~97, 113, 139, 142, 216~217, 225~226, 228, 230, 241, 296
불국사_51, 55, 61~63, 65~67
불국사 고금 역대기_57

ㅅ

사육신_136~137, 143
사천왕사_41, 44~45
사친시_181
삼국사기_16, 19, 23, 28, 31, 57, 97
삼국유사_16, 18, 22, 37, 41, 43~44, 47, 49, 57, 65, 86, 115
삼대목_85
삼보장기_81
삼세여래체_261
삼일포_260
삿갓을 노래함_290
상대등_61
서거정_80
서경파_45, 96~101, 103~104
서당_256

석가탑_62~63, 66
석류꽃_117, 121
석봉_191, 193~210
석불사(석굴암)_51, 60, 63~67
석수장이 돌 깨기_257
선덕여왕_19, 41
성소부부고_129, 229, 237, 241
성옹식소록_162
성조가_305~306
성호사설_243
소학_131
솔거_18~21, 34, 248
송나라_31, 98, 103, 266
송도 인물지_191, 207
송도기이_147, 152, 154
송만갑_312
송시열_187
송우인_92
송하맹호도_257
수궁가_305, 312
수현방궤기_81
수호지_232
숙종_31, 80, 187~188
순조_33, 265, 271, 274
스무나무 아래서_180
시경_134, 171
시에 대하여_125
신라_13, 16, 18~20, 22~24, 28, 32~34, 39, 41, 45, 53, 61, 80, 82, 85, 115, 130, 201, 209, 223, 267
신인선(사임당)_165, 169, 172, 174~189
신재효_291, 295~301, 303~306, 308~313
신채호_85, 100, 103~104
신품사현_28, 120
심청가_305~306, 309, 312
십로도상첩_261

씨름_256~257

ㅇ

아소카 왕_19
안견_167~168, 170, 188, 250, 268
안진경_202, 209
안평대군_135, 167, 210
양홍과 맹광_15
여사제강_95, 102, 105, 123
여산폭포시_33
역옹패설_97
열녀전_171
열조시집_225
영계기_15
영랑호_260
영조_243, 248~249, 252~253
영창대군_216, 233
영통사_75~76
예성야록_28, 32
예종_91, 94~95, 97~98, 103
오십요문답기_81
왕건_71, 74, 80~81, 97
왕산악_34
왕희지_28, 31~33, 194, 197, 201~202, 208~209
용궁부연록_141
우륵_22~27
우산국_26
우성전_214
원균_213
원행을묘 정리의궤_263
원효_81
월명사_37, 41~42, 44~49, 81, 84~85
유네스코_51, 67, 263~264, 313
유대관령망친정_180
유성룡_213, 217, 228
유자한_130, 143
유정_216

찾아보기

윤관_94, 97~98, 103
율곡_129, 145~146, 173, 187, 189
율곡집_173, 189
융천사_45
을사사화_28, 130, 181
의림지_27
이규보_33, 102, 105, 109~123, 125~126, 224
이달_155~156, 215~217, 224
이담지_112, 117
이동백_312
이명기_260~261
이몽량_210
이백_91, 191, 207
이사부_26
이사온_167, 169, 171~172
이생규장전_141
이성계_45
이수현_17
이순신_213
이승휴_115~116
이식_232
이원수_175, 177, 180~182
이윤수_107~110, 114
이의민_117
이의방_117
이이첨_216, 233~234, 237~238
이익_111, 243~244, 264
이인로_94, 112~113, 117
이인문_263
이자겸_94~96
이재영_215, 225, 230, 240
이제현_97
이차돈_18
이향견문록_202, 245
인도_19
인목대비_233~234, 238
인조_95, 152, 216, 232

인종_94~98, 100~101, 103, 181
일연_22, 49, 115
임영지_175
임제_152, 164
입법계품초기_81

ㅈ

자규사_137
장승업_268
적벽가_305
전유암산가서_32, 34
절세보첩_262
정선_250~251, 259~260
정속_131
정약용_264
정조_145, 247~248, 252~255, 258, 261, 263, 265, 274, 303
정종_97
정중부_117
정지상_87, 91~102, 104
정춘풍_312
제망매가_48
제왕운기_115~116
조맹부_33, 97, 194, 209
조선_28, 33, 45, 80, 102~103, 115, 126, 129~130, 135~136, 139~141, 143~144, 152, 155, 164, 167~169, 181~183, 187, 189, 193~194, 198~199, 201~202, 204, 209~210, 214, 216~218, 222~226, 228~230, 233, 239, 241~245, 247, 250, 252, 259~264, 266~268, 271, 288, 296, 303, 306, 310, 312
조선사 연구_100, 103
조선시선_224
조선왕조실록_237, 239, 243
소희룡_253, 268
주나라_171
주역_134

죽하맹호도_257
중용_131
지기장기_81
진흥왕_18, 23~27, 60

ㅊ

차천로_223
척준경_94~96
천자문_131, 256
천주실의_241
청구야담_198
청심대_260
청운교 백운교_62, 66
초충도_187~188
총석정_260
최경창_155
최이_120~123
최충헌_117~121
최치운_130, 169, 174
최치원_42, 223
추성부_266
추성부도_266~267
춘향가_304~308, 312
춘향전_232
충담사_45
취유부벽정기_141
치산가_297, 305
칠성여래사방칠성_261

ㅌ

탐현기석_81
탕유관서록_139
태종 무열왕_19
택당지_232

ㅍ

파한집_94
판소리소사_308

팔관회_80~81, 94
패관잡기_188
포의 풍류도_268
표훈대사_45

ㅎ

하곡집_228
하담파적록_239
한명회_142~143, 152
한호해서첩_203
해동역사_116
해상 군선도_254
해좌칠현_112
햇곡식의 노래_114
허균_93, 111, 129, 155, 162, 207,
213~228, 230~232, 234~242, 244
허금_312
허봉_213~214, 216~218, 228
허엽_162, 213
현묘지도_42, 45~46, 80~81, 84, 97,
104
혜담_32
혜량_18
호민론_241
호산외기_253, 255, 268
홍길동전_225, 231~232
홍대협_262
홍재전서_252
화랑도_42
화성_263~265
화엄경_65
환웅천왕_22
황룡사_18~21
황정경_208
황진이_145, 151~153, 155~164
효경_178
효령대군_139
후삼국(시대)_71, 74

후한서_15
훈요십조_81
홍보가_305, 312
홍부전_232
흥선대원군_306

참고 도서

한국정신문화연구원, 『한국민족대백과』, 1997

북한사회과학원, 『조선왕조실록』

북한사회과학원, 『고려사』

일연·최호, 『삼국유사』, 홍신문화사, 1997

김부식·최호, 『삼국사기』, 홍신문화사, 1997

성낙훈, 『한국 인물 탐사기』, 오늘, 1996

전영진, 『동문선』, 홍신문화사, 1995

율곡학회, 『시대를 앞서 간 여인 신사임당』, 원영출판사, 2004

김택영·김승룡, 『송도인물지』, 현대실학사, 2000

손종섭, 『옛 시정을 더듬어』, 정신세계사, 1992

이월영·시귀선, 『청구야담』, 한국문화사, 1995

이익·정해렴, 『성호사설』, 현대실학사, 1998

강효석, 『조선왕조 오백년의 선비정신』, 화산문화, 1996

혁련정, 『역주 균여전』, 새문사, 1986

신재효 외, 『우리 겨레의 미학사상』, 보리, 2006

이규보, 『동명왕의 노래』, 보리, 2006

이규보, 『조물주에게 묻노라』, 보리, 2006

김시습, 『금오신화에 쓰노라』, 보리, 2006

설선경, 『홍길동전의 비밀』, 서울대, 2004

허경진, 『허균 평전』, 돌베개, 2004

정병욱, 『한국의 판소리』, 집문당, 1996

송혜진, 『신재효』, 웅진, 2007

허경진, 『허난설헌 시집』, 평민사, 1996

양동식, 『길 위의 시』, 동학사, 2007

사진 제공 및 자료 출처

강릉시청 p229 『난설헌집』/ **강화군청** p122 이규보의 묘/ **고창판소리박물관** p296 신재효가 살던 집, p300 동리국악당, p311 신재효 영정/ **경북도청** p62 불국사, p64 석굴암 본존불, p66 청운교 백운교/ **경주시청** p21 황룡사 터, p41 사천왕사 터/ **김삿갓문학관** p279 김삿갓 친필/ **서울역사박물관** p203 『석봉한호해서첩』/ **엔사이버** p109 『동국이상국집』, p231 『홍길동전』/ **연합뉴스** p34 『전유암산가서』, p92 대동강, p163 황진이 가비, p172 신사임당 영정, p224 『을병조천록』, p249 김홍도 영정/ **오죽헌시립박물관** p186 수박과 석죽화/ **한신대박물관** p210 행주대첩 재각비

＊이 책의 사진은 저작권자의 허락을 받아 게재했습니다. 저작권자를 찾지 못해 게재 허락을 받지 못한 사진은 저작권자가 확인되는 대로 사용료를 지불하겠습니다.